康熙三十七年

永康縣志

永康文獻叢書

【清】沈藻 等 纂修

盧敦基 校點

圖書在版編目(CIP)數據

(康熙三十七年)永康縣志/(清)沈藻等纂修；盧敦基校點. —上海：上海古籍出版社，2022.11
(永康文獻叢書)
ISBN 978-7-5732-0529-2

Ⅰ.①康… Ⅱ.①沈… ②盧… Ⅲ.①永康—地方志—清代 Ⅳ.①K295.54

中國版本圖書館CIP數據核字(2022)第208183號

永康文獻叢書

(康熙三十七年)永康縣志

［清］沈藻 等 纂修

盧敦基 校點

上海古籍出版社出版發行

(上海市閔行區號景路159弄1-5號A座5F 郵政編碼201101)

(1) 網址：www.guji.com.cn
(2) E-mail：guji1@guji.com.cn
(3) 易文網網址：www.ewen.co

浙江新華數碼印務有限公司印刷

開本710×1000 1/16 印張29.25 插頁7 字數366,000
2022年11月第1版 2022年11月第1次印刷
印數：1—2,300
ISBN 978-7-5732-0529-2
K·3294 定價：188.00元
如有質量問題,請與承印公司聯繫

永康文獻叢書編纂成員名單

指導委員會

主　任　　　章旭升　胡勇春

副主任　　　施禮幹　章錦水　俞　蘭　盧　軼

委　員　　　呂振堯　施一軍　杜奕銘　王洪偉　徐啓波　肖先振

　　辦公室主任　　施一軍
　　副主任　　　　朱俊鋒
　　成　員　　　　徐關元　陳有福　應　蕾　童奕楠

顧問委員會

主　任　　　胡德偉

委　員　　　魯　光　盧敦基　盧禮陽　朱有抗　徐小飛　應寶容

編輯委員會

主　編　　　李世揚

委　員　　　朱維安　章竟成　林　毅　麻建成　徐立斌

康熙三十七年重修

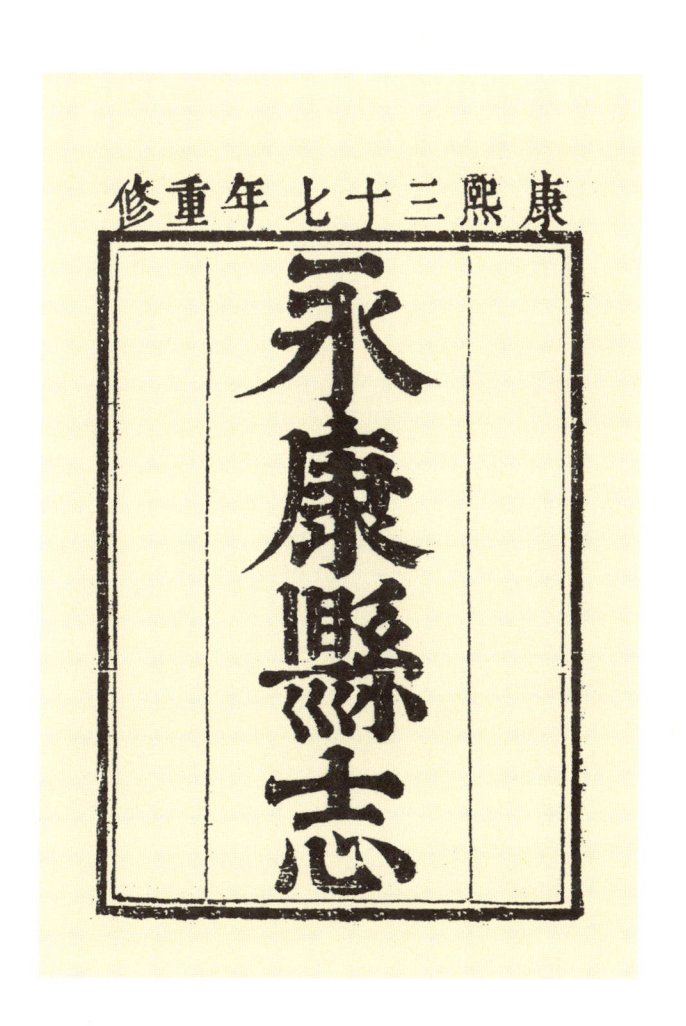

永康縣志

《（康熙三十七年）永康縣志》書影之一

永康縣志卷之一

知縣事華亭沈 藻琳峰重脩
儒學教諭余 滙潛亭叅閱
吳郡 朱 謹雪鴻編纂
邑人 王同鴈澹菴
徐 琮完石校訂

建置沿革 新增

永康縣志 卷之一 沿革 一

自有宇宙便有疆邑字以六合言宙以古今言疆邑
井井宇之義也沿革歷歷宙之義也觀于建置而治
道出焉觀于沿革而變化生焉永邑疊經典廢今之
永邑非昔之永邑也治之者貴乎善通其變然而山
川猶是疆邑猶是今之永邑猶昔之永邑也所以治
之者貴乎愼守其常縣有沿革道有常變神而明之
存乎其人乃志沿革

永康縣爲金華府屬邑禹貢揚州之域周禮揚州
之山鎭曰會稽在紹興府城東南禹會諸侯計功于
此命曰會稽夏少康封庶子無餘于會稽號於越越
句踐六世後爲楚威王所侵秦滅楚分吳越地始置

總　　序

永康歷史悠久，人文薈萃。

據南朝宋鄭緝之《東陽記》載，永康於三國赤烏八年（245）置縣。建縣近1800年來，雖經朝代更替，然縣名、治所及區域，庶無大變，風俗名物，班班可考，辭章文獻，卷帙頗豐。

魏晉南北朝至隋唐，是中國經濟重心由北向南轉移的準備階段，永康的風土人情漸次載入各類典籍。北宋以降，永康即以名賢輩出、群星璀璨而著稱婺州。名臣高士，時聞朝野；文采風流，廣播海內。本邑由宋至清，載正史列傳20餘人，科舉進士200餘名。北宋胡則首開進士科名，爲官一任，造福一方；徐無黨受業於歐陽修，深得良史筆意，嘗注《新五代史》，沾溉後學。南宋狀元陳亮創立永康學派，宣導事功，名播四海；樓炤、章服、林大中、應孟明位高權重，憂國憂民，道德文章，著稱南北。元代胡長孺安貧守志，文采斐然，名列"中南八士"。明代榜眼程文德與應典、盧可久，先後講學五峰書院，傳播陽明之學，盛極一時；朱方長期任職府縣，清廉自守，史稱一代廉吏；王崇投筆從戎，巡撫南疆，功勳卓著；徐文通宦游期間與當時文壇鉅子交往密切，吟咏多有佳作。清初才女吳絳雪保境安民，壯烈殉身，名標青史；潘樹棠博聞強記，飽讀詩書，人稱"八婺書櫥"；晚清應寶時主政上海，對申城拓展、繁榮卓有貢獻；胡鳳丹、胡宗楙父子畢生搜羅鄉邦文獻，刊刻《金華叢書》，嘉惠士林。民國呂公望，早年投身辛亥革命，曾任浙江督軍兼省長，公暇與程士毅、盧士希、應均等人結社唱酬，引領一代文風。抗戰期間，方巖成爲浙江省政府臨時駐地，四方賢俊，匯聚於此，文人墨客，以筆代口，爲抗日救亡而呐喊，在永康文化史上留下濃重一筆。

據粗略統計，本邑往哲先賢自北宋到民國時期，所撰經史子集各類著作及裒輯成集者，360 餘家，近千種。惜年代久遠，迭經兵燹蟲蠹、水火厄害，相當部分已灰飛烟滅，蕩然無存。現國内外公私圖書館藏有本邑歷代著作僅百餘部，其中收入《四庫全書》及存目、《續修四庫全書》者 20 餘部。這是歷代先賢留給我們的寶貴精神財富，也是我們傳承文化基因、汲取歷史智慧的重要載體，更是一座有待開發的文化寶藏。

爲整理出版《永康文獻叢書》，多年以來，我市有識之士不懈呼籲，社會各界紛紛提議，希望開展此項工作。新時代政治清明，百業興盛，重教崇文。爲弘揚優秀傳統文化，拓展我市文化内涵，提升城市文化品位，推進永康文化建設，永康市委市政府因勢利導，決定由市委宣傳部牽頭，文廣旅體局組織實施，啓動《永康文獻叢書》出版工程。歷經一年籌備，具體工作於 2021 年 3 月正式展開。

整理出版《永康文獻叢書》，以新時代中國特色社會主義思想爲指導，以中共中央《關於整理我國古籍的指示》爲指針，認真貫徹國務院《關於進一步加强古籍保護工作的意見》，繼承與發揚永康學派的優良傳統，着眼永康文化品位、學術氛圍的營造與提升，系統梳理傳統文化資源，讓沉寂在古籍裏的文字鮮活起來，努力展示本邑傳統文化的獨特魅力，積極推進永康文化建設。現擬用八至十年時間，動員組織市内外專業人士和社會各界力量，將永康文學、歷史、哲學、法學、經濟學、社會學、教育學諸方面的重要古籍資料，分批整理完稿；遵循"精選、精編、精印"的原則，總量在 50 部左右，每年五至六部，分期公開出版，並向全國發行。

《永康文獻叢書》原則上只收錄永康現有行政區域内，自建縣以來至中華人民共和國成立之前的文獻遺存。注重近代檔案及其他文史資料的收集整理。在永康生活時間較長，或產生過較大影響的外邑人士的著作，酌情收入。叢書的採編，以搶救挖掘地方文獻中的刻本以及流傳稀少的稿本、抄本爲重點；優先安排影響較大、學術價値較高、原創性較強的著作；對在永康歷史上產生過重大影響的家族譜牒，也適當篩選吸收。

本次叢書整理，在注重現存古籍點校的同時，突出新編功能。一些重要歷史人物的著述已經完全散逸，但尚有大量詩文見諸他人著作或志牒之中，又屢屢被時人和後人提及，則予以輯佚新編。一些歷史人物知名度不高，但留存的詩文較多，以前從未結集，酌情編輯出版。宋元以來，我邑不少先賢，雖無著述單行，但大多有零散詩文傳世，爲免遺珠之憾，也擬彙總結集。

歷史因文化而精彩，文化因歷史而厚重。把永康發展的歷史記錄下來，把永康的文獻典籍整理出來，把優秀傳統文化傳承下去，關乎永康歷史文脉的延續，關乎永康精神的傳承，關乎五金文化名城軟實力的提升。因此，整理出版工作必須堅持政府主導、社會支援、專家負責的工作方針，遂分別建立指導委員會、顧問委員會、編輯委員會，各司其職，相互配合，以確保叢書整理出版計劃的全面落實與高品質實施。

《永康文獻叢書》整理出版的品質，在很大程度上取決於編纂人員的學識、眼光、格局，也取決於編纂人員的工作態度和敬業精神。爲此，編纂團隊將懷敬畏之心、精品意識、服務觀念、奉獻精神，抱着"爲古人行役"的理念，以"功成不必在我"的境界和"功成必定有我"的歷史擔當，甘於寂寞，堅守初心，知難而進，任勞任怨，將《永康文獻叢書》整理好、編輯好、出版好。

《永康文獻叢書》是永康建縣1800年來，首次對本邑古籍文獻進行系統整理，是一套"千年未曾見，百年難再有"的大型歷史文獻，是對永康蘊藏豐富的文化資源的深入挖掘、科學梳理和集中展示，是構築全國有影響的文化高地的有效途徑，對於推進永康文化的研究、開發和傳播，有着不可估量的可持續發展潛力。它是一項永康傳統文化的探源工程、搶救工程，是一項功在當代、惠及千秋的傳承工程、鑄魂工程，是一項永康優秀傳統文化的建設工程、形象工程。我們要在傳承經典中守好文化根脉，在扎根本土中豐富精神內涵，在相容並濟中打響文化品牌，爲實現永康經濟社會發展新跨越，爲打造"世界五金之都，品質活力永康"，提供強大的精神動力和文化支撐。

《永康文獻叢書》編委會

2021年10月

前　言

　　康熙三十七年（1698），京城官員張希良視學浙江。他是參與編纂《大清一統志》的人物，讀過許許多多志書。在金華府公幹之餘，不禁技癢，就把所屬八縣的縣志拿來流覽，發現《永康縣志》獨缺。此時的永康知縣沈藻，康熙二十四年（1685）的進士，是他科考的同年，張不免動問。沈藻答道："書板毀於大火，已有二十來年了啊。"張希良説："這應該屬當政者的職責了。把它修起來？"沈藻説："我久有意於此了。實在是公務頭緒太多。最近稍暇，我當勉力從事。"幾個月後，新編《永康縣志》書稿成。冬十一月，張希良爲這部縣志寫了序。此志沈藻的自序，則言修志自上一年秋開始，該年夏天成稿。

　　舊的《永康縣志》書板何時毀於大火？這部沈藻主修的康熙三十七年《永康縣志》（以下簡稱"沈志"）卷十五"祥異"，記載了永康歷史上的一些異常現象，而又於近爲詳。查該志，自上次修志的康熙十一年（1672）後的二十六年中，永康沒有大火的記載，其間所歷最大的災禍是"三藩之變"。康熙十二年（1673），康熙帝決定撤藩。該年十一月，吴三桂起兵。次年三月十五日，福州耿精忠起兵回應。"六月至十二月，清、耿兩軍以衢州爲中心，展開激烈的爭奪戰。""六月，徐尚朝帶領所部官兵，包圍處州府城……城池失守。……閻標率兵從金華府所屬永康、武義等縣進犯金華府城。""康熙十四年（1675）正月初八日，副都統馬哈達、總兵李榮等率兵恢復金華府屬

永康縣城。"①關於永康此時情形,沈志中叙云:

> 十三年,耿逆叛。六月十九日,城破。十二月,康親王率師駐婺進剿,逆兵敗走。十四年正月初四日,邑令徐公單騎回縣,召集殘黎,迎請王師恢復,安堵如故。

寥寥幾行,飽含多少世變!舊志的書板如果在此期間毁於火,那真是一件不大的事了。而本人讀沈志覺得最有缺憾的,是它記此事,全志只用了上面不到一百個字。歷史如果没有準確的細節和動人的故事,確實難以入人心耳,更不要說後人必爲之補充的吴絳雪事迹了。

沈志的修纂人員名單,志云:沈藻重修,余瀍參閱,朱謹編纂,王同廱、徐琮校訂。道光志"歷代修志姓氏"則記載更全:

> 沈　藻(縣令)
> 余　瀍(司教)
> 余敬明(司訓)
> 朱　謹、陳　銑(並縣丞)
> 王同廱、徐琮、林徵徽、應錦鬱、俞王韜、徐友範、王同傑、徐璣、徐彦滋、應本初、徐友閎、程璘初、金兆位(俱邑人)

沈藻,沈志卷九"宦表"記載云:"號琳峰。江南松江府華亭縣人。乙丑進士。康熙三十年(1691)年任。"光緒《永康縣志》卷五職官列傳云:

---

① 滕紹箴:《三藩史略》(下册),中國社會科學出版社,2008年,第1083—1084頁,第1082頁,第1180頁。

沈藻，字琳峰。華亭人。進士。治民以寬，修預備倉以贍荒政，禁鑿黃青、朱明二山以培氣脈，重修縣志叙各前令宦迹，有"小民一時之利害，官吏得操其生殺；官吏千載之是非，小民得擅其襃譏"之語，其畏清議而克慎厥職可知。時學使者張希良謂其"以蒲鞭爲治，民懷其惠，有長者之稱"云。

乾隆《金山縣志》卷十二"人物（一）·儒林"云：

沈藻，字火先，號琳峰。居大石村。康熙乙丑進士。授永康令。永當甌括之沖，故浙東瘠邑也。經閩逆變後，民不聊生。藻至，除供億，禁火耗，一應貼費名項，皆捐俸以償。其徭役民夫，動以千百計。藻憫之，爲吟《兜夫行》，出貲招募，民始不疲於奔命矣。永俗：產女多溺，富家巨族畜婢至老不擇配。藻下令嚴禁，其風遂革。後因逋欠畢誤，民多攀轅號泣。出署時，圖書數卷，蕭然無一長物。越四年，卒於永之公寓。祀名宦。有《古處堂詩文》等集。子中黃，衛學生，雄才博學，工真草書。

該志卷十五又云：沈墓在金山"新運河東三十八圖"。光緒《華亭縣志》卷十二："按，藻居查山北，如今金山境。"

清代戴名世有《永康縣令沈君募助說（代）》一文。因戴後觸文網被處斬，書板亦被毀，所以此文在清代流傳不廣。今轉錄於下：

余同年友沈君某，以康熙某年爲婺之永康令。永康在萬山中，土田磽瘠，人民淳樸。沈君之爲人，和厚而詳明，其爲縣令也，噢咻拊煦，縣父老子弟皆懷其德，上官將欲文章薦之，會以他故掛誤失官。先是庫金因公事挪移凡四千餘金。令甲，官吏去任，庫金不足者必償之，乃得無事，於是沈君遂流滯永康不能歸。

沈君家故貧，勢無以得償，縣父老子弟患之，相率謀曰："以吾侯之賢，而以邑稅賦故累侯，其何以安？"於是釀金助侯。而永康故小縣，民又貧，所釀金僅得四分之一，無以紓沈君之急。復相向咨嗟，束手無策。適某巡部至婺，具知其狀，召沈君而謂之曰：力大則任易舉，人多則事易集。今之官兹土者，自持節大吏之於州縣，先後乘權而來者，皆有賑難恤災之責，況以平廉之吏，困躓愁苦而在耳目之近，豈能漫然不爲之計？古人有言，惠不期大小，期於當厄。夫欲甦憔悴之民，當先甦憔悴之官，宜亦仁人君子之所用心也。以先後之分言之，諸君子或爲其上官，或爲其同僚。一客向隅，舉坐爲之不歡，此人人之所同情也。某不敏，當捐俸相助以倡其事。沈君持吾言去，遍告於諸君子，必有起而應者，永康之父老子弟其無患。[①]

這篇文章説清楚了爲什麽沈藻離職後仍然居住永康。而且此文的效果也不明顯，應該是没有募集到所需的數目，所以沈藻在永康待到逝世。一代仁人，下場之不佳竟如斯！

沈藻新修縣志，依據的舊志，是明代的正德志、萬曆志和清代康熙十一年徐正倫主修的縣志，共三部。沈志跟康熙十一年志一樣，完全没有提到嘉靖志，可見嘉靖志入清後就已佚失了。由於沈志跟上一部縣志只相去廿六年，在傳統農耕社會，一代人的時間内，除了特别時期，一般難以發生太多的新變。所以沈志中有不少照抄前三部志書，並且皆明確標出出處，或指明其間的同異。

也是基於以上原因，張希良在給沈志作序時，就没有特别誇獎此書的資料性，而言其"義例則謹以嚴，筆法則簡以潔，目則括而能通，編次則條而且覈。每篇冠以小序，補舊志所未及，疏朗質直，意

[①] 王樹民編校：《戴名世集》，中華書局，2000年，第432—433頁。

主乎紀事而不主乎文；微顯闡幽，可以維風勸俗"。沈藻的自序則云：

> 永志昉自宋嘉定縣令陳昌年，元延祐邑人陳安可、明成化訓導歐陽汶修續之。嘉靖壬午，縣令胡楷以爲歐陽每多失實，復據宋、元志修之。同時邑人應僉憲著有志稿，藏於家，至萬曆辛巳始刊布，然其條例參錯未定，蓋一家之書也。康熙十一年，縣令徐同倫一仍應本續之。今也二陳之志已亡，惟胡志可以爲據，然甚簡略。而應氏體裁，未敢附和。乃遵洪瞻府志，立標題四十有三，皆自然之條例，非意見創立者也。每題各有小序，亦遵府志例也。應志條例有分所不當分者今則合之，合所不當合者今則分之，一以本題爲準，仍於行末各注某志列某項某項，以俟後之君子鑒別裁定，不敢以此廢彼也。其各項編序，仍注照某志某志者，不没其舊也。

這是沈志全書的宗旨。總結一下，大抵的意思是：

一、批評舊志的缺點。如胡志太簡略，應志則分類體例有所參差不齊。

二、採用新的體例。自述所見各志，分類較合於自然的是洪瞻主修的康熙《金華府志》。所以本志襲用府志全部標題共四十三則，題後各有小序，亦遵府志之例。

三、尊重前人成果。一是在本志的正文後，注出該部分內容的分類與前志的不同之處，以便後來鑒定評判；另外，在與前志相同之處，也同樣注出，以見"不没其舊"。

今天來看，沈志相對徐志而言，其新的內容大致是三點：一是内容的新增；二是標題的調整；三是小序頗見匠心的撰寫。以下簡要說明之。

（一）關於内容的新增

沈志中的新内容，首當其衝的可能是永康與鄰近各縣的邊界勘定。當然，徐志對永康的四封也有記載，而且也不完全抄自正德志。但沈志的記載，大多出於沈藻自己的實地踏勘。康熙三十六年（1697），沈藻奉郭督憲的命令，親自帶隊到本縣四封實地勘界並立石爲記。正東，護臘橋，與縉雲接；東北，伍斗山，與東陽接；東北，下連坑，與仙居接；東南，包坑口，與縉雲接；正南，永祥馬嶺，與縉雲接；東南，庄基，與縉雲接；西南，桐琴，與武義接；正西，楊公橋，與武義接；西北，董村，與武義接；正北，祉嶺尖，與義烏接；東北，長塢坑，與東陽接；東北，三石，與東陽接；西北，楓坑嶺，與義烏接。其中只有護臘橋、楊公橋、祉嶺尖、長塢坑四處有舊界立石，其他都是新立的。在那樣的一個交通條件下，儘管縣太爺也基本不用徒步勘界，但仍然是不易的，關鍵是更清晰地掌握了縣情，也爲後人留下了不可磨滅的印記。

沈志跟徐志，時間相去僅二十年，所以新增的内容，大多是這期間發生的新事，比如説户口、田土的數字，用了相對較新的資料。比如縣公署，在康熙十八年和三十一年均有修建，這些新的情況都補充進去了。關於長壽老人的記載，見"耆壽"，徐志只記了三人，沈志擴充到五十四人，標準在八十歲以上。"惠政"中的預備倉，在康熙八年徐同倫創建三間後，康熙二十二年知縣謝雲從又建三間；三十三、四兩年，沈藻重修並新建六間。"義塚"一項，康熙十年徐同倫奉令創建一處，但徐志未載；二十三年，謝雲從又新建一處，沈志均記載了。至於"人物"、"科名"等條目下，也均例有增補。沈志有些新增的内容，是以前沒有立項的内容，如"祀典"，徐志沒有這個標題，沈志新增，中有前志沒有的内容"釋奠"，但亦不是完全的新創，自注"采《學志》"。卷一中的"形勝"、"城池"，題下均注"新增"，但其實是前志未立此題，內容也非新創，而是采其他書籍而入。"驛遞"收了徐志沒有的驛吏名表，但也是采於《金華府志》的。最有價值的新增內容，可能是"祥異"題下永康災荒年與豐收年的新記了。從康熙十一年到三十七年，四年豐收，十二年災，其中一年是耿精忠造反的人禍。"遺事"新增五條，也都是本朝的新事，頗有意味。至於"藝文"，新增了一些詩文，則是十分正常的事情了。

（二）關於標題的調整

沈志對於舊志的更新，如前所說，是不滿於原來標題的簡略或不妥。所以他自述新志的標題，相較舊志有不少更動，遵照了自然原則，不摻雜太過個人的看法，最後覺得康熙《金華府志》的標題最好，所以全盤照抄。

問題在於，修成於康熙二十二年（1683年）的《金華府志》，其標題完全因襲了明萬曆《金華府志》，毫無變革，志中只增新事。所以如果要說康熙《金華府志》的標題好，還不如說成化《金華府志》的標題好。康熙《金華府志》對成化志的修改，僅在於增加"武科"。其"凡例"言："前志共四十款，今所載悉如其舊。但武科竟缺而不書。竊以國朝定制，文武並重，況出自科名，亦人材所系，烏容盡泯沒耶！今特取屬於本朝者以次附見於科第之後。"但增加的"武科"，也並未單獨立目。

不過，仔細對照，沈志關於全志標題全襲府志的說法，也不盡準確。粗粗一看，就能明白其中端倪：府志全書四十目，沈志則四十三目，數字就已不一樣了。沈志目錄中與府志中完全一致、一字不改的是二十四目，其他有些是意思一致，而字樣不一，如沈志中的"宦表"與府志中的"官師"，都是指在當地任職的行政和教育部門官員，但稱呼則不一。"武備"與"軍政"，"土產"與"物產"，內容一致，但標題不一。有些則府志有，縣志無，如"分野"，沈志繼徐志，棄之不錄。有些則縣志有，府志無，如"鄉區""塘堰"，或者這些內容在縣志中立項合適,在府志就不一定合適,應該是照顧到了各級行政的具體情況。

　　而相對於前志,沈志新的調整大多也有相當的理由。如以爲不可不分的標題,即"貢賦"與"田賦",現在分開。而不當分而分的,如"士行""民德","女貞""節婦",現在歸於"人物"與"列女"名下。不過這些都是針對萬曆應志而言。當然,沈志對徐志也有調整,如在凡例中強調《藝文》要"極嚴選",對照一下,可以看出,沈志刪去了徐志中原有的尚登岸《放生潭碑記》、徐光時《龍虎塔牌記》、程文德《陽明文錄跋》和《〈象山書院錄〉跋》、程正誼《永康縣學教思碑序》。程文德的兩篇,跟永康關係確實不夠緊密,刪之也有理由。但另外幾篇,無論怎麼看也不能説它們與本邑關係淺。難道是沈志的編纂者們覺得這些文章寫得不夠真實準確?沈志有一處調整得很好,即新立的"祠墓"。徐志中有"丘墓",附於"古迹"之下,是一個小題目。徐志按明成化《金華府志》"丘墓"例添上,也是受到了一件近事的刺激:康熙十年(1671),因爲貪圖好風水,東陽有一户人家説自己是陳亮狀元的後裔,歸葬至陳亮墓所在的臥龍山。據説當時當地人都不知道,"忽山木號鳴,震動連日",陳亮後裔驚覺,啓動官司。知縣徐同倫"親往勘視,掘起四棺,盜葬者服辜,古墓得安"。這段故事記載於沈志,徐志中略有涉及,可能是因爲當事反不好多説的緣故?徐志因而記下三十七處古墓。沈志則記了五十處古墓,説明是先賢才夠資格。沈志的新作爲,是辟了"祠堂"一目,記錄了一些民間有廣大信衆的祠如赫靈祠、三長官祠、烏傷侯祠、孝忠祠(祀應孟明),更多的則記錄了本縣各地聚居宗族的宗祠,計七十三處,注明地點,大多還記下祭祀的始祖,填補了原先志書忽略的但又是當時社會重要情形的一個空白。

（三）關於小序的撰寫

　　沈志極爲著力的一點,是關於小序的撰寫。正德志無小序,標題

之下直接展開實際内容。其他已佚的縣志無論,徐志則每一標題下均新撰小序,下引兩條以見之:

(山水小序)邑治層巒環列,衆水縈繞。鬱鬱青芙,星體分五方之秀;洋洋華渚,仙源合兩派之流。不惟代興之彦,本河嶽以篤生;抑亦甸治之賢,指山川而表識。爰綜流峙,匪屬品題。

(人物篇)叙曰:山川毓秀,名賢迭生。爰及士行,民德女貞。不有載籍,於何有徵? 志人物第八。

徐志小序,特點有二:一是簡潔,關於山水的那則是特别長的,關於人物的那則比較有代表性,只講了記載的内容及其重要性;二是用駢體,文辭典重華麗。與之相比,沈志小序正好相反:一是對序後該項的重要性有所闡述,有時還會跟相關的不同論點進行論辯;二是不用駢體,而用散體,使論説進行得更爲充分,更爲深入。這是駢體文所不能爲的。

沈志自稱標題因襲康熙《金華府志》,張希良的序明確説該志的小序也是因襲了府志。不過,沈志的小序,跟府志相比有相當不同。試以開卷首篇"建置沿革"爲例:

(康熙《金華府志》)先王疆理天下,建邦分制,地有定制。後世環數百里之地而郡之,亦古侯邦也。婺治自秦漢以來,代易其名,地方僅四百里,而人才、土産之盛,甲於東浙之郡。爰考其沿革本末之詳,志建置。

(沈志)自有宇宙,便有疆邑。宇以六合言,宙以古今言。疆邑井井,宇之義也;沿革歷歷,宙之義也。觀於建置,而治道出焉;觀於沿革,而變化生焉。永邑疊經興廢,今之永邑,非昔之永邑也。治之者,貴乎善通其變。然而山川猶是,疆邑猶是,今之永邑，猶昔之永邑也，所以治之者，貴乎慎守其常。縣有沿革，道有常變。神而明之，存乎其人。乃志沿革。

相比而言，府志點出了本地最基本的特點：在浙東諸都中人才、土產極盛。縣志則完全沒有涉及本地特點，也許是因爲永康當時沒有顯著特點？但指出時空常變，道有常變，神而明之，存乎其人，雖然都是古人早已發明的智慧，但一個地方領導人真能體悟到這些道理，其應對現實問題大抵會更有胸懷。沈志小序，有不少是討論該項事物的至理的。可以說這是它的顯著特點罷。本文前引的光緒《永康縣志》，用沈志"宦迹"的小序來敘說評價沈藻，也不是完全沒有理由的。這則小序值得在此全文徵引並略爲闡說：

永志宦迹，僅存十五人。敢告學士大夫操筆以從事者，自茲以往，務期網羅舊聞，使十五人之外，有所增入。又必及時續述，使十五人之後，相繼罔缺，庶無遺憾矣乎！或曰：循吏固不常有。漢之循吏，不過六人；唐之循吏，不過十五人。永固小邑，得十五焉，足矣！曰：非也！國史雖統天下而言，然祇爲一朝之事耳。況簡取宜嚴，舉其一即可以例什伯也。若夫郡邑之志，雖就一邑而言，然合數十朝而計之，則已多矣。即以近時近地言之，其循吏已指不勝屈，況聞見所未及者乎！故知永邑十五人之外，其失傳者，不知凡幾也。雖然，傳者其常，失傳其變也。即其所存于消燼之餘者，已足令人感慕不窮矣。夫小民一時之利害，官吏得以操其生殺；而官吏千載之是非，即小民亦得而擅其褒譏。故宦迹有志，大可慕也，亦可畏也。

這段不算短的小序，集中討論了兩個問題：一是以前縣志中收的好官員太少，只有十五人，並強調這與國史不同，如果實事求是地記載,好官的事迹應更多。二是爲什麽要去收集好官的事迹？他説平常都是官員操平民百姓之生死,也應該有一條讓平民百姓得以評論官員的途徑。要讓官員慕官聲,畏民議。多麽透徹的洞察,多麽清楚的頭腦！由此也確見出古代中國仁人志士真切的仁心仁懷。

在古代中國,佔據主導地位的多爲儒家學説,尤其對於知識分子,辟佛、老,是宋代以後的一大主題。在這樣的背景下,讀沈志"仙釋"小序,確是别有會心:

人世甚無藉乎？有,此仙、釋也。然而無害也。王者之政,必先煢獨。釋之自稱曰乞士,釋之所居曰給孤獨園。所謂羽士也者,亦相等耳。以天下之大,出其少,分以給此不家不室之畸民,是亦養老存孤之一端耳。若以爲無補於民而贅疣視之,是豈天地聖人之量哉！況其志行潔清,亦足以醒醉夢而滌塵氛,藥籠中亦不多此一物也。雖其絶類離倫,與儒道相遠,然各行其志,在彼亦自有其所以然之故,亦不必强之使同也。邑志備載人物,主也；人物之外,併載仙、釋,賓也。今有棄其所學而學仙、學釋者,是舍家雞而求野鶩也。又有斥爲異端而拒絶之者,是猶主之於賓不爲之恭敬款洽而反謾罵訶叱之也。此適足以爲物戾也。故邑志之列仙釋也,是因主及賓,非以主廢賓也。明乎賓主之分,世之紛紛論議者,亦可以少息矣！

對仙、釋的理解當然不算全面深刻,但是這樣來展示儒家的博大情懷,顯示治國理政的寬大包容,是符合人性的,也是符合廣大民衆的願望的。沈藻之博大和通達,在此展露無遺。如果此時再去讀一下志中"藝文"所收《山羊記》,會更有意味。此記作者仇兆鰲,有著作《杜詩詳注》,爲大詩人杜甫詩集的一個極爲經典的注本,至今不廢。

本次整理所依底本爲浙江圖書館藏本,此本版刻不全,卷四、五、

六、十五、十六皆爲配抄，抄手業務精熟，字迹清晰。全書除序跋、凡例外，文中皆有句讀，皆以圓黑點出之，爲今天的整理工作帶來諸多方便，點得不妥之處有，但極少。要特別説明的是，這是現存明清兩代五部永康方志中唯一有一些句讀的。

　　此次整理工作由我本人獨立完成。其中不妥之處，敬乞高明垂教。本前言的撰寫得到《永康文獻叢書》編委會李世揚、林毅二位先生，永康市圖書館徐關元先生、孫璇女士，永康康廷大酒店應瑛女士的特別協助，在此謹致謝意。

盧敦基
2022年1月24日—2月28日

目　　録

總序 ……………………《永康文獻叢書》編委會　1

前言 ………………………………………………… 1

序 …………………………………………………… 1
序 …………………………………………………… 1
凡例 ………………………………………………… 1
舊跋 ………………………………………………… 1
舊序 ………………………………………………… 1
舊跋 ………………………………………………… 1
舊叙 ………………………………………………… 1
舊序 ………………………………………………… 1
舊跋 ………………………………………………… 1
永康縣輿圖 ………………………………………… 1
歷代修志姓氏 ……………………………………… 1

永康縣志卷之一 …………………………………… 1
建置沿革_{新增} ……………………………………… 1
疆域 ………………………………………………… 2
形勝_{新增} …………………………………………… 3
城池_{新編} …………………………………………… 4

1

鄉區 ·· 6
義豐鄉 ·· 6
長安鄉 ·· 6
承訓鄉 ·· 6
昇平鄉 ·· 7
太平鄉 ·· 7
義和鄉 ·· 7
游仙鄉 ·· 7
合德鄉 ·· 7
武平鄉 ·· 7
孝義鄉 ·· 8
第一正北區 ·· 8
東北區 ·· 8
西南區 ·· 8
東南區 ·· 8
第二東北區 ·· 8
西北區 ·· 8
東南區 ·· 9
西南區 ·· 9
第三東區 ·· 9
西區 ·· 9

塘堰 ·· 9
義豐鄉塘堰 ··· 10
長安鄉塘堰 ··· 11
承訓鄉塘堰 ··· 12
昇平鄉塘堰 ··· 13
太平鄉塘堰 ··· 14
義和鄉塘堰 ··· 14
遊仙鄉塘堰 ··· 15

合德鄉塘堰 ································· 16
　　武平鄉塘堰 ································· 16
　　孝義鄉塘堰 ································· 17
永康縣志卷之二 ································· 20
山川 ··· 20
　　三峰山_{北境} ······························· 20
　　油樹嶺 ··································· 21
　　豐坑 ····································· 21
　　杏嶺 ····································· 21
　　石佛山 ··································· 21
　　石牛山 ··································· 21
　　橫山 ····································· 21
　　石霞嶺_{東北} ······························· 21
　　龍窟山 ··································· 22
　　五指岩 ··································· 22
　　密浦山 ··································· 22
　　峽源坑 ··································· 22
　　華釜山 ··································· 22
　　石倉岩 ··································· 23
　　白眉岩 ··································· 23
　　九洩山 ··································· 23
　　烏石岩 ··································· 23
　　赤岩峰 ··································· 23
　　鬥牛山 ··································· 23
　　鳳山 ····································· 24
　　小腔峒洞 ································· 24
　　鷹觜岩 ··································· 24
　　龍山 ····································· 24

3

松石山	24
馬鬃嶺 東境	24
石霞坑	25
靈山	25
八盤嶺 東	25
銅山	25
畫眉岩	25
橙尖山	25
壽山	25
方岩	26
棲霞洞	27
金城坑	27
銅坑	27
獨松坑	27
漿坑	27
峽裏坑	28
柯陽坑	28
畫眉岩	28
石翁山	28
錢王坑	28
峴峰嶺	28
南山	28
青石山	29
方山	29
將軍岩	29
石姥岩	29
紀家源嶺	29
三寶峰	29
五木嶺	29

魁山	29
方山	30
斗潭山	30
芙蓉山	30
洪茂嶺	30
靈岩山	30
楊溪嶺	31
館頭嶺	31
郭公岩	31
烏峰岩	31
水峥岩	31
石室山	31
東山	31
雞兒岩	32
道士岩	32
擇睦嶺	32
絕塵山 南	32
牛金嶺 東南	32
歷山 南境	32
滁嶺	33
紫鳳嶺	33
交嶺	33
大厨山	33
岡谷嶺	33
白雲山	33
永場源	33
石城山	34
金勝山	34
柏岩山 西境	34

塔山	34
界嶺	34
桂岩山	34
霞裏山	35
水攻山	35
白窖峰	35
白窖嶺	35
吳坑	35
華溪	36
南溪	36
酥溪	36
李溪	37
烏江溪	37
北溪	37
西門溪	37
大銅川溪、小銅川溪	37
鶴鳴溪	38
仙溪	38
欅溪	38
日月潭	38
俞公潭	38
斗潭	38
蜃洞潭	38
天井潭	38
歷山潭	38
英山潭	39
石龜潭	39
石鼇潭	39
烏石潭	39

| 鳳凰潭 | 39 |
| 三長官潭 | 39 |

永康縣志卷之三 ········ 40
橋渡 ········ 40
仁政橋	40
李溪橋	41
永寧橋	41
羅橋	41
檡木橋	41
東錦橋	41
下浮橋	41
黄渡橋	42
倉口橋	42
西橋	42
烈橋	42
三板橋	42
楊公橋	42
五錦橋	42
蛙蟇橋	42
桐擎橋	42
和尚橋	43
崀橋	43
杉板橋	43
新河橋	43
岩前橋	43
沈家橋	43
俞家橋	43
新橋	43

章村橋	44
大中橋	44
東濟橋	44
奉聖橋	44
王墳橋	44
夏呂橋	44
九里口橋	44
大依橋	44
東橋	44
中降橋	45
上降橋	45
烏江橋	45
古陳橋	45
太平橋	45
龍窟橋	45
普渡橋	45
清河橋	45
南新橋	45
水東橋	45
三家橋	45
梁風橋	46
平安橋	46
永安橋	46
崇興橋	46
欓樹橋	46
下江橋	46
酥溪橋	46
鶴鳴橋	46
仙遊橋	46

苦竹橋	47
下溪橋	47
李溪渡	47
當渡	47
西津渡	47
青龍渡	47
楊渡	47
銅擎渡	47
交溪石步	48
李溪石步	48
厚仁上石步	48
厚仁下石步	48
仙溪上石步	48
仙溪下石步	48
水盛石步	48
坊巷	49
井泉	50
龍泉井	51
太寺井	51
永泉井	51
石井	51
福元井	51
堂前井	52
大井	52
胡公井	52
三眼井	52
蕭泉井	52
白龍井	52
東澤井	52

金鼓泉 ……………………………………………… 52
　　烏樓泉 ……………………………………………… 52
　　李家泉 ……………………………………………… 53
市集 …………………………………………………… 53

永康縣志卷之四 …………………………………… 55
戶口新編 ………………………………………………… 55
　　宋 …………………………………………………… 55
　　元 …………………………………………………… 56
　　明 …………………………………………………… 56
田土新編 ………………………………………………… 56
　　明洪武二十四年黃冊 ……………………………… 57
　　永樂十年黃冊 ……………………………………… 57
　　成化八年黃冊 ……………………………………… 57
　　弘治十五年黃冊 …………………………………… 58
　　嘉靖四十一年黃冊 ………………………………… 58
　　隆慶六年黃冊 ……………………………………… 58
　　洪武二十四年 ……………………………………… 59
　　永樂十年 …………………………………………… 59
　　成化八年 …………………………………………… 60
　　弘治五年 …………………………………………… 60
　　正德七年 …………………………………………… 60
　　官職田 ……………………………………………… 61
　　歸附田 ……………………………………………… 61
　　義莊田 ……………………………………………… 61
　　學院田 ……………………………………………… 61
　　新沒田 ……………………………………………… 61
　　廢寺田 ……………………………………………… 61
　　僧道田 ……………………………………………… 62

民田	62
原額地	62
白地	62
秋租地	62
新没地	62
學院地	62
沙基地	62
廢寺地	63
民地	63
原額山	63
秋租山	63
民山	63
原額塘	63
歸新塘	63
學院塘	63
秋租塘	64
民塘	64

田賦 ... 64

宋	65
元	65
明洪武	65
永樂	65
天順	65
成化	65
弘治	66
正德	66
萬曆六年坐派	66
官員職田、原没官田	67
歸附没官田	67

義莊田	67
學院田	67
新沒田	68
廢寺田	68
僧道田	68
民田	68
官砂基地	69
白地	69
秋地	69
歸附新沒官地	69
學院地	70
廢寺地	70
民地	70
歸附後沒官山	70
秋山	71
民山	71
歸附後沒官塘	71
學院塘	71
秋塘	71
民塘	71

永康縣志卷之五 ……… 77

土產 ……… 77

貢賦 新編 ……… 87

 歲進 明制 ……… 87

 額辦 ……… 87

 坐辦 ……… 90

 雜辦 ……… 92

課程附 ……… 97

永康縣志卷之六 ……………………………………………… 101
鹽鈔 ……………………………………………………………… 101
明額徵 ……………………………………………………… 102
役法 ……………………………………………………………… 103
唐正役 ……………………………………………………… 104
雜役 ………………………………………………………… 104
宋初差役法 ………………………………………………… 104
熙寧保甲助役法 …………………………………………… 104
寶慶義役法 ………………………………………………… 105
元役法 ……………………………………………………… 105
明役法 ……………………………………………………… 105
國朝役法 …………………………………………………… 106
風俗 ……………………………………………………………… 114

永康縣志卷之七 ……………………………………………… 120
公署 ……………………………………………………………… 120
縣治 ………………………………………………………… 120
譙樓 ………………………………………………………… 121
儀門 ………………………………………………………… 121
戒石亭 ……………………………………………………… 121
知縣衙 ……………………………………………………… 122
縣丞衙 ……………………………………………………… 122
主簿衙 ……………………………………………………… 122
典史衙 ……………………………………………………… 122
吏舍 ………………………………………………………… 122
際留倉 ……………………………………………………… 122
儀伏庫 ……………………………………………………… 123
耳房庫 ……………………………………………………… 123
架閣庫 ……………………………………………………… 123

贊政廳	123
賓館	123
土地祠	123
鄉約所	123
縣獄	123
申明亭	123
旌善亭	124
行察院	124
布政分司	124
按察分司	124
小分司	125
府館	125
稅課司	125
接官亭	125
綠野書院	126
醫學	126
陰陽學	126
僧會司	126
道會司	126

學校 … 126

儒學	127
先師廟	128
啓聖公祠	128
敬一亭	128
明倫堂	128
尊經閣	129
東齋房五間	129
西齋房五間	129
明倫堂前月臺	129

禮門 ……………………………………………… 129

　　祭器庫 …………………………………………… 129

　　儒學門 …………………………………………… 129

　　登雲橋 …………………………………………… 130

　　泮池 ……………………………………………… 130

　　欞星門 …………………………………………… 130

　　名宦祠 …………………………………………… 130

　　鄉賢祠 …………………………………………… 130

　　講堂 ……………………………………………… 130

　　土地祠 …………………………………………… 130

　　司諭署 …………………………………………… 130

　　司訓署 …………………………………………… 131

　　卧碑 ……………………………………………… 131

　　儒學箴碑 ………………………………………… 131

　　射圃 ……………………………………………… 131

　　學倉 ……………………………………………… 131

　　學田　社學 ……………………………………… 131

書院附 …………………………………………… 132

　　五峰書院 ………………………………………… 132

　　龍川書院 ………………………………………… 132

永康縣志卷之八 ………………………………… 133

祀典新增 ………………………………………… 133

　　文廟 ……………………………………………… 133

　　釋奠 ……………………………………………… 136

　　名宦祠祭品與啓聖同 …………………………… 136

　　鄉賢祠祭品同 …………………………………… 137

　　麗澤祠 …………………………………………… 138

　　壽山鄉賢祠 ……………………………………… 138

赫靈廟 ··· 138

故鄉廟 ··· 139

社稷壇 ··· 139

風雲雷雨山川壇 ··· 139

城隍廟 ··· 139

土地祠 ··· 140

烏傷侯廟 ··· 140

鄉主廟 ··· 140

呂烈女祠 ··· 140

武備 ·· 141

教場 ·· 141

關隘 ·· 141

孝義巡檢司 ··· 142

驛遞 ·· 142

華溪驛 ··· 142

急遞鋪 ··· 143

明驛遞 ··· 143

八縣派銀 ··· 144

附華溪驛驛丞名表 ··· 144

惠政 ·· 145

預備倉 ··· 146

養濟院 ··· 146

惠民藥局 ··· 146

義冢 ·· 146

厲壇 ·· 147

永康縣志卷之九 ·· 148

宦表 ·· 148

唐令 ·· 149

宋更名知縣	150
宋縣丞	153
宋主簿	153
宋尉	153
元達魯花赤	154
元更名縣尹	154
元主簿	156
元縣尉	156
元典史	157
明復名知縣	157
明縣丞	161
明主簿	164
明典史	166
國朝知縣	168
國朝縣丞	169
國朝典史	169
唐教官	170
元教諭	170
元訓導	170
明教諭	171
明訓導	173
國朝教諭	176
國朝訓導	177

宦迹 177

梁	178
唐	178
宋	178
明	179
國朝	181

教官列傳　明 …………………………………………… 181

永康縣志卷之十 ………………………………………… 182
人物 ……………………………………………………… 182
　　宋 …………………………………………………………… 183
　　元 …………………………………………………………… 193
　　明 …………………………………………………………… 194
　　宋 …………………………………………………………… 205
　　元 …………………………………………………………… 205
　　宋 …………………………………………………………… 212
　　元 …………………………………………………………… 212
　　明 …………………………………………………………… 213
　　國朝 ………………………………………………………… 215
　　宋 …………………………………………………………… 216
　　元 …………………………………………………………… 216
　　明 …………………………………………………………… 217
　　明 …………………………………………………………… 218
　　國朝 ………………………………………………………… 219

永康縣志卷十一 ………………………………………… 222
仕進 ……………………………………………………… 222
　　宋進士 ……………………………………………………… 222
　　宋武進士 …………………………………………………… 229
　　元進士 ……………………………………………………… 230
　　明進士 ……………………………………………………… 230
　　國朝 ………………………………………………………… 233
　　宋鄉舉 ……………………………………………………… 233
　　宋鄉舉存疑者 ……………………………………………… 234
　　元鄉舉 ……………………………………………………… 235
　　明鄉舉 ……………………………………………………… 235

國朝 ································· 242
　　明武舉 ······························· 243
　　國朝武舉 ···························· 243
歲貢 ····································· 243
　　明洪武年 ···························· 243
　　建文年 ······························· 244
　　永樂年 ······························· 244
　　洪熙年 ······························· 245
　　宣德年 ······························· 245
　　正統年 ······························· 246
　　景泰年 ······························· 246
　　天順年 ······························· 247
　　成化年 ······························· 247
　　弘治年 ······························· 248
　　正德年 ······························· 249
　　嘉靖年 ······························· 249
　　隆慶年 ······························· 250
　　萬曆年 ······························· 251
　　泰昌年 ······························· 252
　　天啓年 ······························· 252
　　崇禎年 ······························· 252
　　國朝順治年 ························· 253
　　康熙年 ······························· 254

永康縣志卷十二 ···················· 257
例貢 ································· 257
　　宋 ···································· 257
　　明 ···································· 257
　　國朝 ································· 266

辟薦 268
宋 268
元 271
明 272
宋 276
明 276
宋 276
明 277
宋 278
明 279

掾史 285
宋 舊志無載 286
元 舊志亦略 286
明 286
武 297
國朝各途入仕 297

耆壽 300
明 301
國朝 301

永康縣志卷十三 304

流寓 304
宋 304
元 305

列女 306
宋 306
元 307
明 307
明 311

國朝 ………………………………………… 311

　　明 …………………………………………… 312

義民 ………………………………………………… 318

　　趙鉞 ………………………………………… 319

　　王思退 ……………………………………… 319

　　方叔和 ……………………………………… 319

　　王綸 ………………………………………… 319

　　施孟達 ……………………………………… 319

　　應恩 ………………………………………… 319

　　徐德美 ……………………………………… 319

　　應崇德 ……………………………………… 319

　　朱山 ………………………………………… 319

　　李世翱 ……………………………………… 320

　　吕國元 ……………………………………… 320

　　黄一正 ……………………………………… 320

　　周邦義 ……………………………………… 320

　　盧元奎 ……………………………………… 320

　　謝景銘 ……………………………………… 320

　　應洵乾 ……………………………………… 320

　　徐宗諫 ……………………………………… 320

　　徐思程 ……………………………………… 321

　　胡啓桂 ……………………………………… 321

　　李承芳 ……………………………………… 321

　　胡惟敏 ……………………………………… 321

　　吕一麟 ……………………………………… 321

　　倪禧 ………………………………………… 321

義勇 ………………………………………………… 321

　　胡嘉祐 ……………………………………… 322

　　朱世遠 ……………………………………… 322

盧得 …… 322
方伎 …… 322
　明 …… 323
　國朝 …… 323
仙釋 …… 324
　馬自然 …… 324
　癡鈍穎和尚 …… 325
　淵叟元和尚 …… 325
　平州從垣和尚 …… 325
　本大真和尚 …… 325

永康縣志卷十四 …… 326
坊表 …… 326
寺觀 …… 328
　上封寺 …… 329
　普利寺 …… 329
　法輪寺 …… 329
　澄心寺 …… 329
　普明寺 …… 329
　大通寺 …… 329
　護法寺 …… 329
　真寂寺 …… 329
　明梵寺 …… 330
　翠峰寺 …… 330
　慈化寺 …… 330
　精修寺 …… 330
　普濟寺 …… 330
　廣慈寺 …… 330
　金仙寺 …… 330

顯恩寺	330
東不二寺	330
興聖寺	331
壽山寺	331
洪福寺	331
興福寺	331
浄明寺	331
西不二寺	331
妙浄寺	331
福善寺	331
崇法寺	332
崇福寺	332
興梵寺	332
饒益寺	332
浄嚴寺	332
天清寺	332
永光寺	332
東覺明寺	332
浄土寺	332
明性寺	333
浄勝寺	333
勝福寺	333
普澤寺	333
法華寺	333
布金寺	333
西覺明寺	333
安覺寺	333
齊雲寺	333
定惠寺	334

明福寺 …………………………………… 334

聖安寺 …………………………………… 334

永壽寺 …………………………………… 334

延慶寺 …………………………………… 334

寧國寺 …………………………………… 334

光慧寺 …………………………………… 334

法蓮寺 …………………………………… 334

無垢寺 …………………………………… 334

惠日寺 …………………………………… 335

澄真寺 …………………………………… 335

長壽寺 …………………………………… 335

寶勝寺 …………………………………… 335

偍遊寺 …………………………………… 335

明智寺 …………………………………… 335

延福寺 …………………………………… 335

安覺寺 …………………………………… 335

東勝福寺 ………………………………… 335

西勝福寺 ………………………………… 336

化成寺 …………………………………… 336

三峰庵 …………………………………… 336

香林庵 …………………………………… 336

延真觀 …………………………………… 336

崇道觀 …………………………………… 336

紫霄觀 …………………………………… 336

菩祥觀 …………………………………… 337

婺宿宮 …………………………………… 337

東嶽行宮 ………………………………… 337

修真道院 ………………………………… 337

會真道院 ………………………………… 337

正一道院 ……………………………………… 337
　　北鎮廟 ………………………………………… 337
　　龍虎塔 ………………………………………… 337
　　鳳凰塔 ………………………………………… 338
祠墓 …………………………………………………… 338
　　丘墓 …………………………………………… 338
　　祠堂 …………………………………………… 340

永康縣志卷十五 ……………………………………… 344

古迹 …………………………………………………… 344

祥異 …………………………………………………… 346

遺事 …………………………………………………… 350
　　遇賊不去 ……………………………………… 350
　　爲父報讎 ……………………………………… 351
　　徐墓三異 ……………………………………… 351
　　元魁異兆 ……………………………………… 351
　　僧田倍租 ……………………………………… 351
　　桑龜共語 ……………………………………… 352
　　大鼠捧珠 ……………………………………… 352
　　賢墓靈異 ……………………………………… 352
　　山羊懷德 ……………………………………… 352
　　禁鑿山脉 ……………………………………… 353
　　雷焚訟卷 ……………………………………… 353
　　汝才還金 ……………………………………… 353

永康縣志卷十六 ……………………………………… 354

藝文 …………………………………………………… 354
　　詩 ……………………………………………… 354
　　文 ……………………………………………… 366

序

余承乏史館，預修《一統志》，嘗取寓内之志乘縱觀之。凡治忽醇漓，盛衰興廢，歷歷如指諸掌。竊嘆夫人物之光華、風俗之茂美，固地靈所鍾哉；其教與養，蓋實關人事焉。歲丁丑，奉命視學兩浙。山川風物，稱一大都會。校文之暇，于郡邑志咸得寓目。按行經婺郡，獨永康志闕勿備。詢諸邑令沈子，對曰："板燬于火，闕二十餘年矣。"余曰："是有司之責也。盍修諸？"沈子曰："久有意於兹矣。以邑務并營勿遑，及今稍暇，當竭蹶以從事。"閱數月，書成，以其稿來。義例則謹以嚴，筆法則簡以潔，綱目則括而能通，編次則條而且贍。每篇冠以小序，補舊志所未及。疏朗質直，意主乎紀事而不主乎文，微顯闡幽，可以維風勸俗，如讀《南陽耆舊》之傳，應、劉《人物》之志、《風俗》之通，非第爲一邑米鹽籍記已也。沈子爲余齊年友，問學該博，品誼端方，其宰永邑，以蒲鞭爲治。民懷其惠，有長者之稱。以沈子之才，不得在蘭臺著作之列，而小試一斑於理縣之譜，惜矣！然今天子，稽古右文，館局弘開，方將起枚、馬於泥塗之中，徵外史於山海之畔，沈子其橐筆以俟之。

康熙三十七年歲在戊寅冬十一月，楚黃張希良拜題。

序

永康蕞爾邑也，地無城堞，田不常稔，户鮮宿糧，市缺百貨。民生其間，蓋亦難矣。然自宋、元以來，人豪人師，高名顯爵，與夫篤行姱修之士，里苞巷茁，接踵而起，豈非山水之靈所蓄歟？敬姜之言曰："瘠土之民，莫不向義。"則是永多善類，轉因地瘠使然歟？然而非常之人，則又未可以凡情限之也。夫靈氣所鍾，蔚爲文獻，永邑之志，累代修續，文獻固足徵矣。顧自徐志燬于火，二十年來莫之問。及藻視事兹土，蘊懷已久。去年秋，紳士耆老昌言修復，予捐俸以倡，紳士踴躍欣助。始事于去秋，告成于今夏。藻以簿書餘晷，細加考訂，不以怠心乘之，不以易心忽之，訛則正之，遺則補之，冗則削之，亂則整齊之。其於舊本，或仍或革，大旨一歸自然。吴門雪鴻朱子語予曰："天下之物，莫不有故，因而求之，是爲天則。孟子曰：'禹之行水，行其所無事也。'豈惟治水？堯、舜之治民，夫子之删定贊修，俱不外此。即以文論，自經傳史集以及學士大夫撰述，千百世相傳之故具在也，其可鑿歟？"予與朱子，志尚不岐，迭相默喻，竊以爲志之所載，于地境之所有，適還其故而已矣，不必創列門類，綱復加綱，目又分目，義例既窮，勢必矯强，孰若本于自然之爲愜也！永志昉自宋嘉定縣令陳昌年，元延祐邑人陳安可、明成化訓導歐陽汶修續之。嘉靖壬午，縣令胡楷以爲歐陽每多失實，復據宋、元志修之。同時邑人應僉憲著有志稿，藏於家，至萬曆辛巳始刊布，然其條例參錯未定，蓋一家之書也。康熙十一年，縣令徐同倫一仍應本續之。今也二陳之志已亡，惟胡志

1

可以爲據，然甚簡略。而應氏體裁，未敢附和。乃遵洪瞻府志，立標題四十有三，皆自然之條例，非意見創立者也。每題各有小序，亦遵府志例也。應志條例有分所不當分者今則合之，合所不當合者今則分之，一以本題爲準，仍于行末各注某志列某項某項，以俟後之君子鑒別裁定，不敢以此廢彼也。其各項編序，仍注照某志某志者，不没其舊也。是役也，時日甚促，遺書鮮少，猶有缺略未備者，亦望後之君子網羅蒐採，以次增補，庶可爲蕞爾之邑、瘠薄之土增其式廓也。昔揚子之書本於閒邱，鄭國之命匪成一手，惟兹結集，敢云定本？亦聊以備後賢之考正云耳。雪鴻子曰："子之言，質而不泛，近而不枝，斯亦毋失其故者歟！"予謝不敏，書予兩人所見，以爲之序。賜進士出身、文林郎、知永康縣事華亭沈藻撰。

凡　例

一、永邑舊志,俱湮没不傳,所存一二種,又不甚愜合,未可據依。今則遵仿府志,定爲標題四十有三。不更於標題之上强立綱總,蓋標題即爲綱矣,復加以綱中之綱,是爲造作。又不于一題之中瑣瑣分類,蓋標題之下即爲目矣,復析以目中之目,是爲繁瑣。義例本是天然,造作反多窒礙。條例本自井井,繁瑣轉覺支離。此爲志家通病,今則痛革不仍。

一、標題雖各款分列,而次第承接,仍屬一貫,不容倒置,不須增減。具眼自有會心,大義不煩辭説。

一、義例所歸,原有一定之則。不必標新立異,亦不仍訛襲舛。若不原物始,不明大體,便有毫厘千里之謬。此則不憚改正,務期貼合。

一、郡邑志俱載分野。婺郡上應婺星,故郡因以名。然考舊志,婺星凡十一度,計一萬五千四百七十里。則是婺之所應者廣矣。永邑統于婺郡,故分野不必載。

一、山川題咏及公署、廟宇、橋梁、碑記,俱選入藝文,不分注于各項之下,毋相雜也。

一、貢賦田賦,歷代以來舊額所可考者俱載。國朝遞有裁復,悉遵《賦役全書》校定。

一、志例有不可不分者,如貢賦之于田賦,坊表之于坊巷是也。應《志》則混而一之。有不當分者,如士行、民德,同是人物,女貞、節婦,同屬列女。應《志》則離而分之。今爲釐正,不致淆訛。

一、人物固有大小,要必今昔論定、衆所愜服者方可登載。自應《志》設爲士行、民德、遺德之科,遂開寬假之一途矣。今則姑存其分之之條于行末,而大概則立一合之之局。蓋分則難于驟更,合則易於嚴剔,世之具眼者,必能辨之。

一、歷代科名,彰彰可考。其有以缺載求補者,必有典籍可據,方可補入。如其確有可證,亦不必以今日之科條爲定案也。

一、各邑祠墓,惟先賢及賜額祈報之神則載之。兹邑著姓,各有家祠。其家祠規約,凡子姓有習爲不善、欠糧犯禁者,即以其家法懲創之。是亦風教之一助也。故並載之,以防欺占侵削之弊。

一、藝文務極嚴選。與邑志關涉者爲上選,其有名篇佳什可以傳世者亦稍録入,不致冗濫。

一、志者,史之餘也。史者,《春秋》之餘也。《春秋》推見至隱,故褒貶並著。降而爲史,則據事直書,而褒貶亦寓焉。若夫郡邑志,則有褒無貶。然而妍媸亦莫能掩也。間有一節之長,易于湮没,或因其孫子之孝思,節取表章,又或里巷鄉曲之善事,雖細微但素所稱道,實亦可以維風勵俗,每爲衆情之所力請,以冀垂諸後世者,在有識者觀之,其巨細瑕瑜豈待辨而後見耶?雖云有褒無貶,亦初不失據事直書之意也。

一、刻成計板若干、字共若干,載於交盤册中,藏於公署,永垂不朽。倘有假借刷印因而私意鑴改數字者,即同增減官文書律,合邑鳴攻申究。

康熙三十七年孟秋,知縣事華亭沈藻謹識。

舊　跋

前序不全不刻

　　正德甲戌冬，吳尹宣濟注意增修邑志，以其事屬庠生趙懋功、徐訪、俞申、周桐、曹贊，而泗亦與焉。永康有縣始於吳。志則至宋嘉泰縣令陳昌年始爲之，元延祐邑人陳安可續爲之，俱過於略。明成化間續修於訓導歐陽汶，又多失實，識者不無遺憾。諸生乃據宋、元二《志》，稽之先輩文集，并採諸故老之所傳聞，務求得實，以備其所未備，而於人物一節，尤加慎重，不敢自是，復質之楓山章先生，去取惟命。及更明春，始脫稿。越七年，大尹胡先生楷欲梓行之，仍屬泗暨申重加校讐，主教劉君楫、司訓艾君瓊、劉君珊刪定之，而總裁之者則先生。鋟梓垂成，先生適去歸，會伯潤李公作縣，踵而成之。夫金華稱文獻邦，永康爲其屬邑，山川秀氣之所鍾，自昔人才之盛不在他邑下，如胡子正之忠厚，陳同甫之激烈，林和叔、應仲實之正大光明，皆表表足稱。至於蒞官茲土，和理如何仕光，恩威兼著如黄紹欽，廉明勤恤如劉公珂、王公秩，亦皆不失爲烈烈聲名士。既表章之如右矣，使後之居於此者，仰先哲之遺矩，而闇然日修；官於此者，慕前者之芳聲，而一振其餘響，則賢才盛、世道隆，其於國家之風化，庶幾亦有補於萬一云。嘉靖甲申八月望，杜溪陳泗書。

舊 序

史莫重乎古。古者自王朝以至列國,莫不有史,若內史外史所掌非耶。今之制非古矣,而社稷山川之祭,郡邑之臣得專之,且有政教號令之施,是猶古意也。今之史亡矣,而郡邑之有志,凡城郭、宮室、田賦、兵戎之類,與夫先賢往哲嘉言懿行之遺法,皆得書,是猶古意也。然予竊有感於今之志,有難者三,有不可解者四:開館設局,聚訟盈庭,甲可乙否,莫知所從,嫌疑易涉,怨讟滋生,故主者往往苦於執筆。此一難也。地有沿革,人有顯晦,而欲以一人一時,網羅於數千百載之前,稽諸往籍,則涉獵爲煩,廣之輿言,則雌黃易眩。此二難也。自古稱信史者,曰不虛美、不隱惡足矣,而《傳》不曰"孝子揚父之美,不揚父之惡"乎?夫秉筆者欲以寸管尺牘之法,奪爲人子孫者之情;而爲人子孫者,欲以不容自已之情,撓秉筆者之法,故多相左。此三難也。孔子曰"文勝質則史",蓋爲史病也。今不務其核,惟務其華,一切誇詡藻飾以爲工,牽連比附以爲富,至使覽者莫辨其域。此其不可解者一也。《春秋》而下,必曰遷、固。遷、固傳循吏,何寥寥也,而人物之志,則自羲黃以降,可指數矣。今之大書特書者,奚啻倍蓰焉,豈古之人不如今之人耶?抑今之筆不如古之筆也?此其不可解者二也。楊子雲著《法言》,富人載粟乞名不可,鄭子真、嚴君平隱於蓬蒿之下,不求名而名之。今則微者或略,而顯達者彌彰,豈盡賢者貴、不肖者賤耶?此其不可解者三也。古之史以善善惡惡即書如南董,而卿相之貴俛然受之而不辭。今之志直善善耳。善善而一介之士得曉曉而議之。此其不可解者四也。永康舊有志，缺而未補，蓋六十餘年矣。若僉憲應公仁卿所修，大抵參考舊籍，而裁成新例，不徇於人言，不膠於己見。其志謙，故述而不創。其文質，故簡而不肆。其事核，故直而不浮。而公之斟酌損益，閉戶數十年，以自成一家之言者，其用心亦已勤矣！書未及行而公卒。予承乏茲邑，懼文獻之湮也，乃稍爲校閱而輯成之，庶可備一邑之典故，則無負於公數十年之苦心乎！刻既成，因詳識予所感，以俟後世筆削之君子，且以爲公解嘲云。萬曆辛巳清和月邑令長洲吳安國序。

舊　　跋

　　邑侯吳公自慎陽更賢蒞事兹土者二年，合前俸歷滿三載，將奏績赴天官。維時撫按諸公爲民疏留之。父老子弟舉手加額稱慶。公聞之，嘆曰："是終將去爾。雖然，予豈能一日忘吾民哉！"於是出手編縣志一帙，屬以準生①校之，壽諸梓。生受而讀之。竊惟志之爲言識也，弗識則墜。顧職是者無專門，往往托諸空言懸斷，類多失實。欲以俟來世於不惑，亦難矣！姑無遠喻，即是邑舊志，自宋、元以來，一修於成化初年，再修於正德辛巳。當其時，闢館開局，群儒生操觚翰，以事事其間，非不惄焉稱慎。然卒失之舛謬不經。何者？文具飾而實不與存也。今去六十年，事以世殊，即使識載足憑，而猶未可按圖以索，矧猶未然乎！此晉菴應先生爲之增損撰次，殆有所感而續焉，非漫識也。公下車問俗，得其遺稿，遂藉以爲張本，乃明於沿革張弛淑慝之故，因之以出治道。朝試於政事堂，夕退而書之記室。即一事一物，皆經體驗，而又時其巡省，加之訪求，參之典故，至賦、役二者，尤注意裁訂，數易稿而後成編。先是載籍無稽，而取證於《全書》，乃豪猾利欺隱，并《全書》没之，竟貽不均，爲當事者累。公憾之，爲清理均派，以需上供、備軍國，一切浮泛不經之費悉裁抑之，以蘇民困。會頒新例，尚節省，適與公合，由是即其所均而裁者著爲成法，永永不令泯没。其他若人物、藝文、遺事之類，多親筆之。蓋驗諸行事，而非空言

---

① 校記："生"，《光緒永康縣志》作"手"。

也；稽之輿論，而非懸斷也。是可以存既往，可以鑒方來，允矣，夫稱一方信史也已。譬之創家業者，隨事經理充拓，而又籍記其所經理者，以貽於後之人，用心亦弘遠哉！嗟嗟！夫士修於家，出而行之於天下，或郡或邑，孰不儼然臨之。顧其來也嘗試漫爲，而其去也若擲，無亦曰是傳舍而已耳，視公之用心爲何如？公姑蘇世家，弱冠舉進士，瑰意瑋行不及論，論其所以修志者如此，後之人亦可以深長思矣！萬曆九年辛巳歲，儒學教諭豫章胡以準書。

舊　　叙

　　叙曰：縣之有志,猶國之有史也。政藉是以考成,賢藉是以不朽。杞宋無徵,魯經是醜,爰摭古今,用垂永久,作《永康縣志》,總若干萬言,釐爲十卷。初一曰地理,次二曰建設,次三曰貢賦,次四曰户役,次五曰風俗,次六曰秩官,次七曰選舉,次八曰人物,次九曰藝文,次十曰遺事終焉。地理以經之,建設以紀之,貢賦以徵之,户役以庸之,風俗以齊之,秩官以董之,選舉以典之,人物以表之,藝文以飾之,遺事以綜之。揆厥典常,細大畢舉,縣之文獻,於是乎備。凡述作之指,另存于篇。晉菴子曰：其事則稽諸往籍與今聞,其義則以質于令尹公裁定之,其文淺陋者蓋有責焉。觀者幸無罪乎爾！縣人晉菴應廷育仁卿甫題。

舊　序

郡邑有志，猶國有史。由來著述，言之詳矣。永邑雖小，絕長補短，古侯國也。舊志代修代易，不一其人，而成於前令尹吳公文仲、鄉先生應公仁卿者，則在明萬曆之初，迄于今，且將百年，梨棗蠹蝕，不減秦碑漢碣；典畫荒謬，奚啻亥豕魯魚。余不敏，愧未能抽金匱石室之藏，品題軒輊，勒成一代之典，乃於案牘偶暇，廣搜遺文，傳綜近事，聞見從新，條例從舊，以提綱則有大書，以評事則有分注，仿簡記于編年，協參稽於輿論。持之慎故察之精，察之精則其書之也，頗謂得其實而無歉。昔司馬子長之自爲一史也，總要舉凡，原始會終，覽其概略，亦足通其指歸矣。及夫世道之治忽，政事之得失，載令甲而如新，首利害登耗之數而無爽，即嫮節遺烈，或隱而章，章而備，備而當。以至規畫有因革，人才有盛衰，時斷時續，若存若亡。今此無徵，已致咎于前此之闕略矣。若不早計，則後此之紕漏，不又致咎於今此之放佚乎！藉曰採錄或遺，睹聞或誤，其未備也，猶愈于存而無論也。正其誤，補其遺，況有待于後也耶？由是而上下古今可以擅博雅之資，由是而登進風謠可以觀大化之成。摘辭掞藻，作者斌斌，勿令探藝海者致懟于遺珠也。他日徵文考獻，則典册具在，庶可傳信於千萬世云。康熙壬子春雲杜徐同倫亹源序。

舊　　跋

　　間嘗流觀山海輿圖所載，至婺之永康，得名賢如陳同甫、林和叔輩，文章風節，矯然自命，心嚮往之。兼得方巖、石城諸勝，咸稱仙靈窟宅。華溪一水，盈盈相望，勞我寤寐。至道士指庭松而化石，竊疑之矣。辛亥秋，布帆南來，旅寄華水之濱。每間步河梁，白鷺青鱗，浮翔上下，欣然樂之。甫越月，為方巖遊，攀飛橋，凌絕巘，幾不知有身在塵世也。獨石城以稍近而失之。松化故迹，在郭外里許，磊兀鱗皴，出地不盈尺，他山或有之，而佳者不可得，始信人間事有遠乎尋常意計之外者類如此。若先賢里墓所在，未遑展謁，茲為良遊一憾。蓋名山大川，每多異人，藏異書。非足之所歷，目之所睹，其淪沒於荒烟蔓草者不知凡幾矣！徐君壟源，出宰是邑將六載，政成化洽，歌頌聲洋洋盈耳也，乃繙繹舊志，手為釐定，俾百十年來往事遺行燦然大備。余浮鷗斷梗，品藻烟雲，獲從几研之間，共為參校。梅破寒汀，柳繫春風，相與晨夕焉，數閱月而書成。上以佐興朝文治之盛，下以發名邑潛德之光，乞靈山川，願愜禽魚，彷彿先賢如在丹峰碧嶂間，似可挹之而出也。還問化松，或別留片石，秘為奇珍，終當怡然惠我，壓載歸舟，位置楚澤園亭，敬投袍笏之拜，庶不負山海流觀、搜巖剔窟數千里，目追足涉之近踪也。快睹永志刻竣，而跋其後。康熙壬子春楚人尚登岸未菴氏跋。

永康縣輿圖

　　前圖列接壤之境：山高水長，皇華四達於全越；區分界別，井疆條析於十鄉。流峙自昔，原隰攸分。若乃山無伏莽，川無洄溢，耕者歌於田，負者休於路，則圖百里如圖樂郊也，一快也。後圖列出治之原，法署公宮，典祀推隆於神構；望衡比户，夜鈴式廑於重關。市廛靡改，堂奥攸崇。若乃民歌解阜，士萃環橋，飶馨邀神聽之和，間閈弛夜織之禁，則圖四隅如圖春臺也，又一快也。

(康熙三十七年)永康縣志

永康縣輿圖

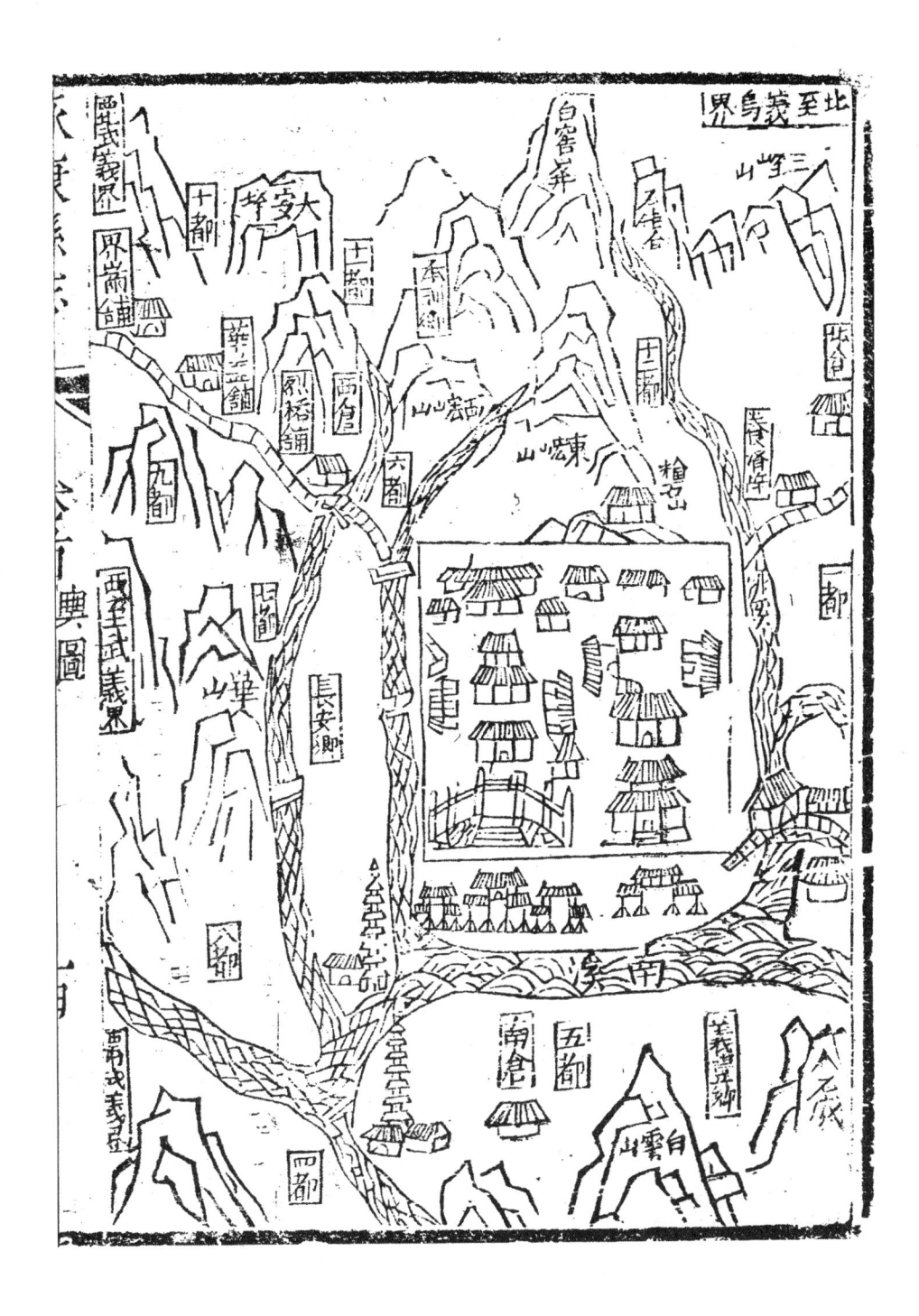

(康熙三十七年)永康縣志

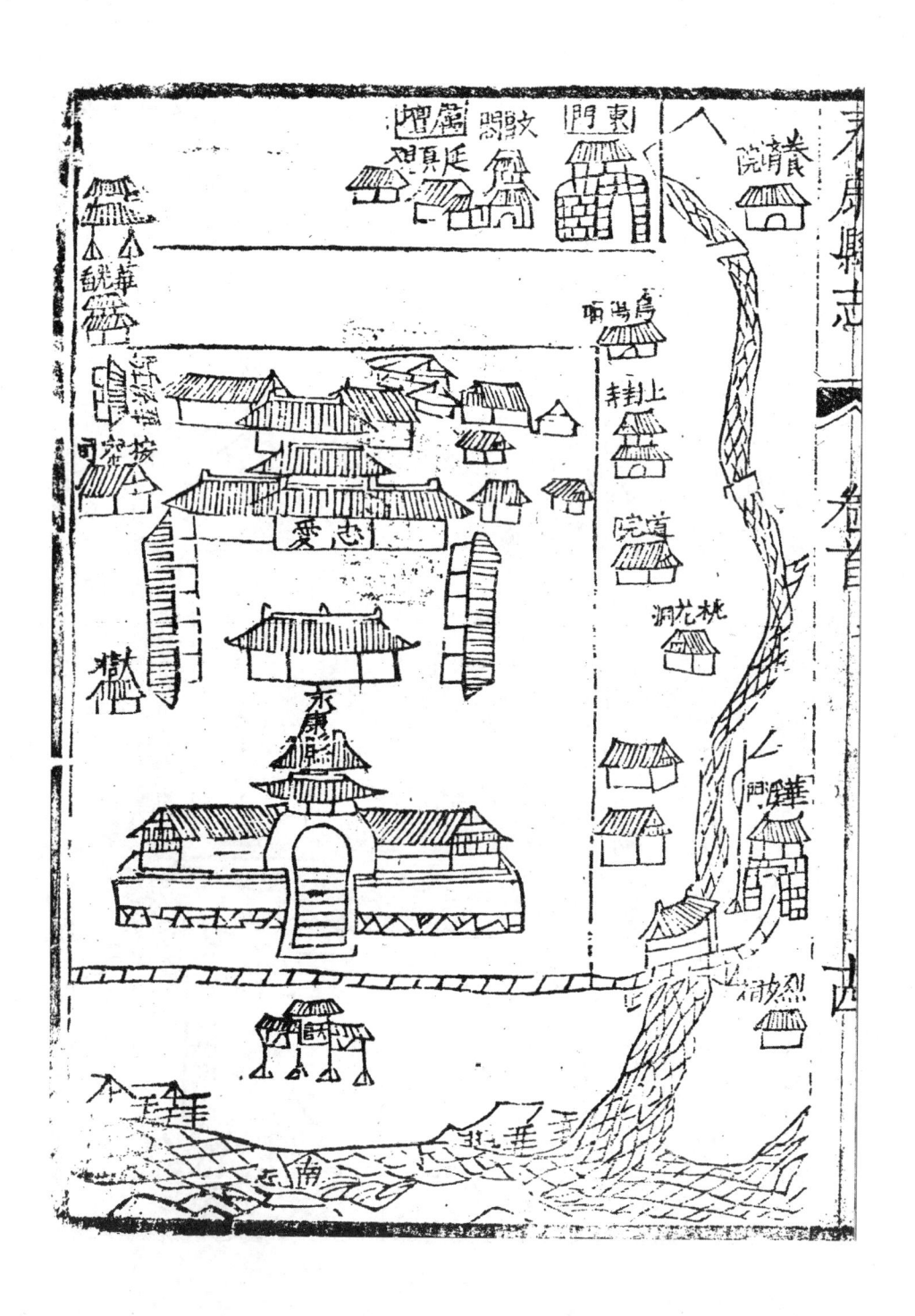

永康縣輿圖

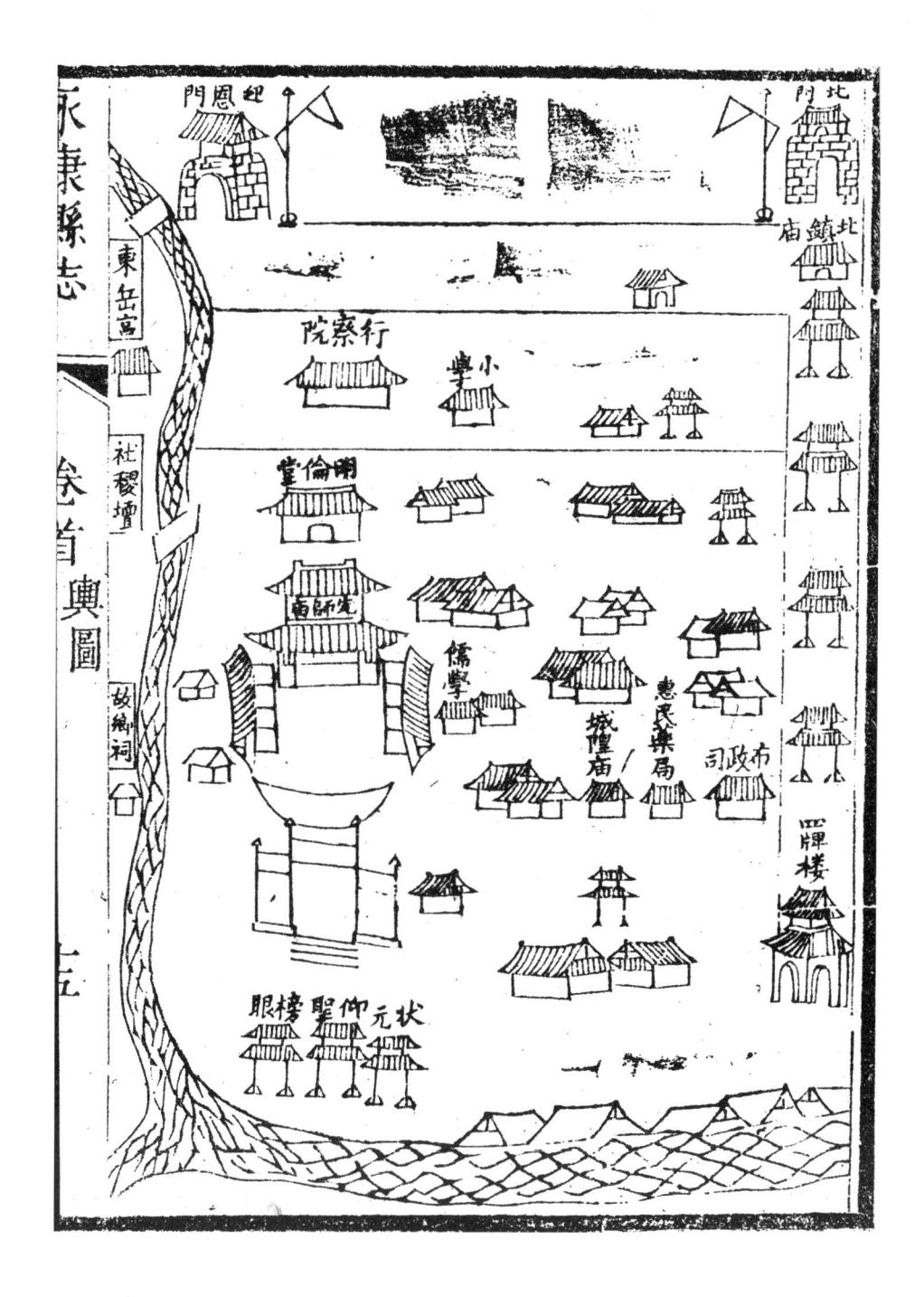

歷代修志姓氏

宋嘉泰年
  陳昌年縣令。

元延祐年
  陳安可邑人。

明成化年
  歐陽汶本縣司訓，江西分宜人。
  尹士達江西泰和人。

正德年
  吳宣濟　　　　胡　楷凡八卷。編修永嘉葉式序。
  李伯潤並縣令。　劉　楫學司教。　劉　珊
  艾　瓊並學司訓。　章　懋蘭溪人。　趙懋功
  徐　訪　　　　俞　申　　　　周　桐
  曹　贊　　　　陳　泗並邑人。

嘉靖年
  洪　垣縣令。

萬曆年
  吳安國縣令。　　胡以準學司教。　應廷育凡十卷。

康熙十年
  徐同倫縣令。十卷。　尚登岸楚人。　俞有斐邑人。
  虞輔堯司訓。　　徐光時　　　徐宗書
  王世鈇　　　　程懋昭　　　汪弘海俱邑人。

永康縣志卷之一

知縣事華亭沈藻琳峰重修
儒學教諭余瀘潛亭參閱
吳郡朱謹雪鴻編纂
邑人王同廡澹菴、徐琮完石校訂

建置沿革 _{新增}

自有宇宙，便有疆邑。宇以六合言，宙以古今言。疆邑井井，宇之義也；沿革歷歷，宙之義也。觀于建置，而治道出焉；觀于沿革，而變化生焉。永邑疊經興廢，今之永邑，非昔之永邑也。治之者，貴乎善通其變。然而山川猶是，疆邑猶是，今之永邑，猶昔之永邑也，所以治之者，貴乎慎守其常。縣有沿革，道有常變。神而明之，存乎其人。乃志沿革。

永康縣為金華府屬邑，屬《禹貢》揚州之域。《周禮》：揚州之山鎮曰會稽，在紹興府城東南，禹會諸侯計功于此，命曰會稽。夏少康封庶子無餘于會稽，號於越。越句踐六世後為楚威王所併。秦滅楚，分吳越地，始置會稽郡，屬吳，領縣二十四，而烏傷隸焉。漢興，封劉濞王吳地，在封內。濞誅，仍隸會稽郡。順帝永建四年，以吳越地廣，分浙江以西為吳郡，以東為會稽郡。三國吳赤烏八年，分烏傷之上浦鄉置永康縣，其有縣始此。吳寶鼎元年，始分會稽郡之西部，置東陽郡，領縣九：長山、太末、烏傷、永康、信安、吳寧、豐安、定陽、遂昌。晉、宋、齊因之。梁武帝改置金華郡，改會稽郡為越州，置總管府，改東陽郡爲婺州，隸越州。隋開皇九年，縣省入吳寧縣，尋復置。唐武德四年，割永康爲麗州，以縣及縉雲縣屬之。八年，州革，縣屬婺州。天寶元年，復曰東陽郡，領金華、義烏、永康、東陽、蘭谿、武成六縣。肅宗乾元元年，復改東陽郡爲婺州。唐末爲吳越王錢鏐所據。石晉天福四年，升武勝軍節度，錢氏又升武勝府及大都督府。宋太祖興國三年，錢俶納土，吳越國除，仍爲婺州武勝軍，隸兩浙東路。淳化元年，改武勝爲保寧軍。元至元十四年，改爲婺州路。明洪武初，改爲寧越府。壬寅，仍改寧越爲金華府，領縣七：金華、蘭谿、東陽、義烏、永康、武義、浦江。成化七年，增置湯溪縣，隸浙江布政司。國朝因之。《唐會要》云：大曆十一年升爲望縣。《九域志》爲緊縣。元爲中縣。

疆　域

疆域之宜分也，以經界之宜正也。經界之宜正，以地畝宜清，而賦稅宜均也。分疆域，正經界，而民之不田而糧、不糧而田者，少矣。養民之務，孰急于此！豈特鄰封之界限所當致辦哉！不然者，四境之内不治，而徒沾沾于四至八到，亦末矣！

永康縣在金華府東南上游之地。縣境東西相距二百六十五里，南北相距一百里。截長爲方，約一百二十里。到金華府治：馬步一百一十里，舟一百八十里。到本省：馬步五百三十里，舟六百二十里。到京師：馬步四千一百八十里，舟四千七百八十里。

東至仙居縣治，凡二百八十里。抵馬鬃嶺交界，二百四十里。抵洪茂嶺縉雲縣界，六十里。

西至武義縣治，凡五十里；抵楊公橋交界，三十里。

南至縉雲縣治，凡八十里；抵黃碧封堠交界，四十五里。

北至義烏縣治，凡一百五十二里；抵杳嶺及長塢坑交界，五十里有奇。

東南到縉雲縣界，四十里，地名南崗嶺。

西南到武義縣界，二十五里，地名桐琴。

西北到武義縣界，三十里，地名馱塘。

東北到東陽縣界，六十里，地名四路口。

康熙三十六年春，知縣沈奉督憲郭勘准縣境界址，詳後。

縣正東邊四十二都護臘橋，與處州府縉雲城闕桃交界會勘，有舊界，立石。

縣東邊帶北二十二都伍斗山，與東陽五十都交界會勘立石。

縣東邊帶北四十七都下連坑，與台州府仙居縣二十七都黃山頭寨門交界會勘立石。

縣東邊帶南二十三都包坑口，與處州府縉雲縣二十七都交界會勘立石。

縣正南三都永祥馬嶺，與縉雲交界會勘立石。

縣南邊帶東四十五都庄基，與縉雲二十九都交界立石。

縣南邊帶西八都桐琴，與武義趙村交界會勘立石。

縣正西八都楊公橋，與武義倪村交界會勘，有舊界，立石。

縣西邊帶北十都董村，與武義茭道交界會勘立石。

縣正北二十都祉嶺尖分水，與義烏交界會勘，有舊界，立石。

縣北邊帶東長塢坑，與東陽交界會勘，有舊界，立石。

縣北邊帶東四十六都三石，與東陽安文交界會勘立石。

縣北邊帶西十一都楓坑嶺尖分水，與義烏交界會勘立石。

形　勝 新增

古之相土度地萃爲都邑者，首而京華，次省會，以至列郡州縣，無不上應星躔，下合地理，中孚人事，夫然後可以凝聚永久而不廢。凡輿地志俱載形勝，形則在地成形之謂，勝則山川城池據險控制之謂。《易》曰："王公設險以守其國。"《孟子》曰："固國不以山谿之險。"二説者，蓋亦並行而不相悖者乎！《傳》又有之曰"在德不在險"，則是險亦未可專恃也。要之，天然之形勝不可無，人爲之形勝不可闕。舊志不載形勝，今照府志補入。

據崇山而五峰峙其北，襟清流而雙溪會其南，縣治特立其中，實四面山水之會。

舊志：環縣四境，皆山也。起自南戎岷峨，歷滇逾湘，穿五嶺而東，循建信以抵衢、處之交，一出武義縣，自蔣富山入南溪之陽，盤亘雲南，以爲賓山；一出縉雲縣，自白岩山入南溪之陰，崗隴綿延，迴繞縣東北境，接東陽以及義烏之界，聳起爲三峰山，其支南出，融爲縣治。其別出者，盡縣之西北境，界于武義，以爲縣治護衛。按此本爲永康山水推其所自來，而一邑之形勝、縣治之融結皆已焕若聚米。故附載于此，使覽者宛如身歷云。

城　池 新編

永康城池，湮廢已久。然有明以前，未嘗無城。設者其常，毀者其變也。今則以變爲常矣。然設險守國，先王之經制，爲政之急務也。衆志成城，不無望於將來之曠舉。今遵舊志，仍載城池，庶餼羊之遺意乎！

永康縣舊城：吳赤烏八年築，周一里一十九步，高一丈八尺，厚一丈五尺。宋嘉定壬戌拓之，周三里三十步，門七：東曰華溪、迎恩、迎曦，西曰西津、由義、望京，北曰永安。後漸廢。元初墮。至元十三年，環以墻。後圮。今爲平壤，民居錯列，無復有故迹矣。明萬曆三十三年，知縣方鶴齡于學宮前建延薰門，天啓五年燬。崇禎十二年，知縣朱露創建東西二門，叠石爲樓，東曰在德，西曰多助。

據應志附載《答知縣楊公詢訪築城利害書》

伏承詢訪築城事宜。尊諭所云地利民力，已舉其大凡矣，請得而詳陳之。夫築城爲民，捍外而衛内，朝廷憂民之深慮也。然自有縣以來，歷今已千有餘年矣，中間屢經變亂，雖稱舊有城墻，而不能完固以傳于後者，非不知城之爲重也，想亦經營量度而審知其地形之必不可城也。縣之地形，縱長而橫縮，大略如龍舟之狀。東迫大溪，西臨深田，其南面並列縣治、城隍廟、儒學三公宇，僅及一里，别無餘地矣。孟子曰"三里之城，五里之郭"，蓋極其至小而言也。今乃僅及一里，將何以城乎？雖縣治後至北鎮廟長及五里，然因其衡之縮也，若欲築城，兩傍須拆去民居十分之四以爲城址馬路，而所存居民僅有六分，此如龍舟而去其兩舷，則不成其爲舟矣。彼民居四分之被拆者何不幸，而專爲六分僅存之居民築城以衛之獨何幸也。愚意自昔蓋亦慮及此矣。夫防捍外患，其憂遠在數百年之後，而蕩析民居，其患近在旦夕之間，是以寧略遠憂而急近患也。或謂欲跨大溪而築者，此大愚也。南以仁政橋爲城址，則橋下空洞高廣，雖數百人可以駢擁長驅而入，是有城猶無城也。其北適當北溪入華溪之衝，常時水激沙走，遷徙無恒，將何所據以爲城址乎？或謂欲西跨山脊而築者，此大痴也。城長五里，衡略亦計五里，其中山城塗峻，深田沮洳，不可居民之處且逾其半，是徒爲空城也，將使何人守乎？矧北近北鎮廟，乃縣之來龍，若築城掘濠，未免傷損龍脉，此又久遠無窮之患也。反覆思維，無一可者。至于民力不堪，姑未暇論，惟高明詳之。

鄉　區

縣分十鄉，鄉轄四十七都。明初編戶一百二十三里，其後定爲一百一十七里，每里設里長一人。其稅糧之分隸，則又參錯分爲十區。又設糧長三十人分督之，所以參合衆戶，以蘇里甲之困者也。每里各爲一圖，圖即《周禮》版圖之謂。今之格眼紙，彷彿其意爲之。限其地則曰里，按其籍則曰圖，以故圖之數如其里之數。以其征稅之數分之，則爲區，蓋自洪武間議各都管催之法，有老人獻計，以紙摺之，分爲區。遂用之。每區轄都圖若干，臂指相使，其法不可廢也。國朝編里如舊，復設立鄉約長，宣講上諭十六條。鄉區之間，不惟知供賦稅，而禮教行焉。康熙間，知縣沈公謹刻十六條敷言，使深山窮谷，無不家諭戶曉。王道之易易，於斯見之矣。

義豐鄉

附郭而南。其里上林。舊轄隅四：曰東隅一圖、南隅一圖、西隅一圖、北隅一圖。本朝按糧均平編里，析分爲一都八圖；二都三圖，今析爲四；三都四圖，今併爲三；四都三圖，今併爲二；五都五圖，原併爲四，今併爲三。

長安鄉

正西。其里溫泉。轄都四，曰六都三圖，今併爲二；七都三圖，今併爲二；八都三圖；九都四圖。

承訓鄉

西北。其里清明。轄都三：曰十都二圖；十一都三圖，今併爲二；十二都四圖，今併爲二圖。

昇平鄉

正北。其里松山。轄都四：曰十三都二圖；十四都二圖，今析爲三；十五都三圖，今併爲一；十六都三圖。

太平鄉

東北。其里宗仁。轄都四、半都一：十七都三圖，今併爲二；十八都三圖，今併爲二；十九都一圖，今析爲二；二十都二圖；三十半都二圖，今析爲三。

義和鄉

又東北。其里新康。轄都七：曰二十一都二圖；二十二都二圖；二十三都三圖，今併爲一；二十四都三圖，今併爲一；二十五都一圖；二十六都一圖，今析爲二；二十七都三圖。

游仙鄉

正東。其里石門。轄都六、半都二：曰二十八都一圖；二十九都三圖；三十半都一圖；三十一都二圖；三十二都三圖，原併爲二；三十三半都二圖；三十四都二圖；三十五都二圖。

合德鄉

東南。其里永泉。轄都二、半都二：曰三十三半都二圖，今析爲三；三十六半都一圖；三十七都二圖，今併爲一；三十八都二圖，今析爲三。

武平鄉

又東南。其里碧湍。轄都六、半都一：曰三十六半都一圖；三十九都二圖，今析爲三；四十都三圖；四十一都二圖；四十二都二圖；四十三都二圖,今併爲一;四十四都二圖。

孝義鄉

又極東。其里咸泰。轄都三:曰四十五都三圖,後併爲二;四十六都二圖;四十七都一圖。

第一正北區

即一區。管催十七都、二十一都、二十二都、二十六都、三十五都稅糧。

東北區

即二區。管催二十三都、二十四都、二十五都、四十五都、四十六都、四十七都稅糧。

西南區

即三區。管催遊仙三十三半都、合德三十三半都、三十六半都、三十七都、三十八都、三十九都稅糧。

東南區

即四區。管催四十都、四十一都、四十二都、四十三都、四十四都稅糧。

第二東北區

即五區。管催二十七都、二十八都、二十九都、太平三十半都、遊仙三十半都、三十一都稅糧。

西北區

即六區。管催十四都、十六都、十八都、十九都、二十都稅糧。

東南區

即七區。管催一都、十五都、三十二都。

西南區

即八區。管催坊隅二都、三都、四都稅糧。

第三東區

即九區。管催五都、六都、七都、十二都、十三都稅糧。

西　區

即十區。管催八都、九都、十都、十一都稅糧。

明制稅糧,多取辦於江南,不啻居海內之大半。以故直隸蘇、松、常、鎮,與浙江、江西,特設糧長,專催督之。不併役於里長,蓋不惟參伍鄉都,以息朋奸之謀,亦所以參合衆户以蘇里甲之困,其爲謀蓋深遠矣。近年爲守令者,習見彼土鄉俗,而視糧長爲贅役,遂欲革之,而以催督稅糧併歸於里長。及其催督不前,則又遍令遞年到官召保。夫里長爲一百一十八里,止一百一十八人。若遞年,則爲一千一百八十人矣,不愈贅乎！惟明哲者其深思之,則知畫一之所在矣。

已上照應志。

塘　堰

塘堰之設,水利之所在也。塘以潴水,堰以節出。遇旱則尤資其利,顧不利即有害。何也？永之塘,大者數十畝,小則僅一二畝耳。其法利用浚。乃業主諉之佃户,佃户憚于興作,而淤者半矣。數年來,知縣沈公多方勸諭,令佃户用工、業主給食,仍不時單騎親往督令深浚,而民之因循者尚多也。且一塘有數家管業者矣,旱則爭且訟,甚至格鬥而隕命,其害可勝道哉！堰則高卑廣狹,舊有定制也。設閉塞之,則下流焉得沾溉;設決壞之,則上流立見匱涸。其法利用修。舊制農月禁放木,良有深意。乃奸商射利,每當山水驟漲之時,輒購巨木厚板,乘流蔽溪而下,所過毀突,及覺而躡其後,則一瀉數里,不可追矣。彼此爭訟不休,不逞之徒,且有越控權部,拖累平民者,害與塘等也。欲去其害,當若河,曰浚之深、修之固,時輯而屢省之,毋使淤且損,則水利近矣！

義豐鄉塘堰

郭坦塘

新塘

亭塘

鯉魚塘

大塘

雙塘　並一都。

官塘

黄塘

車口塘

劄塘　並二都。

大路塘

仕貴塘　並三都。

皇塘

大塘　並四都。

杜溪塘

茭塘

道士塘

萬工塘　並五都。

回回塘堰

後清堰　順治壬辰,里人徐汪領砌石壩。

下馬堰

酥溪堰　並一都。

高堰　崇禎間,邑人周鳳岐重開。

石龜堰　康熙三十五年,高堰、石龜堰爲木商摧壞,訟于官。知縣沈公修治立禁。

江公堰　附董杲碑記節錄:先是邑令江公因天溪自長潭口引水作堰,分十三甲,輪注二十里。民德之,稱爲江公堰。崇禎初,鄉先生銘旃徐公疏浚之。康熙二十年,邑令謝公復加修浚,自十三甲以至于霆下畈、葉店、龍上、黃畈等處立議,均平畫一,不少逾越,改稱曰謝公堰。

上林堰

沔沙堰　並二都。

水雄塘堰

巖塔塘堰

岑家堰

長峰堰

金堰

新湫堰　並四都。

仙溪堰　舊志作西溪。康熙三十三年知縣沈公勘修立禁。

中堰

杜溪塘堰　並五都。

長安鄉塘堰

金大塘

鵲巢下塘

大青塘

上餘塘

爐塘　並六都

童塘

東塘　七都

烏石橋塘

華山塘

鷺鷥塘

周木塘

學院塘

黃牯塘　並八都。

登塘

石臼塘

水閣塘

新塘　並九都。

嵊橋堰

大塘堰　並六都。

五錦堰　李家砌。

東清堰

大丘角堰　並七都。

陳大堰

章堰　並八都。

陳堰

六百堰　並九都。

承訓鄉塘堰

胡公塘

雙蓮塘　並十都。

章塘

南坑塘

龍宿塘

闊塘　並十都。

龍門塘

烏色塘

長塘

樟塘　並十二都。

呂家邊堰　九都。

施公堰　義民童胤元重砌。

三百堰

黃青堰　並十二都。

昇平鄉塘堰

宅青塘

青塘　並十三都。

康胡塘

月塘

胡塘

丁塘　並十五都。

冬青塘　十六都。

西堰

柳墅堰　並十三都。

金婆堰　十四都。

華歷堰

紫陌堰

下邵堰

郭公堰　並十五都。

楊木堰

章公堰

桐郭堰

寺口堰　並十六都。

太平鄉塘堰

蔣塘

下園塘

東塘　並十七都。

太平塘

平安塘

中蓮塘　並十八都。

牌塘

墩塘　並十九都。

金松塘　三十半都。

金畈堰

下陳堰　並十七都。

石胡口堰

大橋下堰　並十八都。

義和鄉塘堰

尚書塘

橫路塘

馬古塘

高塘　並二十一都。

上桐塘

胡孫塘

蓮塘　並二十五都。

楊枝塘

五彩塘　並二十六都。

前如塘

吞塘

桃嶺塘　並二十七都。

黃堰　二十一都。

烏石頭堰

寺口堰　並二十四都。

遊仙鄉塘堰

盧計塘

雪塘

大塘

李塘　並二十九都。

弓塘　三十半都。

崇塘

古塘　並三十一都。

游溪塘　有周泉光《游溪八景詩》，別載。

李塘

八口塘　並三十二都。

洪杜塘

川山塘　並三十三半都。

上大塘

孔大塘

寨坑塘　並三十四都。

橙塘　三十五都。

前金堰　二十八都。

車馬湖堰

赤溪堰　三十三半都。

苦竹堰　三十四都。

金竹堰　三十五都。

合德鄉塘堰

魁山塘

葛塘　三十三半都。

四大塘

龍眼塘

莊塘　並三十六半都。

凍塘

瓦窑塘

放生塘　並三十七都。

新大塘

姑塘

麻車塘　並三十八都。

李堰　三十六半都。

石宣堰　三十八都。

武平鄉塘堰

吳塘　三十六半都。

石塘　三十九都。

川塘

西塘

葵塘

王塘　並四十都。

染塘

新塘

大迪塘　並四十一都。

雲青塘

石塘　並四十三都。

石馬堰

上黄堰　並三十九都。

黄公墓堰

黄杜嶺堰

官堰　並四十都。

巖前山堰

館頭堰　並四十一都。

孝義鄉塘堰

柘塘　四十五都。

古楓塘

金仙塘　並四十六都。

金仙堰　四十六都。

李村堰　四十七都。

縣之地勢，險夷相屬。多高仰之田，不患浸而患乾。其陂以瀦不，則有塘焉。溝以引水，則有堰焉。瑣屑不可勝記也，記其籍於官者。

已上照徐志。

蘆塘　四都。

西郭塘　四都。

五岡塘　十五都。

菱塘　二十二都。

石砌塘　二十四都。

施公塘　二十四都。

朱義塘　二十五都。

方口塘　二十一都。

南塘　三十三都。

已上府志、胡志俱有，徐志無。

大塘　一都。

雙塘　一都。

東塘　十七都。

大塘　二十九都。

李塘　三十二都。

上大塘　三十四都。

石塘　四十三都。

古塘　三十一都。

已上徐志有，府志闕。

施公堰　十二都。

支陳堰　十五都。

桐郭堰　十六都。

寺口堰　十六都。

寺口堰　二十四都。

烏石頭堰　二十四都。

下黃堰　三十九都。

已上胡志、徐志俱有，府志闕。

支陳堰

西柘堰

下黄堰

已上胡志有，徐志闕。

東塘　十五都。

古塘

大塘

雙塘

上大塘

烏石頭堰

寺口堰

已上徐志、府志俱有，胡志闕。

永康縣志卷之二

知縣事華亭沈藻琳峰重修
儒學訓導余敬明寅亮參閱
崑山朱謹雪鴻編纂
邑人林徵徽君慎、應錦郁在中校訂

山　川

永康山脈，本自南境縉雲來者，逶迤至東北境，由東陽、義烏界，發而爲三峰山。轉而南行，融爲縣治。舊志首標白雲山，以其爲南方之望山也。而府志則以三峰山爲首，以其爲一邑之祖山也。氣脈之所自來，故曰祖。縣治之所瞻對，故曰望。序次群山，當以祖山爲始，本末判然，宜從府志。府志載山水，明注方位及里數。縣志則不詳，今亦宜照府志補入。考其方位，則可以自始迄終；據其里數，則可以自遠而近。自始迄終，取逆數之序；自遠而近，取內向之勢。譬之治亂絲者握其端，理散錢者貫以索，序次歷歷，覽者了然，不出戶而某山某水皆在指顧間矣。且險阨、衝要、欹平、通塞、寬隘、曠密，皆可循端竟委，考索而悉。是皆經世之要，而非徒爲游覽之塗轍也。

三峰山 北境

距縣四十五里。高三十餘丈，周三十里。三峰鼎立，故名。蒙茸峭絕，特異諸山，縣之祖山也。西爲掛紙嶺。東爲杏嶺。由三峰山而南,有山正方,而高如屏,曰大安坪。坪之東麓,南出爲白窖峰。峰之下有嶺,曰白窖嶺。由嶺而南,爲石佛山。又南,爲石牛山。又南,爲嵰山,俗呼橫山。自此夷爲坡陀,至華溪,即縣治所在。

此歷序自三峰山由北而南以至縣治也。中間所歷諸山,各照方隅另列。

油樹嶺

距縣五十里。十八都。府志、邑志俱有,應志失載。

豐　坑

去縣五十里。在十都。

杳　嶺

距縣五十里。在三峰山之右。一名豐嶺。山路高險。通義烏縣。

石佛山

距縣二十五里。山腰有石,高二十丈許,聳立如菩薩狀。其下舊有興福寺,俗呼石佛寺。今廢。

石牛山

距縣二十里。山巔有石如牛,故名。

橫　山

一曰嵰山。去縣十里。
已上皆北境。

石霞嶺 東北

自黃于嶺又西,界縉雲,爲石霞嶺。距縣一百三十里。其上有池，曰日月潭，廣畝餘，水澄深莫測。潭上石壁，有赤白痕相間，狀類日月，故以名潭，俗又呼爲百丈潭。禱雨極靈驗。

龍窟山

距縣五十里。有普明寺。宋陳亮讀書于其中凡十餘年，其墓亦在焉。

五指岩

距縣五十里。高百餘丈，周十里。五峰插天，望之若人伸手探雲者然，故名。山半岩石斑布，狀類桃花，又名桃岩山。有洞可容數百人，宋儒吕雲溪皓晚年還自荆南，隱居于此。其頂有小石洞曰棲真，黄溍有詩。

按府志，桃岩山與五指岩兩載。

密浦山

距縣五十里。高百丈，周十餘里。華溪之水發源于此。其上有仙人壇。唐中和五年，洪雅禪師結庵于此。今爲鄉人禱祝之所。

峽源坑

縣東北五十里。二十都。

華釜山

去縣五十里。周二十里，高百丈餘。在銅山之北不五里。其上平曠，中窩而旁高，狀如仰釜。舊有寺曰妙净，今廢。其相近，左爲畫眉岩，右爲棲霞洞。當華釜、棲霞兩山夾處，曰金城坑，澗水出焉，朱參政方沿崖種菊之所，又曰黄花澗。由棲霞而東，爲黄岩，爲青山。其相近，左爲蓮明山，右爲十二岩山。東南爲弱浦嶺。又南爲八盤嶺，嶺迤東爲靈山。

石倉岩

距縣五十里。緣岩而上，石室玲瓏，澄真寺在焉，相傳爲洪雅禪師修真之所。岩頂有小石倉，日出米以餇衆僧，隨多少，無餘欠。後有貪僧鑿大之，米遂不出。

白眉岩

去縣五十里。僧居其上，即岩爲室，中可容數百人。山腰有白石如眉，故名。

九洩山

距縣四十五里。在龍窟山之北。自麓至頂，有潭凡九，相傳皆龍所棲也。禱雨者至第五潭必驗。其上三潭峻險，人罕至。

烏石岩

去縣四十里。大安坪之西。

赤岩峰

距縣四十里。在烏石岩之西。下有烏石潭，清泠如鏡。挺秀爲皇尖山。皇尖之麓，展爲兩支，逶迤而南，前迫大溪，乃轉而東，一聳起爲華山，其下舊有祠曰永光，今廢；一盤旋爲火爐山，宋樞密院林正惠公大中墓在焉。由皇尖山迢遞西行，轉而南爲界嶺。

鬥牛山

去縣四十里。高百餘丈，周十里。山背有兩石相觸，狀如牛鬥，又其勢上合下開，俗呼仙人橋。其下爲烏傷侯趙炳祠。炳有神術，見《後漢書》。

鳳　山

距縣四十里。高一百三十丈，周五里。一峰拔地聳起，狀如偉人岸幘端坐，俗呼爲尖山，又曰箭山。又旁挾兩隴，如鳳之展翼，故名。舊有淨土寺，人呼爲鳳山寺。

小崆峒洞

去縣四十里。在龍窟山之陽。四面如削，中有澄潭，東空，可半畝，兩傍石底，擊之有聲，分擊之，似叶宮商。宋狀元陳亮未第時讀書於此。成化間，里人朱彥宗立龍川書院。今廢。

鷹觜岩

去縣四十里。在三峰山之西。

龍　山

縣東北二十里。

松石山

在縣治東北隅。舊有延真觀。
已上皆東北境。

馬鬃嶺 東境

距縣二百四十里。在四十七都。蓋縣之極東鄙也。逾嶺達于仙居縣。嘉靖三十三年，倭寇犯台城。縣於嶺上築砦屯兵以備焉。迨寇軼境，鄉之義勇陳百二先官兵之未至，率眾迎戰于破岡嶺，挫其前鋒，寇遂走東陽，縣境賴以無擾。旋而西爲黃于嶺。

石霞坑

去縣一百三十里。

靈　山

距縣九十里。在孝義鄉。一名翠峰山。其上員峰聳翠，其下左右展兩壠，環抱一巨窟。窟之中爲翠峰寺。其南麓爲故孝義巡檢司廢址。又迢遞而東爲柘嶺。嶺之下爲金仙寺。又迤東爲白瀛山。乃入東陽縣界，高聳爲大盆山。大盆山之麓旋而西南，爲馬鬃嶺。

八盤嶺 東

距縣八十五里。在四十七都。自弱浦嶺而南，爲八盤嶺。其勢高巇。石路通天台縣。

銅　山

距縣五十五里。在三十五都。山故產銅。宋元祐中置場錢王、窠心二坑，課銅一十二萬八千觔。宣和中，以課不及額，廢。紹興中，復置，課銅二千三百五觔。又以苗脉微渺，採亦無獲，廢。

畫眉岩

縣東五十里。

橙尖山

去縣五十里。高二百餘丈。周二十里。員峰高聳，妍麗可愛。山之東爲獨松坑，侍郎程松谿文德居第在焉。

壽　山

由方岩而北，不三里爲壽山。距縣五十里。山有五峰，皆石壁，平地拔起，周圍如城郭，曰固厚，曰瀑布，曰桃花，曰覆釜，曰雞鳴。固厚之下，有大石洞，高六丈許，廣五丈餘，因建爲寺。後廢。宋淳熙四年秋，子朱子提舉浙東常平茶鹽，舉行荒政，過婺訪呂東萊、陳龍川于永康，因會于此。龍川請晦翁主講席，從游者數百人。岩上有朱書"兜率臺"三大字，人傳爲晦翁筆云。又有小石洞，爲羅漢堂，旁有瀑布，泉一派，從後峰及覆釜峰相夾中流而下。尚寶丞、應石門典周視壁上，有陳龍川書志東萊、晦翁行迹，乃即堂東偏之隙，建祠以祀朱、呂及張南軒、陸象山，而龍川配焉，曰麗澤祠。太守姚公文炤爲之記。已而姚公來遊，又檄縣尹洪公垣撤去羅漢像，直洞之正中建五峰書院，處來學者。洪公陞任，嗣尹甘公翔鵬繼成之。程松谿待次祭酒，家食時，與其友周峴峰桐、應晉菴廷育會聚講學，以祠隘弗稱，且張、陸未嘗至山，遂定祀朱、呂、陳三先生，即書院爲祠以妥焉，每歲重陽日，祀朱、呂、陳三子，次日祀陽明王子，三日祀何、王、金、許諸儒。遠近來者雲集。先是應、程、盧三姓創置會田，以資歲會。近程、陳、王、呂之後，亦稍捐以供。司其事者，應、程、盧後裔，至今不廢。瀑布之上，有龍湫水，從桃花峰下，注岩石間，濺沫如霧，可望而不可即，亦奇觀也。義烏黃溍、朱濂，東陽胡翰，邑人李曄有詩。

方　岩

去縣五十里。由橙尖山而西五里，爲方岩。高二百丈，周六里。平地拔起，四面如削，惟南通一道，至山腰而絕。疊石爲磴，階級而升，曰百步峻。磴上沿岩架石爲棧道，曰飛橋。將至頂，有兩石對豎，屋之，曰透關，俗呼曰峰門。下有飛虹亭，寺僧慧韜新築也。入關，地更平曠，約數百畝許。有井，曰硯井。有池，可畝餘。旁有廟，曰赫靈，宋侍郎佑順侯胡則。侯少時讀書岩上，既仕，嘗奏免衢、婺二州身丁錢，人德之，遂立廟祀焉。其後陰助王師殄巨寇，累著靈異。宣和中，敕封佑順侯。紹興中，加賜廟額曰赫靈佑順。淳祐間，進爵爲公，更號顯應，尋加聖惠。寶祐初，再加忠佑。詳見黃文獻公所撰《稠岩胡侍郎廟碑陰記》。並廟有寺，曰廣慈。廟久而圮，侯像遷寺中。寺後岩高數仞，有洞，深二丈許。即洞爲樓，曰屏風閣。東邊有坑，深入如井，曰千人坑。相傳鄉人避寇岩上，寇至援籐升，見有蛇，刃揮之，寇墜死若干人，遂潰。由坑上西行百步許，下有石谷，泉出谷間，如環珮聲，舊有樓，曰聽泉，里人胡濟源作。大夫士賦詩成集，曰《聽泉樓集》，不傳，惟呂雙《泉瀠序》見《雙泉集》中。又約百步許，岩腰有小石洞，胡侯讀書其中。好事者傍岩架飛甍爲登眺之所，今廢。有胡則《別方岩》詩及名人題咏。由方岩而西三里，則有小石洞，曰石鼓寮，朱晦菴嘗遊而樂之，呂東萊欲屋之而未果。又由此而西，過石鼓嶺不二里，即靈岩。

棲霞洞

去縣五十里。

金城坑

當華釜、棲霞兩山夾處，曰金城坑。朱參政方沿涯種菊，治之爲黃花澗。去縣五十里。在二十二都。

銅　坑

去縣五十里。三十五都。

獨松坑

去縣五十里。三十五都。

漿　坑

去縣五十里。三十四都。

峽裏坑

去縣五十里。三十五都。

柯陽坑

去縣五十里。三十半都。

畫眉岩

華釜山之左。縣東五十里。

石翁山

去縣四十里。高一百丈許，周十五里餘。亦五峰相連，中一峰有石柱，高出平岩，若人戴紗幞狀，山之得名以此。西一峰如螺髻，相傳爲石翁婦，故又呼爲公婆岩。由石翁而西，爲虎跳關，爲大小鷹觜岩，爲老鼠梯，峭立如壁，僅通樵徑，其頂乃更寬平，可容數千居。正統括寇之警，里人多依此立砦焉。又西爲峴峰嶺。

錢王坑

去縣四十里。三十五都。中有錢王廟。

峴峰嶺

去縣四十里。舊志名峰峴山。衆山排列，其峰峭拔，亦一方偉觀。其陽有將軍岩，兩岩夾道離立，若人捍門。倘海寇由台而來，此亦扼險之一隘也。又迤西爲三寶峰，爲石母岩，爲魁山。

南　山

縣東四十里。峭拔而秀，高百餘丈。在游仙鄉。胡志載。

青石山

縣東四十里。高百餘丈。山色蒼翠,故名。胡志載。

方　山

縣東四十里。高三十丈,周五里許。二十七都。胡志載。

將軍岩

去縣四十里。

石姥岩

去縣四十里。

紀家源嶺

去縣四十里。四十三都。

三寶峰

去縣二十五里。

中間帶叙山名。若府志所載者,則標于上。其府、縣俱不載者,亦不上列。

五木嶺

縣東二十五里。在三十八都。

魁　山

去縣二十里。高一百丈,周十餘里。合德三十三半都。其下爲詩人李草閣曄故居,學錄唐以仁亦寓焉。

已上皆東境。

方　山

距縣五十里。高二百餘丈，周十餘里。山半有方山廟。西望縉雲、武義，東望東陽、義烏諸縣之境，山如縈蛇，川如曳線，瞭然在眼。俯視附近諸名山如方岩、壽山、石翁、石姥，以及橙尖、華釜之屬，纍纍然出於履舄之下，猶禾囷鹽囤也。山頂有寺，曰真寂。路峻絶而遥，遊人罕有至者。

斗潭山

距縣五十里。周五里，高八十丈。其上有三石潭，水清泚不塵，可鑒毛髮。亦曰三石山。

芙蓉山

距縣五十里。在斗潭山之西，其麓西出者曰石郭，宋侍郎章服墓在焉。舊有寺，曰饒益，今廢。其岡隴迢遞，北行傅溪而止，爲館頭嶺。逾嶺八里，入縉雲界。

洪茂嶺

去縣五十里。俗呼黄茅嶺。府志載。

靈岩山

距縣四十里。高四百丈，周五里許。皆峭壁，拔地而起，其岩東西横列，紫色斑錯，青蘚枯木嵌之，蒼籐倒掛，若畫屏然。緣岩架石爲梁，曲折而上，有石洞，南北相通，軒廠如廣廈，高丈餘，廣五丈，深二十丈。其尤奇者，洞上下及左右壁，皆砥平無宎突，有若神功斲削所成，形勝靈異，故曰靈岩。舊有寺，曰福善，今廢。其南麓爲宋少師應孟明墓。宋濂、何子舉有詩。

楊溪嶺

去縣四十里。府志載。

館頭嶺

去縣四十里。四十一都。

郭公岩

去縣三十五里。在合德鄉。

烏峰岩

去縣三十五里。其岩石皆峭拔奇詭。

水崝岩

去縣三十里。

石室山

去縣三十里。高二百丈。四面皆石壁聳起。東溪流環遶其下。緣岩而上，有石洞中通，若夏屋，可容數百人，中有一石柱，又有一巨石如黿。傍有石井，水甚清洌，以烹茶，味極甘，多寡隨給。舊即洞爲寺，曰洪福，今廢。其旁近又有岩，曰西岩，飛瀑瀉出石壁間，當雨後水盛時，噴薄如轟雷。又有郭公岩、烏峰岩，亦相近。李曄有詩。

東　山

去縣三十里。高百餘丈，周十里。一方之巨鎮也。上有崇福寺。

雞兒岩

去縣三十五里。在三十七都。

道士岩

縣東南三十里。在三十八都。

擇睦嶺

縣東南三十里。在三十九都。胡志載。

絕塵山 南

去縣三十里。俗呼爲東溪山。高五百丈，周十里。四面皆峭壁，拔地而起，石峰叢列，如插戟然。一逕縈紆，斜穿岩石間，以達于頂，有兩石對峙如門。入其中，周圍如城，有田六十畝，地倍之。又有大井，常汲不竭。每有寇警，鄉人多依此避兵。舊有寺，曰崇福，今廢。其諸名山相附近者，北五里爲石室山，南十里爲斗潭山，東十里爲靈岩。

牛金嶺 東南

去縣十五里。在二都白雲山之東，驛道經焉。岩嶺之間，山勢犬牙相錯，中開一罅，僅通溪流，其兩涯石壁對峙，類人工鑿成者。

已上皆東南境。

歷　山 南境

去縣三十五里。高一百丈，周四十餘里。其上員峰屹立，狀如覆釜。有池，廣畝餘，深五尺。有田，有井，有祠，皆以舜名。按《一統志》，歷山在冀州，今山西蒲州。人以其名偶同，遂附會之。歲旱禱雨多驗。康熙三十六年夏旱，知縣沈公步禱于此，夜宿山巔，禱畢，果得雨。

滁　嶺

去縣三十五里。在三十九都。載胡志。

紫鳳嶺

去縣三十里。在歷山之東。路通縉雲。

交　嶺

在紫鳳嶺之西。西接武義縣之蔣富山。

大廚山

去縣三十里。三都。高聳而方，形如立廚，故名。

岡谷嶺

去縣十八里。在大廚之東。上有地平坦，泉水出焉，四時不竭。正統十四年，括寇竊發。里人結寨于上，以禦之。谷口，韓進齋循仁寓此。

白雲山

距縣十五里。直儒學縣治之前。危峰數百丈，延袤十里許，時有白雲繚遶其上，故名。相傳其上爲葛洪煉丹處，石鼎猶存，有葛仙翁祠。相近曰伏翼岩，有石穴，多棲伏翼，故名。其相並者東爲石城山，西爲大廚山，又西爲歷山，其北爲金勝山。

永場源

去縣十五里。三都。

石城山

去縣十四里。高二百丈，周十五餘里。遥望山際，四圍嶜岈如雉堞，故名。近堪輿家以其當學宮之前，稱爲展誥山。左曰天禄，右曰天馬，鄉俗俱稱爲天馬山，而石城之名遂隱。舊志引張氏《土地記》云黃帝嘗遊此山。按郭璞注《山海經》："石城山，在新安歙縣東。"則張氏所云，亦如縉雲仙都岩之鼎湖，乃附會其説耳。自石城而東，傅南溪而止，爲水峥岩。逾溪而東，爲牛金嶺。

金勝山

去縣五里。高二十丈。横列縣治前，若几案然。舊志引《太平寰宇記》云："昔有人得金豚于此，故又名金豚山。"應是訛勝爲豚耳。少竹木，惟産天門冬。

已上皆南境。

柏岩山 西境

去縣二十五里。下有善祥觀。載胡志。

塔　山

去縣三十里。在四都。載胡志。

界　嶺

去縣二十七里，爲小界嶺。又三里，爲大界嶺。在八都。嶺半有石道，廣袤數丈，當雨過塵净時，其文彩粲然如錦，相傳謂之花錦地。

桂岩山

去縣十五里。中有木樨，故名。載胡志。

霞裏山

去縣三里。一名龍虎山，又名西岩山。在六都。皆積石而成，逶迤東抱，南傅于溪，盤旋環顧，爲縣治水口之鎮。

水攻山

去縣三里。以其岩石崚嶒，與水相激，故名。其上有故鄉祠，祀梁何炯、唐周某、王某三令尹，俗呼三長官祠，歲久傾圮，遷主於學宮之名宦祠。其南麓，王麓泉書院在焉，今遷。又有潭，曰三長官潭。

白窖峰

員峰高聳，挺特妍麗。堪輿家謂之貴人峰。府志失載。

白窖嶺

距縣三十里。十一都。即在峰之下，因峰爲名。嶺上有祠。其山勢起伏，望東南屈曲而來，至華溪而止。

吴　坑

去縣三十里。在六都。載胡志。

已上皆西北境。

諸山既序，繼以溪河。其支流細派，不及詳矣，兹列其大而著者。其衝激之勢，莫可抵遏，往往此坍彼長。其長者，變而爲沙石之場，不可以種植；其坍者，日侵月削，無有底止。爲長吏者將欲免征其稅，則定額豈可減損；將爲因循苟且，橫索不顧，則又何忍斯民苦支不毛不廛之稅也。永之田土，其臨溪而遭陷没者比比。亟爲開除，庶民瘼其有瘳乎！

華　溪

　　源出縣東北境之密浦江，東流至太平鎮，合壽溪，其居人亦謂之雙溪。又東流，經鳳凰山，出馬石峽，轉而南，至下朱，合樂塢溪。又南流，過古陳橋，至龍明山，合烏江溪。又南至仙游橋，西合球溪，東合武陵源溪。又南，至諸杜山前，曰鶴鳴溪。相傳昔有望氣者鑿紫霄觀，山有雙鶴騰起，至此而鳴，至仙溪而止，止溪所由名也。又西南，至金山前，別而爲二：一過羅樹橋，一過下江橋，復合而爲一。又西，至塔海，合酥溪。又西，至縣城之東北隅，合北溪，西行，滙於桃花洞。闤闠之中，兩涯飛甍，鱗次相對，方春花柳繽紛，景象妍麗，故曰華溪。又南，過仁政橋，與南溪會，水始勝舟，歷縣治前，至儒學前。又西，至于水攻山，合縣西門溪，滙爲三長官潭、鳳凰潭。又西，歷陽關，至雙錦，合仙溪。又西，至青龍埠，合三板橋、五錦橋、烈橋溪水。又西，至桐琴，合大桐溪。又西，至護國寺，入于武義縣界。又西，至縣北，合熟溪，至白羊山觜，合白溪。又西，至焦岩，入于金華縣界，謂之永康港。下流至府城西南隅，會義烏港，爲雙溪。陳璪有賦。

南　溪

　　源出縉雲縣土母山，上接麗水蜂窠嶺之水，東流歷貴溪、黃龍、石馬，至黃碧，入于縣境。循山而南，抵館頭嶺，轉而東。又轉而北，至于前倉花園山之麓，水石相激，滙爲仙延潭。又東北，至于水峥巇，合李溪，屈曲行巘石間，逆而西流，滙爲石龜潭，其涯爲林樞密別墅故址。轉而東北，滙爲天井潭。又轉而西北，至金勝山之麓，滙爲石鼈潭。又西北，與華溪會，過儒學前，相挾而西。

酥　溪

　　縣東八里。源出二十都峽源坑。西流出坑口，會後渠坑水，爲三渡溪。歷象珠，至清渭，合何溪，逕故淨明寺之前，水出兩山間，滙爲龍山潭。南至下楊，合朱明溪。又南，至童墩，合西溪，歷長田、曹園、下溪、紫柏，至下桐山，爲酥溪。過橋，至塔海，合于華溪。

李　溪

縣南二十里。源出四十四都峽上，南流，至碧湍，合下東溪，轉而北，逕苦竹橋，至可投。轉而西，至當渡。又西，至石室山，周其麓圍繞之。又西，抵官山，轉而北，曰李溪。又北，至水峥巘，入于南溪。

烏江溪

源出三十五都銅坑。西流，出坑口，合獨松溪。又西北流，逕畫眉巘，歷胡庫，至故明梵寺之下，合方巘溪。又西北，經龍明山，入于華溪。

北　溪

又名桃溪。源出石佛山。瀠迴出坑，逕穿童宅，南流，轉石牛山下。流東，過水堆頭。又南，行天宮寺側，逕俞家橋，至松石山前，過東橋上封寺前，再過梁風橋，入于華溪。

西門溪

源出石和尚頭下盧柴坑。其山有石和尚，故名。南流，逕賢良胡長孺祖址。又南流，過胡祿橋，穿橫山峽，因山平岡而並峙，橫列如屏，俗名東崿、西崿。東崿，乃縣治之少祖山也。逕流過沈家橋。轉而南曲，東過西門橋，貼縣龍過和尚橋，今名金環橋，遶水攻山前，入于南溪。

大銅川溪、小銅川溪

縣西北十七里。八都。小銅川水，入大銅川合流，西南入武義界。

鶴鳴溪

縣東二十五里。俗傳梁時石翁山下，有望氣者以爲異，鑿之，有雙鶴飛鳴過此，因以名之。

仙　溪

縣西南七里。發源于縉雲馬嶺之北谷，會于華溪下流。

櫸　溪

縣東二百四十七里。四十七都。其源出靈山，流入仙居縣。

日月潭

縣東三十里。地名石霞坑。見前。

俞公潭

縣東六十里。俗傳有龍蜃潛其中，歲旱，迎以禱雨，或有驗焉。

斗　潭

縣東南五十里。

蜃洞潭

縣東南四十里。

天井潭

縣東南三里。

歷山潭

縣南三十五里。在歷山巔。歲旱，邑人於此取水禱雨。

英山潭

縣南十五里。石龜潭上。其水清徹,潭上岩石嶄然。道出岩腰,有小祠。

石龜潭

縣南十三里。有大石如龜,伏潭側,故名。

石鼈潭

金豚山下。其中有大石如鼈,故名。

烏石潭

縣西四十里。亦岩之下。廣茅數丈,清泠如鏡。俗傳歲旱,迎龍以禱,有應。

鳳凰潭

縣西二里。俗傳鳳凰飛鳴其上,故名。

三長官潭

縣西二里。有何、周、王三長官祠在上,故名。
已上照府志、胡志補入。

永康縣志卷之三

知縣事華亭沈藻琳峰重修
縣丞燕都陳銑吉臣參閱
崑山朱謹雪鴻編纂
邑人俞玉韜六如、徐友范念仲校訂

橋　渡

溪之有橋，津之有筏，王政所以前民用也。脱有未備，必須建設。其有將敝而未至大壞者，亦必預爲修葺，則用力少而前功不棄，不致貽難于後日。《孟子》曰："歲十一月，徒杠成。十二月，輿梁成。"周之十月，今之八月也，未寒而梁成，可知其預也。而言歲者，每歲必行之政，著爲令者也。今以橋渡列諸卷目，使夫覽者按籍而考之，爲之及時修舉，罔有遺漏，則行旅之往來不致艱阻，而徒涉之病永無患矣。是誠王政之急務，不可忽忘者也。

仁政橋

在縣東南三十步。舊名大花橋。以木爲之。至元中，改建以石，爲屋覆之，始易今名。明初屋災，洪武三十五年，知縣張聰葺焉。正統末，橋圮。景泰六年，浙江僉憲馮誠重建。明年，知縣劉珂繼成之，縉雲李侍郎棠爲之記。正德十六年，屋災，縣丞李景軒葺。其後屋圮。萬曆二十八年，知縣戴公啓鳳檄施孟安裔孫及吕斌重修。

節錄李棠《碑記》

景泰乙亥，橋圮于水。僉憲馮公誠行部過之，視橋之廢，遂以贖刑之金，庀材命工。橋將成而馮弾節他郡，厥功未究。明年春，安成劉君珂以進士來宰是邑，毅然以成橋爲己任，遂殫力經營，費出自公，不取于下，不數月落成。

李溪橋

縣東南二十里。景泰初，僉事馮公誠檄同知趙公賢，督耆民李思傑、施孟達建。成化末，圮于水。正德中，里人章德明哀衆營建，久弗就。嘉靖二十三年，僉事歐陽公清捐俸爲倡，檄僧德顯募緣，合金、衢、溫、處四府官民之力成之。今圮，別建木橋。

永寧橋

在華溪門外，縣東南百三十步。舊名小花橋。元至順元年，主簿赤琖榮祖改建以石，而易今名。永樂間，驛丞胡義葺。弘治間，市民徐得銘重建。正德間圮，其子璋復建。

羅　橋

縣東南四十五里。

檡木橋

縣南六里。胡志：葉宗盛造。

東錦橋

縣南十里。胡志：里人陳景文建。

下浮橋

縣西南，在學前。舊西津渡廢，士民召僧知和募建木橋。今廢。

黄渡橋

縣西南十三里。胡志：里人葉宗盛建。

倉口橋

縣西南十四里。

西　橋

在迎恩門外，縣西三百步。康熙二十二年，徐于祥重建。

烈　橋

縣西十里。永樂年陳伯達建。

三板橋

縣西十五里。

楊公橋

縣西三十里。

五錦橋

縣西十里，由和尚橋而西，達于武義，其所經由也。正德十三年，武義人尤高七妻□氏重建。

蛙蠹橋

縣西十餘里，五錦橋下。

桐擎橋

縣西二十里，永、武孔道。向設渡，秋冬病涉。里民建橋以濟。

今圮,仍用渡。

和尚橋

縣西北一百五十步,在由義門外。一名小西橋。永樂年縣丞歐陽齊重建。

崿　橋

縣西北十里。

杉板橋

在縣北十八里。

新河橋

縣北二十里。康熙二年,民呂季義重建。

岩前橋

縣北四十里。胡志:施季康建。

沈家橋

縣北四里,六都。

俞家橋

縣北六里。

新　橋

縣北十三里。

章村橋

縣北二十里，石牛山側。胡志：里人童德盛建。

大中橋

縣北十五里。童引元建。

東濟橋

縣北二十餘里。

奉聖橋

縣北二十里。

王墳橋

縣北二十里。呂國元建。

夏呂橋

縣北三十里。王良政、王汾建。

九里口橋

縣北三十里。呂一美建。

大依橋

縣北二十里。

東　橋

縣東北二百步，在延真觀前。嘉靖年間，民趙廷懷建。今爲木橋。

中降橋

上降橋

並東北二十里。

烏江橋

古陳橋

太平橋

並縣東北四十餘里。

龍窟橋

縣東北五十里。

普渡橋

縣東北三十五里。胡志：鍾希孟重建。

清河橋

縣東北四十里。

南新橋

縣東北四十里。

水東橋

縣東北四十里。胡志：呂子珍建。

三家橋

縣東北三十里。王師臨、世官、子善同建。

梁風橋

縣東北百五十步。永樂十四年重建。其後僧若海募建。最後應尚端重建。復壞,應尚道後裔修。在上封寺前。

平安橋

縣東北三十五里。

永安橋

縣東一里。由東橋而東北,達于東陽所經之地。

崇興橋

縣東三十里。

櫸樹橋

縣東二十里。

下江橋

縣東二十里。

酥溪橋

縣東八里。弘治間,民陳良七哀衆,助以己資重建。

鶴鳴橋

縣東二十里。應徐常重造,共二十一人置田備修。

仙遊橋

縣東三十五里。應天成建。

苦竹橋

縣東五十里。

下溪橋

縣東四十五里。三十七都。正德十四年，里人陸大東山建。

李溪渡

縣東二十里。

當　渡

縣東四十里。

西津渡

縣南，在學前。弘治間知縣王公秩于西津、李溪、銅擎三處，造舟，及僉渡夫以濟。康熙間，邑人陳疇于西津、青龍兩處，助田八百三十把，歲取租爲修辦渡船之資，以垂永久。

青龍渡

縣西十里。

楊　渡

縣西十里。

銅擎渡

縣西二十里。

其外，又有石步。費省于橋，而利濟相同。謂之石步。

交溪石步

李溪橋下，上安寺僧行福玄建。

李溪石步

縣東南二十里。因李溪橋廢，弘治間，善塘李恩建于上流。有教諭馮琨記，略云：天順間，僉憲馮公道經于是，因慨之，乃以贖刑白金，命石梁於其上，人始便之。至成化間，復爲洪水所壞，而遺迹不復有存焉者。前令王公秩雖設舟濟之，亦不勝其煩。況天台一道，尤有不便。善塘李君文惠，因感，首發帑藏。邑之聞者，莫不樂爲之助。然視其故址，既不可復橋，爰卜其上游百步許，創爲石步一百三十四垛。蓋時宜之制，於斯爲美，履道坦坦，不越月而舉，是豈一朝之利哉！

厚仁上石步

縣南三十里。僧行福玄建。

厚仁下石步

縣南二十九里。胡志：李厚建。

仙溪上石步

五都。胡志：陳道源建。

仙溪下石步

五都。胡志：陳克用建。

水盛石步

胡志：里人周奇建。

坊　巷

坊有二類，名同而義不同。一是閭巷之表也，不惟其人，惟其地。一是崇德貴貴，宅里之表也，不惟其地，惟其人。郡邑志混而一之，于義兩不相屬。今以表其地者歸之坊巷，旌其人者歸之坊表，庶各當厥指，莫容混也。巷則街衢之所由名，以之區別往來之道者也。二者可以類聚，故曰坊巷。坊與巷，可比而同也。坊巷與坊表，不可比而同也。故以坊巷列諸橋渡之後，以坊表列諸祀典之後，各從其類云。

　　仁政坊　縣東，即今之大沿河。
　　永寧坊　縣東四十步。
　　撫字坊　縣治前，舊名永安，今名小沿河。
　　宣明坊　縣西三十步。
　　訓化坊　縣西四十步。
　　皇華坊　縣西北三十步。
　　仁化坊　縣西北一百三十步。
　　叢桂坊　縣西北四十步。
　　由義坊　縣西北八十步，通武義縣，故俗呼武義巷。
　　迎恩坊　縣西北一百八十步。
　　北鎮坊　縣北一百七十步。
　　古麗坊　縣東北四十步。
　　儒效坊　縣東北六十步。
　　清節坊　縣東北八十步。
　　澤民坊　縣東北一百步。
　　福善坊　縣東北一百四十步。
　　狀元坊　縣東北一百五十步。因宋陳亮中首選，故名。

已上應志載。

積慶坊

府志載,應志無。

河東坊

沿河坊　舊有小沿河、大沿河,今混稱沿河坊。

由義坊　今稱大由義、小由義。

柏山坊

澤民坊　今稱小澤民、大澤民。

東庫坊

龍泉坊

已上現在。于應志十七坊外,又多四坊,共二十一坊。

馬坊巷　縣治南,通天溪。

沿城巷　自浙東道門左,直通古麗坊內。

烏傷巷　縣東北百五十步,中有趙侯祠。

黃泥巷　縣西北一百五十步。

龍鬚巷

太平巷

馬站巷

櫺星巷

尼姑巷

善化巷

元志巷十有一,其後有沒于民居者,仍舊志之,備考。已上應志、胡志、府志同。

井　泉

井與泉並列者,亦從其類也。山下出泉,《蒙》之象也。大《易》則之,以果行育德。木上有水,《井》之象也。大《易》則之,以勞民勸相。是二者,所以爲養也。聖人一以爲教,一以爲養。教養相濟,法象昭然矣。古之爲民者,鑿井而飲,耕田而食。古之立邑者,相其陰陽,觀其流泉。是皆經制之大端也。府志以井泉附諸塘堰之後,縣志則附諸坊巷,且以坊巷、祥異、古迹、土産、遊寓、遺德、耆壽、仙釋、傳疑,編入遺事,其于義例,似覺未安。今爲列之卷目。原始言之,其義甚大;要終言之,其用不窮。

龍泉井

縣東南三十步。居民數百家,皆仰給之,歲旱不竭。

太寺井

興聖寺內。深十餘丈,半以下鑿石爲之。

永泉井

在永泉里。里人仰給者多。李曄銘:"爰籍于經,井義是作。上《巽》下《坎》,收而弗幕。惟兹永泉,淵泫澄渟。不射于鮒,不羸其瓶。其永伊何,源泉混混。人知其流,孰探其本。動而不括,君子以之。泥污不食,去道遠而。如鏡之平,如玉之瑩。返觀其心,其心若靜。邑改而隳,井存不移。既飲而壽,其樂無涯。我作斯銘,豈其不宜。子子孫孫,永遠無毀。"

石　井

靈岩山側。鑿石爲之,深二十餘丈。

福元井

上封寺前。

堂前井

峰峴坑口。

大　井

縣東北三十里。其地因名大井頭。

胡公井

縣東五十里。地名胡庫。

三眼井

清節坊外。近華溪,冬夏不竭。

肅泉井

永寧橋東。

白龍井

延真觀內。

東澤井

縣東南三十里。地名厚仁。

金鼓泉

長安鄉。其泉混混,雖歲旱不竭,灌田千餘畝。

烏樓泉

縣南三里。

李家泉

縣東四十五里。

已上照應志。胡志闕東澤井。

市　集

　　民生利用，無非教也。日中爲市，明而動也。日出而作，動之始也。日中爲市，動之極也。動極則静，聚極則散。《易》曰"致天下之民"，聚也；"交易而退"，散也；迨夫日入而息，則静矣。聚散作息，皆視乎日以爲之準。聖人觀象乎天，觀法乎地，以通神明之德，以類萬物之情，無不有以昭示于人，而人則日用而不知也。我觀于市，而思聖王之教焉。南方曰市，北方曰集。市者，噬也，物相噬也。集者，合也；合者，嗑也，聚也。市易争，聚易訟，由是經世之道出焉，故"噬嗑"之卦辭曰："利用獄。"古所以有市官之法也。今永之市集，盛衰不常，而奸民把持之陋規，莫之能革，權量之輕重大小猶未畫一，則亦未講乎市法也。日中以蒞之，斯可矣。

縣　　市　仁政橋至西橋，二里許。
高堰市　縣東八里。
黄　　塘　縣東十里。
李溪市　縣東二十里。
胡堰市　縣東二十里。
芝英市　縣東三十里。每逢三八開市，肩販雲集。其地即應氏祀産，頗豐腴。每歲徵租於牙行，得十二金以爲公需。而牙行苛徵販負幾至百餘兩，窮民甚苦之。康熙三十四年，應氏諸家長目擊傷心，乃糾衆義助,以四十金付祠易產,罷所徵稅十二兩,永爲義市。由是商賈便之,皆感激應氏世義云。

　　前倉市　縣東四十里。

　　淨心市　縣東五十里。

　　可投市　縣東五十里。

　　四路口　縣東五十里。

　　岩下市　縣東五十里。

　　楊公橋市　縣西三十里。

　　清渭市　縣北二十里。有本邑宋進士何子舉《清渭八景》詩,別載。

　　龍山市　縣北三十里。

　　太平市　縣東北五十里。

　　已上應志、府志同。

永康縣志卷之四

知縣事華亭沈藻琳峰重修
儒學教諭余瀍潛亭參閱
崑山朱謹雪鴻編纂
邑人王同傑雲思、徐璣斗三校訂

戶　口 _{新編}

周制：司民掌萬民之數，惟時計民授田。民數易見，則田數亦隨之而定。此田數民數，相合而可稽者也。後世計田徵糧，田數易見，而民數不可得而悉矣。於是計部復徵戶口冊于所在有司。此即周制三年大比之遺意，所以重民也。觀于民數，可以周知天下生民之贏縮，以卜治道之汙隆。此與太史陳詩以觀民風相爲表裏，一以驗其教，一以驗其養也。第恐視爲具文而不之覈實，則其數有未可盡信者。然觀歷來民額，大抵于變亂之後則加少，于承平之世則加多，亦不甚相遠也。今遇聖朝，休養生息，小民幸安于無事之天。即以永康一邑論之，其戶口之數，行且日就繁盛。顧絀于財用，艱于生計，民猶不克自支，則又何也？意者既庶之後，未得教養之益歟？此又不可不體上德意而勤行之于下也。

宋

主客戶：二萬一千三百五十二。
主客丁：四萬四千七百六十六。

元

南人：户，一萬一千六十三。丁，五萬四千六十。

北人：户，二百二十九。丁，六百六十二。

明

民户：一萬六千三百五十一。

各色人匠：一百九十二。

軍户：一百二十九。

捕户：六。

窑竈户：二。

醫户：一。

馬站户：二十五。户一萬六千七百六，口七萬七千四百七十九。

已上照胡志。

明原額：户：一萬九千五十五。丁：四萬四千二百五十二。口：一萬九千七百一十五。

隆慶六年，户：一萬六千八百四十一。丁：四萬一千九百八十六。口：二萬一千九百二十五。

明末户丁口共八萬三千二十二。

國朝原額共二萬五千四百六十八丁。

已上照府志。

田　土 _{新編}

舊分田、地、山、塘四等，又有官、民二等，分爲六則。舊制緣則起科，輕重不等，而官田爲最重。其賦浮于常額，有倍半者，有二倍者，有加至四倍者。民田二則，其一爲僧道田，視民額亦幾幾乎倍之。夫同此王土，同爲臣民，而獨嬰倍徵之苦，誠難堪矣。雖有仁慈長吏，莫可爲計。倘邀上憲培植，舉累世不均之田土而均之，豈非斯民之慶乎？《詩》曰："樂土樂土，爰得我所。"夫田土，民所樂也，均之而樂更無涯矣！

明洪武二十四年黄册

覈定官民田土，共六千八百二十頃七畝三分九厘二毫二絲四忽。

田：四千三百六十五頃六十四畝九分三厘二毫二絲四忽。

地：六百一十六頃六畝三厘。

山：一千四百六頃三十三畝三分八厘。

塘：四百三十二頃三畝五厘。

永樂十年黄册

官民田土，共六千八百二十五頃一畝五分四厘九毫二絲四忽。

田：四千三百六十五頃六十四畝九分三厘二毫二絲二忽。

地：六百一十六頃一十一畝三厘。

山：一千四百一十頃六十二畝五分三厘七毫。

塘：四百三十二頃六十三畝五厘。

官房屋：一千三間。

成化八年黄册

官民田土，共六千八百六十三頃四十八畝四分六厘六毫。

田：四千三百七十一頃一十六畝五分七厘。

地：六百二十九頃七十畝三分二厘六毫。

山：一千四百九頃六十六畝三分。

塘：四百五十二頃九十五畝二分七厘。

官房屋：七百間。

弘治十五年黃册

官民田土，共六千七百八十五頃八十七畝一分七厘四毫三絲。

田：四千三百一十二頃六十一畝七厘六毫三絲。

地：六百三十頃九十畝八分四厘五毫。

山：一千三百九十頃九十三畝一分六厘七毫。

塘：四百五十一頃四十二畝八厘六毫。

官房屋：七百間。

嘉靖四十一年黃册

官民田土，共六千八百五十九頃四畝四分九厘三毫三絲。

田：四千三百七十一頃二畝四分一厘三絲。

地：六百二十九頃九十畝三分五厘一毫。

山：一千四百五頃一十六畝四分七毫。

塘：四百五十二頃九十五畝三分二厘五毫。

官屋房：七百間。

隆慶六年黃册

官民田土，共六千八百五十九頃四十三畝九分五厘五毫二絲四忽。

官田：一百八十九頃三十二畝一分二厘三毫二絲四忽。

地：二十二頃一十一畝五分五厘四毫。

山：三十頃五十九畝一厘。

塘：一十七頃七十四畝三分七厘。

民田：四千一百八十二頃一十四畝四分三厘。

地：六百七頃七十八畝七分五厘六毫。

山：一千三百七十四頃五十七畝三分九厘七毫。

塘：四百三十五頃二十畝九分五厘五毫。

官房屋：七百間。

萬曆以後黃册田土之數，俱無可考。

皇清原設版圖四十七都、一百一十八里。

康熙十年照編審册定四十七都、一百一十八里。

原額官職、歸附、義莊、學院、新没廢寺、僧道、民共田四千三百七十一頃五十畝四分六厘一毫七絲四忽。

康熙六年清查各省等事案内文缺田一頃一十二畝三分九厘三毫。

實共田四千三百七十頃三十八畝六厘八毫七絲四忽。

原額白地秋租、新没學院、沙基、廢寺、民共地六百三十頃三十五畝三分七厘五毫。

康熙六年丈出地三頃八十二畝八分一厘。

實共地六百三十四頃一十八畝一分八厘五毫。

原額山一千四百五頃一十六畝四分一厘七毫。

原額塘四百五十三頃一十四畝九分四厘五毫八絲。

已上照府志。

洪武二十四年

田：四千三百六十四頃八十七畝七分一厘二毫二絲四忽。

地：六百一十六頃一十一畝一分五厘。

山：一千四百一十頃三十四畝三厘七毫。

塘：四百二十九頃二十畝三分九厘五毫。

永樂十年

田：四千三百六十五頃六十四畝九分三厘二毫二絲四忽。

地：六百一十六頃一十一畝三厘。

山：一千四百一十頃六十畝五分三厘七毫。

塘：四百三十二頃六十三畝五厘。

成化八年

田：官，一百八十九頃三十二畝一分四厘。

民，四千一百八十一頃八十四畝四分三厘。

地：官，二十二頃一十一畝五分七厘。

民，六百七頃五十八畝七分五厘六毫。

山：官，三十五頃九畝一厘。

民，一千三百七十四頃五十七畝三分九厘。

塘：官，一十七頃七十四畝三分七厘。

民，四百三十五頃二十畝九分五厘五毫。

弘治五年

田：官，一百八十九頃三十二畝一分四厘。

民，四千一百八十二頃一十四畝四分。

地：官，二十二頃一十一畝五分七厘。

民，六百七頃七十八畝七分五厘六毫。

山：官，三十頃五十九畝一厘。

民，一千三百七十四頃五十七畝三分。

塘：官，一十七頃七十四畝三分七厘。

民，四百三十五頃二十畝九分五厘五毫。

正德七年

田：官，一百八十九頃三十二畝一分四厘。

民，四千一百八十二頃一十四畝四分。

地：官，二十二頃一十一畝五分七厘。

民，六百七頃七十八畝七分五厘。

山：官，三十頃五十九畝一厘。

民，一千三百七十四頃五十七畝三分。

塘：官，一十七頃七十四畝三分七厘。

民，四百二十五頃二十畝九分五厘。

已上照胡志，稍有異同，並存備考。後有長洲吳寬《覈田記》，載入藝文。

官職田

三十六頃一十一畝一分三厘五毫二絲。

歸附田

二十四頃八十八畝一分四厘六毫五絲。

義莊田

八十頃八畝五分七厘九毫。

學院田

九頃九十二畝一分四厘四毫四忽。

新沒田

三十六頃六十九畝九分四厘四毫。

廢寺田

一頃六十五畝三分三厘。

僧道田

五十九頃七十三畝六分七毫。

民　田

四千一百二十二頃四十一畝五分七厘六毫。
康熙六年，丈缺田一頃一十二畝三分九厘三毫。
實該田四千一百二十一頃二十九畝一分八厘三毫。

原額地

六百三十頃三十五畝三分七厘五毫。
康熙六年，爲清查各省等事案内丈出地三頃八十二畝八分一厘。
實該地六百三十四頃一十八畝一分八厘五毫内。

白　地

一畝五分五厘。

秋租地

九頃四十畝一分三厘。

新没地

七頃七畝八分二厘三毫。

學院地

三頃六畝三分四厘五毫。

沙基地

二頃二十三畝五分七厘一毫。

廢寺地

七十七畝二分。

民　地

六百七頃七十八畝七分五厘六毫。

康熙六年，丈出地三頃八十二畝八分一厘。

實該地六百一十一頃六十一畝五分六厘六毫。

原額山

一千四百五頃一十六畝四分一厘七毫。內新没山一十六頃七十五畝二分三厘三毫。

秋租山

一十三頃八十三畝七分八厘七毫。

民　山

一千三百七十四頃五十七畝三分九厘七毫。

原額塘

四百五十三頃一十四畝九分四厘五毫八絲。

歸新塘

五頃九十六畝六分。

學院塘

六頃三十三畝六分一厘五毫。

秋租塘

五頃四十四畝五厘五毫。

民　塘

四百三十五頃四十畝六分七厘五毫八絲。
已上照《賦役全書》。

田　賦

田之有賦，古粟米之征也。唐時始分秋、夏兩稅，其詳不可考矣。宋時夏稅紬綿之屬，秋稅苗米茶錢綾絹之屬，以西北奉弊之需故也。元則夏稅鈔，秋糧米。明夏稅麥，秋糧米。其後漸有加派，賦日以重。國朝夏稅、秋糧，併入地丁，編爲一條，法誠便利。顧永邑之民，自耕種外，別無生殖，則又有穀賤傷農之慮焉。是在惜其財力，不使衰耗，則正供無誤矣。又必使田與賦準，賦必有田，田必有賦，則無不均之患矣。然又有慮：蓋國家有一定之田賦，而民間無一定之田土，有荒而熟者，有熟而荒者，有坍長之互變者，有官田、僧田之倍徵者，有暫時加派而遂爲定額者。即今四十七都荒糧百餘兩，常年官賠，不惟累民，且爲官害，苟不爲之除減，是未講于損益之道也。古有言曰：損上益下曰益，損下益上曰損。上無所謂損也，蓋以天下之損益爲損益，非必損上以益下也。是故上之取民，若損諸己；下之供上，若益諸己。夫如是，則上下交泰，而時和年豐矣。爲長吏者，田畝覈其實。爲上官者，開除得其當。又奚有正供之誤、不均之患哉！是故，田賦者，經制之大端也。田賦得其平，而貢賦、役法無不平矣！

宋

夏税：紬一千七百三十九匹一丈六尺，絹二千七百八十四匹二丈四尺，綿二萬八千二百三兩三錢。

秋税：苗米一萬一千七百六十三石三斗三升五合一抄二撮。

元

夏税：中統鈔四百八十二錠四百八兩五錢五厘。

秋糧：米一萬三石七斗五升。

明洪武

夏税：麥一千三百八十石三斗五升八合四勺。

秋糧：米二萬二百一十四石三斗二升三合。

牛租：米一百二十三石。

永　樂

夏税：麥一千三百八十三石六斗七升八合一勺。

秋糧：米一萬三百五十九石四斗一合五勺。

牛租：米一百三十三石。

天　順

夏税：麥一千三百八十六石七斗六升三合六勺。

秋糧：米一萬八千八百二十四石七斗一合六勺。

牛租：米一百三十三石。

成　化

夏税：麥一千三百八十六石七斗一升二合六勺。

秋糧：米一萬八千八百三十九石五斗七升六合。

牛租：米一百三十三石。

弘　治

夏稅：麥一千三百七十五石二斗一升三合三勺。

秋糧：米一萬八千八百四十五石五斗七升六合。

牛租：米一百三十三石。

正　德

夏稅：麥一千三百七十五石二斗一升三合三勺。

秋糧：米一萬八千八百四十五石五斗七升六合。

牛租：米一百三十三石。

已上照胡志。

萬曆六年坐派

夏稅：麥一千三百八十八石一斗九升四合。

秋糧：米一萬八千八百三十石三斗三升七合六勺，外新增米一十五石二斗三升八合六勺，內折色米三千九百四十八石一斗五升。

國朝康熙四年，統歸條鞭地丁徵解額。

夏稅：京庫麥折銀二百二十四兩七錢一分五厘，每兩滴珠路費錢二分七厘，共銀六兩六分七厘三毫五忽。

秋糧：京庫米折銀九百八十七兩三分七厘五毫，每兩滴珠路費銀二分七厘，共銀二十六兩六錢五分一絲二忽五微。

派剩米折銀三百一兩四錢六分七厘二毫二絲八忽，每兩滴珠路費銀一分二厘，共銀三兩六錢一分七厘六毫七忽九微三塵六渺。

已上照府志。

明分田、地、山、塘為四等，於其中又各分為官、民二等。田在官者六則,在民者二則。地在官者六則,在民者一則。山在官者二則,在民者一則。塘與山同。當時因則起科,初定之正額,輕重原自不同,而其後嘉靖、萬曆、天啓,屢因用兵加餉,多寡復有互異。今稽其正額,詳其加派,以至於今,臚列成則,以備考焉。

官員職田、原没官田

初定每畝科正米四斗七升九合五勺,計斗加耗米三合五勺,正耗麥三合,共科徵銀一錢五分七厘四毫。嘉靖年間,倭寇用兵,每畝加餉五厘。萬曆年間,朝鮮用兵,每畝又加二厘。天啓年間,遼左用兵,每畝又加九厘七毫八絲。今國朝南米折徵并九厘等銀,每畝共徵二錢四分七毫,又徵本色米九合。

歸附没官田

初定每畝科正米二斗七升七合,計斗加耗,麥同,科徵銀八分九厘九毫。嘉靖、萬曆二次加餉七厘,共徵銀九分六厘九毫。又遼左用兵,加餉九厘零。國朝南米折徵,并九厘等銀,每畝共徵一錢四分一厘九毫,又徵本色米五合三勺。

義莊田

初定每畝科徵米二斗,計斗加耗,米麥同,科徵銀六分五厘六毫。嘉靖、萬曆二次加餉七厘,共徵銀七分二厘六毫。又遼左用兵,加餉九厘。國朝南米折徵,并九厘等銀,每畝共徵一錢六厘四毫,又徵本色米四合。

學院田

初定每畝科正米一斗六升四合四勺八抄三撮,計斗加耗,米麥同,科徵銀五分四厘。嘉靖、萬曆二次加餉七厘,共徵六分一厘。又遼左用兵，加餉九厘零。國朝南米折徵，并九厘等銀，每畝共徵八分九厘四毫，又徵本色米三合三勺。

新沒田

初定每畝科正米一斗六升，計斗加耗，米麥同，科徵銀五分二厘五毫。嘉靖、萬曆二次加餉七厘，共徵銀五分九厘五毫。又遼左用兵，加餉九厘零。國朝南米折徵，并九厘等銀，每畝共徵八分七厘一毫，又徵本色米三合二勺。

廢寺田

初定每畝科正米九升六合七勺二抄四撮，計斗加耗，米麥同，科徵銀三分一厘八毫。嘉靖、萬曆二次加餉七厘，共徵三分八厘八毫。又遼左用兵，加餉九厘零。國朝南米折徵，并九厘等銀，每畝共徵五分六厘八毫，又徵本色米二合。

已上六則，名爲官田。

僧道田

初定每畝科正米八升四合，計斗加耗七合，正耗麥三合，科徵銀五分六厘六毫九絲七忽九微九塵九渺二漠，又額坐二辦銀三厘七毫五絲五忽六微五塵四渺三漠，又雜辦徭壯銀二分二厘一毫四絲六忽三微四塵六渺五漠。嘉靖年間，加餉五厘。萬曆年間，加餉三厘，共徵九分二厘。又遼左用兵，加餉九厘零。國朝南米折徵，并九厘等銀，每畝共徵一錢三分四厘五毫，又徵本色米五合。

民　田

初定每畝科正耗米三升，正耗麥三合，稅銀二分一厘九毫三絲八忽七微五塵五渺，額坐二辦銀二厘六毫四絲一忽四微二渺，雜辦徭壯銀一分五厘五毫一絲九忽八微四塵三渺。二次加兵餉銀八厘一毫。又遼左用兵，加餉九厘零。國朝南米折徵，并九厘等銀，每畝共徵七分六毫，又徵本色米二合六勺二抄。

上二則，爲民田。

官砂基地

初定每畝正耗麥二合一勺，米一升三合七勺三抄八撮三圭，科徵銀四厘三毫。嘉靖年間加餉三厘。萬曆年間加餉一厘，共徵八厘三毫。又遼左用兵，加餉九厘零。國朝南米折徵，并九厘等銀，每畝共徵一分二厘一毫，又徵本色米四勺。

白　地

初定每畝科正耗麥三合，米三斗七升四合五勺，科徵銀一錢二分七毫。嘉靖、萬曆二次加餉四厘，共徵一錢二分四厘七毫。又遼左用兵，加餉九厘。國朝南米折徵，併九厘等銀，每畝共徵一錢八分二厘二毫，又徵本色米六合八勺。

秋　地

初定每畝科正耗麥二合三勺乘八抄，米三升五合乘七勺，科徵銀一分一厘三毫。嘉靖、萬曆二次加餉銀四厘，共徵一分五厘三毫。又遼左用兵，加餉九厘。國朝南米折徵，并九厘等銀，每畝共徵二分一厘九毫，又徵本色米七勺七抄。

歸附新没官地

初定每畝科正耗麥三合，米二升一合四勺，科徵銀七厘一毫。嘉靖、萬曆二次加餉四厘，共徵一分一厘一毫。又遼左用兵，加餉九厘。國朝南米折徵，并九厘等銀，每畝共徵一分六厘三毫，又徵本色米六勺五抄。

學院地

　　初定每畝科正耗麥三合，米一升七合一勺，科徵銀五厘四毫。嘉靖、萬曆二次加餉銀四厘，共徵九厘四毫。又遼左用兵，加餉九厘。國朝南米折徵，并九厘等銀，每畝共徵一分三厘七毫，又徵本色米五勺。

廢寺地

　　初定每畝科正耗麥三合，米一升九合三勺，科徵銀六厘一毫。嘉靖、萬曆二次加餉四厘，共徵一分一毫。又遼左用兵，加餉九厘。國朝南米折徵，并九厘等銀，每畝共徵一分四厘八毫，又徵本色米五勺。

　　已上六則，名爲官地。

民　地

　　初定每畝科正耗麥五勺，米八合，科徵銀五厘四毫三絲二忽六微一塵一渺三漠。又徵額坐二辦銀七毫二絲一忽七微四渺。又徵雜辦徭壯銀四厘一毫四絲一忽七微六渺四漠六埃。嘉靖、萬曆二次加餉銀四厘，共徵一分四厘三毫。又遼左用兵，加餉九厘。國朝南米折徵，并九厘等銀，每畝共徵二分九毫，又徵本色米七勺七抄。

　　右上一則，爲民地。

歸附後没官山

　　初定每畝科正耗麥三合，米二升一合四勺，科徵銀六厘八毫。嘉靖年間加餉一厘，萬曆不加，共徵七厘八毫。國朝并南米折徵，共徵一分一厘四毫，又徵本色米四勺。

秋　山

初定每畝科正耗麥九勺五抄一撮零，米一升四合三勺，科徵銀四厘五毫。嘉靖加餉一厘，共五厘五毫。國朝南米折徵，共徵八厘，又徵本色米二勺六抄。

已上二則，名爲官山。

民　山

初定每畝正耗麥一勺三抄三撮三圭三粟，米二合二勺，科徵銀一厘五毫四絲一微一塵，又額坐二辦銀一毫九絲九忽九微五塵八漠，雜辦徭銀一厘一毫五絲九忽三塵九渺一漠。嘉靖加餉一厘，共徵銀三厘九毫。國朝并南米折徵，共徵五厘七毫，又徵本色米二勺六抄。

右山一則，爲民山。

歸附後没官塘

初定每畝正耗麥三合，米二升一合四抄，科徵銀六厘八毫。今并南米折徵，共九厘九毫，又徵本色米四勺。

學院塘

初定每畝正耗麥三合，米二升八合一勺，科徵銀五厘八毫。今并南米折徵，共徵八厘五毫，又徵本色米二勺六抄。

秋　塘

初定每畝正耗麥九勺五抄零，米一升四合，科徵銀四厘五毫。今并南米折徵，共徵六厘六毫，又徵本色米二勺六抄。

民　塘

初定每畝正耗麥一勺三抄三撮零，米二合二勺，科徵銀一厘五毫四絲一微一塵，又額坐二辦銀一毫九絲九忽九微五塵八漠，雜辦徭壯銀一厘一毫五絲九忽九微三塵九渺二漠，共乘二厘九毫。今并南米折徵，共徵四厘二毫，又徵本色米一勺三抄。

右田、地、山、塘糧銀，俱照康熙三年新定《全書》科則。

已上照徐志。

其覈田之法，洪武中遣監生分覈天下土田，縣分十鄉，鄉分四十七都，都分十保，保各有界。按其田地山塘而核其實，有魚鱗圖以分丘段，流水册以清畝分，有類姓册以齊户管。於時令具法嚴，人知遵畏，圖册明信，罔敢匿情。計額定田四千三百六十四頃八十七畝七分一厘二毫二絲四忽，內官田一百八十九頃三十六畝七分四厘，民田四千一百七十六頃三十二畝七分九厘二毫四絲四忽。地六百一十六頃一十一畝一分五厘，內官地二十二頃一十一畝五分七厘，民地五百九十三頃九十四畝四分六厘。山一千四百一十頃三十四畝三厘七毫，內官山三十頃五十九畝一厘，民山一千三百七十五頃七十四畝三分七厘。塘四百二十九頃二十畝一分九厘五毫，內官塘一十七頃七十四畝三分七厘，民塘四百一十四頃八十八畝六分八厘五毫。隨其科則之輕重，以定稅糧之多寡，共賦夏稅麥一千三百八十七石六升四合二勺，秋糧米一萬八千八百二十八石六升三合三勺。上下守之，以爲定式。及其久也，法玩弊生，欺隱移易詭寄之奸起，而豪猾者有田而無稅，貧弱者產去而糧存。逃絕無徵，則攤賠于糧里。民胥患焉。弘治四年，知縣王公秩慨然以洪武舊法再覈之，向之甚弊者，蓋十去其八九矣。然及計總，而民田損額則爲一切之法，畝羨一厘八毫，以足其額。實握算者廋之，而額固未嘗損也。久而復弊，舊籍多逸。知縣洪公垣又清理之，約以新增，抵補坍江，其有餘仍足以豁一厘八毫之羨。數既定矣，籍將成而陞去，復爲握算者所廋，其未豁猶初也，且多乘機竄易爲奸。二十二年，知縣陳公交嗣行清理，至二十四年，籍成，往往以竄易贋籍塞責，莫能察焉，乃王公舊籍之幸存者，遂多隱不出矣。萬曆二年，巡察者創行扒平新法，欲混官、民、僧道爲一則起科，司、道、府、縣多持未可，知縣楊公德獨以其可行而申覆之。既而巡察者以差滿交代，遂止不果。

已上照應志。

萬曆八年，知縣吳安國奉旨清丈，至十年而籍始成。核實共官民田四千三百七十一頃五十畝四分六厘一毫七絲四忽，地、山、塘仍照舊額，而向來缺額之無稽，與握算之廋匿者，廓清略盡。久之，而弊復生，欺隱詭寄之奸復起。天啓元年，知縣曾公應泰奉文清號，於是畝與號符，糧從產起，飛洒之弊無從，而詭寄欺隱，亦復少戢。及其季年，弊端百出，畝縮額盈，乃均攤賠補，謂之因賠，而其利仍歸權掘之壑。終明之世，未有能抉其隱者也。

皇清定鼎，順治三年七月，地方始入版圖。初年徵輸，悉仍舊籍。一切欺詭之奸，屢剔屢搜，而終未得其要領。康熙二年，知縣李公灝，奉旨清丈。九年，知縣徐公按册清畝，螯蠹剔奸，徹底澄清，無微不悉。於是按其丈，缺民田一頃一十二畝三分九厘三毫，其官田仍按舊額。實在官民田共四千三百七十頃三十八畝六厘八毫七絲四忽。丈出地三頃八十二畝八分一厘，共實在官民地六百三十四頃一十八畝一分八厘五毫。其山、塘畝分，悉仍原額。而從前牢不可破之積弊，於是乎水落石出矣。然猶有可議者：官、民田地，肥磽同壤，而糧額殊懸，倍三倍二。明朝因其糧重，故官田悉蠲差徭。本朝編役照糧，官田不無偏重。康熙十年，大造奉頒條例，許陳未盡事宜。坊里老人等控縣，請平八則爲一則。知縣徐公看核，通詳憲司，而未得報。豈此恩終不可邀與？然婺屬金、蘭田地，久已平爲一則。各邑雖有官、民之分，而未有懸絕如本邑者。均賦平徭，端有望於當事之軫念矣！

已上照徐志。

其徵輸之法，有起運，有存留，有本色，有折色。視時會計派徵，或稍不同。今據萬曆八年舊額歲徵，夏稅麥一千三百八十七石八斗九升四合。

起運

京庫麥：八百九十八石八斗六升，每石折銀二錢五分。

存留

本府永濟倉：麥三百三十九石三升四合。縣學倉：一百五十石。俱每石折銀六錢。

秋糧：米一萬八千七百八十七石五斗二升四合一勺一抄。

起運

京庫：米三千九百四十八石一斗五升，每石折銀二錢五分。

光祿寺：米二百三石三斗七升九合二勺八抄。

太倉：米二百四十石七斗七升四合五勺三抄四撮六圭一粟，俱每石折銀七錢。

南京各衛：倉米六千六百二十一石八斗三升九合，水兌米七十九石六斗一升二合。

存留

台州府永盈倉：米二千三百四十七石六斗三升三合六勺八抄二撮。

太平縣廣盈倉：米一千二百六十六石，俱每石折銀五分。

本府預備軍餉：米四千九十八石五斗五升三合九勺一抄，每石折銀五錢。

已上本應志。

本縣新增續認秋糧米一十五石二斗三升八合六勺，每石折銀五錢五分。

以上米、麥，今俱照舊派折徵銀。惟按明季其舊解江南各衛倉米每石折銀七錢，均徵田土每年給其折價差點。米多里長管解，赴倉交納，名曰南糧頭。明季彼地價高，交納惟艱，殷實奸里夤緣優免閃脫，苦累貧愚。當頭被僉之家，鮮不破產。民解南糧之困，於斯極矣！

已上照徐志。

國朝初年派徵本色，改解浙省。順治八年，院司道府詳議折色，除留本府道標兵米一千石，其餘每石派折銀一兩五錢，載入條鞭。蓋因彼時米價湧貴故也。近米賤價平，猶循一兩五錢之額，民稱重困。康熙十年，金、衢兩屬合詞請減，申詳兩院候題，甦民重困，而行寬徵，知大澤之必將至矣。

加派非正賦也。嘉靖間，海寇為孽，軍餉不支。總制胡公宗憲，於正賦外，加派畝分，以充軍需。每田一畝，徵銀一分五厘。地一畝，徵銀九厘。山一畝，徵銀四厘六毫。塘一畝，徵銀七厘。蓋權宜之計，而非中正之法。民困重斂，未有甚於斯時者矣！自後言官奏論，巡撫趙公炳然、劉公畿繼之，加派漸減。萬曆八年，巡撫吳公善言復減之。每田一畝，徵銀五厘。地一畝，徵銀三厘。山一畝，徵銀一厘。塘無徵。共徵銀二千七百七兩四錢一厘四毫七忽，而民困少甦。萬曆年間，朝鮮用兵。官職田每畝加銀二厘，民田每畝加銀三厘，地每畝加銀□厘，山、塘則無加。至天啓年間，遼左用兵，復議加派。於是每田一畝，加銀九厘七毫八絲。地每畝加銀九厘。山每畝加銀七厘二毫二絲五忽零。共加銀五千八百五十七兩九錢零。今國家車書一統，海晏河清。復惟正之供，捐權宜之派，軫民瘼而行舊制，斯民其庶有瘳乎！

已上照徐志。

國朝除豁天啓、崇禎加派不載外，共額徵田、地、山、塘并人丁共條鞭銀三萬七千二百六十二兩七錢七分三厘八毫三絲九忽二微六渺。順治八年，南折加銀在內，共徵漕糧兵米一千二百九十四石二斗六升五勺二抄六圭六粟六粒。

遇閏，田畝加銀六百七兩二錢二分二厘七毫七絲六微零。

額外匠班銀五十三兩六錢四分。

已上照徐志。

現徵額銀三萬七千二百六十一兩六錢六分七厘五毫八絲六忽八微二塵四渺五漠。

遇閏，加銀六百七兩二錢二分二厘七毫七絲六微九塵八渺六漠二埃八纖四沙。

現徵米一千二百八十三石七斗五升二勺九抄四撮四粟。

遇閏，加米二十三石六斗四升五合。

額外匠班五十三兩六錢四分。原係匠戶出辦，今奉文均攤入田畝徵。

永康縣志卷之五

知縣事華亭沈藻琳峰重修
儒學教諭余瀍潛亭參閱
崑山朱謹雪鴻編纂
邑人徐彥滋若汝校訂

土　産

天之生物，所以爲用，非以爲異也。順其土性以爲種，辨其物性以爲養，使民知所賴焉，知所尚焉，此郡邑志之所以必載土產也。夫地有內外，物有常異，乃異產獨出於外方，常品獨蓄于內地，則是造物者已顯然示人以崇本抑末之故矣。夫常物皆有以勝之，而百穀之長，罔有加于其上者，是即物情推之，而天道見焉，地道明焉，人道立焉。《書》曰："不貴異物賤用物，民乃足。"《老子》曰："不貴難得之貨，使民不爲盜。"重其本，輕其末，雖有異物，將焉用之！永產無他珍異，舊志所載，亦惟是稻、麥、綿、苧之屬而已。少異者，其惟銅山之銅乎！然在宋時兩次採取，以脉苗微渺而止，可知內地所產，鮮異物也。若夫稻苗嘉種，綿菽雜藝，耕之種之，上可以供國賦，下可以備粢盛、足衣食。蓄斯物也，忠孝之心，可以油然而生矣。此之名產，豈可甚貴，又何異物之足重耶！土産舊稱物產，蓋未之審也。上下之所需，在土不在物。本土之所產則志之，物不出于本土，則不志也。上不徵其貢，下不慕乎外也，故稱爲土產，所重在土也。若言物產，則天下之產皆物也，顧名思義，可不察歟！

早稻　稻一名稌。《爾雅》：稻,太陰之精。水田所種。

晚稻

早糯　稬,俗作糯。

晚糯

寒糯

大麥　《爾雅》：麥,爲"接絕續乏之穀"。

小麥

蕎麥　麥之別種,一名烏麥,一名花麥。蕎,即荍也。蕎治爲麪,忌柏板上切食,能殺人。

秈粟　《物理論》："有殼者粟,無殼者米。"又或以稷爲粟。

糯粟

黄白芝麻　油麻,即胡麻,俗稱芝,非。陶弘景曰："八穀之中,惟此爲良。"

白豆

黑豆　種塍間,俗名田塍豆,入藥。

赤豆

羊眼豆

褐豆

豇豆

蠶豆　即豌豆,一名戎菽。齊桓公伐山戎,得其種,遍布。

虎班豆

緑豆　王象晉《穀譜》云：緑以色名。作菉,非。

已上穀之屬。

白菜　即菘也。

芥菜

芋　一名蹲鴟。

薑

葱　一名鹿胎。

胡荽　俗名蒝荽。

油菜　一名芸薹。

韭

萵苣

蘿蔔

苦蕒　即苦菜。其根能療痢疾。白痢用酒煎，紅痢用水，奇驗。

瓜

薤

莙蓬

蒜　有大、小二種。

薯藥　即薯蕷。

已上蔬之屬。

棗　大者爲棗，小者爲棘。

柿　《金谷園》詩"後園樹烏椑"，即柿也。

橘

桃

梨

杏　《管子》云：五沃之土，其木宜杏。

栗　小者謂之芧栗。《莊子》"狙公賦芧"即此，訛爲茅，非。

橙

臨禽　林禽，亦曰來禽，今名花紅。

梅

李

楊梅

櫻桃　即含桃。

銀杏

蒲萄

蓮

藕

菱

枇杷　《上林賦》"盧橘夏熟"，即此。

石榴

荸薺　一名烏芋。

已上果之屬。　俗作菓，非。在木曰果，在地曰蓏。

榆

桑

槐

柳　柳性耐水，楊性宜旱。

朴

柏　葉可染皂。

杞

松

楝　子可浣衣，故名。

杉　至冬不凋。

櫧　有苦、甜二種。

檜　柏葉松身，葉尖如刺，亦謂之栝。

楓

楮　一名榖。

柏　渾、扁二種。扁者入藥。

冬青　其子冬日採之，碾碎爲丸，能益目。

桐　有梧桐、桐二種。

樟　四時不凋。

櫸　其實橡。

柘　亦可飼蠶。

已上木之屬。

萱草

茅

蘆

虎耳

蓬蒿

絡幕

莎草

觀音草　一名吉祥草。

狗頭蘋

蓼　大者開花入藥。

龍鬚草

艾　《爾雅》曰冰臺。王安石《字說》曰："艾可灸疾，故字從。"又師曠所云病草，即此。

麻　《格物論》曰："麻，九穀之一。"今但以皮爲布，而實則棄之。亦有無實者。有實名苴，無實名枲。

苧　麻屬。

已上草之屬。

牡丹　忌鉄，喜酒。

薔薇　一名刺紅。

玉蘭　花九瓣。

芙蓉

辛彝　即木筆。

雞冠　又有矮者，即玉樹後庭花。

望春　色白，花、葉皆可食。

玉蕊

紫薇　一名百日紅。

芍藥　一名將離。性亦喜酒。

山茶　一名曼陀羅樹。東坡詩："久陪方丈曼陀雨。"

木槿　一名舜。《詩》云："顏如舜華。"東方朔云："木槿夕死朝榮，士亦不長貧也。"

菊　一名女華，又名女節。花事至此而盡，故爲之鞠。

茉莉　木本、藤本二種，亦云抹麗，謂能掩衆花也。

瑞香

美人蕉

郁李

木香

映山紅　似杜鵑而色淡。

荷花　《本草》："花曰蓮，葉曰荷。"

桃花　有千葉者，酒浸飲之，除百病，好顏色。

荼蘪

蜀葵　即吳葵。

水仙花　單瓣者佳。千瓣者名玉玲瓏。

杜鵑花　一名紅躑躅。

滴滴金　一名夏菊。

鹿葱花　即藜蘆。

百合　莖長花白者良。

梔子花

臘梅

蘭花

鳳仙花

各種海棠　垂絲、西府、棠梨、木瓜、貼梗。

已上花之屬。

地黃　採時以水浸之,浮者爲天黃,不可用;半沉者爲人黃;下沉者爲地黃。

茯苓　以自生者爲佳。山中人以法種之,過五六年掘出。

菖蒲

天花粉

半夏　五月採者虛小,八月採者實大。

土芎　種之于田。不如川産。

丹參

薏苡仁　一名贛米。

草烏

茱萸

穿山甲

紫蘇　背、面皆紫者佳。

半夏粟

罌粟殼

山梔子　用之染衣。

柴胡

陳皮

蔓荊子

香附子　土名地久薑,上古謂之雀頭香,魏文帝遣使于吳求雀頭香,即此。

天門冬

香薷　一名香菜,暑月可作蔬。

車前子

麥門冬　一名禹韭,即禹餘糧也。

薄荷

牛膽南星

已上藥之屬。

猫竹　當作毛筍,蕇獨有毛也。

斑竹

苦竹　筍不可食。

金竹

桃絲竹

笙竹　質軟可作器。

竹

水竹

竹　聞雷而出。

石竹

已上竹之屬。

喜鵲　陽鳥,俯鳴則陰,仰鳴則晴。

雉雞

烏雅

百舌

班鳩

鷺鷥

鶴鸛

白鷴

竹雞

鴛鴦

黃鶯

鵓鴿

鸚鵡

麻雀

鶺鴒　亦名雪姑。

百勞

布谷

鵜鴂　一名提壺。

黃頭兒

白頭翁

畫眉

已上羽之屬。

牛　牛性前順。

羊　羊性前逆。

犬

虎　虎，陽物。陽立于七，故虎七月而生，首尾長七尺。

豬

猫

麈　《説文》："䴠，麈也。"鹿屬，無角。

鹿

麅　似鹿而小，其大者爲麖。

野豬

貍

已上毛之屬。

白魚　清而肥，易長。

松魚

鰻

鱔

青魚

鯉魚

鰱魚　頭大而鱗細。

鱖魚

鯽魚　即鮒也。

鮎魚

已上鱗之屬。

龜

鱉

蛤

螺螄

蟳蜂

已上甲之屬。

蠶

蟬

螳螂

蟋蟀

蚱蜢

蝦蟆

田雞

蝴蝶

蜻蜓

已上蟲之屬。

茶

蕨粉

棉布

苧

桐油

柏油

黃、白蠟

炭

麻布

棉花

已上貨之屬。　按：《廣興記》載紙，永邑從來絕無此，屬沿誤。

貢　賦 新編

有田則有賦。量其田之所入而成賦，此三代時五十、七十、百畝之法所由起也；有產則有貢，就其土之所出而作貢，斯大禹九州之貢所由定也。賦而逾額，非則壤之義矣；貢而徵異，非任土之義矣。故賦本于田，貢本于產，此一定之序也。蓋貢賦者，田賦之緒餘也。府志列于田賦之前，輕重倒置矣。而舊邑志則以田畝稅糧，混于歲進、歲辦，俱稱貢賦。序列既紊，則義例亦晦矣。自來仁民之政，本有先後輕重之不同。歷稽貢賦，無他異物。其遵額徵解外，有奉折鈔者，有奉裁革者。夫折鈔得以通融，可知所重在土不在物；裁革得以幸邀，可知所重在田不在貢。所重在土者，以民所倚辦，亦在土也。所重在田者，以民力所堪，亦便于賦，而未必便于貢也。郡邑志序例，則猶未達朝廷體恤下民至意，故于義例有未合焉，聊爲移易之，庶有當乎！

歲　進 明制

一、茶芽二斤八兩，并路費銀解府，彙進南京戶部交納。

一、野味一十五隻。正統初准免辦，折收鈔二十五錠二貫。後裁革。

額　辦

一、笙竹銀三兩六分四厘，外加路費銀三兩六分四厘。

一、白硝麂皮銀六錢五厘。

已上兩項銀額,國朝初編照舊。康熙三年,部定凡額辦、坐辦以及雜辦、均徭等項,全裁增減款銀,俱以一條鞭徵解。

一、藥材正料銀一十二兩一錢五分二厘六毫,津貼路費銀五兩八錢零五厘一毫。今國朝定禮部項下:

折色藥材銀九兩二厘七毫三絲九忽二微九塵,津貼路費銀四兩五錢一厘四毫一忽八微五塵,內扣解包裹紅黃紙價銀四錢七厘八毫零。又本色料價銀二兩二錢四分五厘七毫四絲六忽六微六塵,內辦本色半夏三十觔六兩一錢零,青皮一十五觔三兩一錢零,枳殼二十四觔四兩九錢零,天門冬二觔四錢零,山梔子一十觔二兩零,穿山甲五兩六錢零,豬牙皂角八兩一錢零,南星三觔六錢零,津貼路費銀一兩一錢二分二厘八毫七絲五忽三微三塵。

戶部項下:

折色藥材銀九錢四厘一毫一絲四忽五塵,津貼路費銀一錢八分八毫二絲二忽八微一塵。

一、弓箭弦條銀一百五十五兩二錢四分,折色年分加銀二兩五錢,辦料年分加銀一十七兩。

今順治九年,弓改牛角二百一十四副,每副價銀二錢九分。順治十二年,每副增銀二兩七錢一分。共銀六百四十二兩正,每兩路費銀一分。

箭定一千九百五十五枝,原額每枝價銀一分八厘,改解折色每枝增銀八分二厘,共銀一百九十五兩五錢。

弦定一千七十四條,原額每條價銀五分四厘,改解折色每條增銀四分六厘,通共一百七兩四錢。

一、胖襖褲鞋銀九十八兩二分。

今定七十副。原額每副價銀一兩五錢,改解折色,每副增銀一兩二錢,共銀一百八十九兩。

一、槐花、梔子、烏梅料銀一十二兩三厘。

國朝新定顏料：銀硃五十六觔三兩零。順治十年，定徵本色二十二斤八兩零，每觔原價銀四錢六分，折色銀硃三十三觔一十一兩零，每觔價銀二兩九錢六分。膩硃七觔十三兩零，十年定徵本色七觔零，每斤原價銀一錢五分，折色膩硃一十三兩零，每觔價銀三錢，鋪墊俱一錢一分。

烏梅六十二觔六兩零，內本色一十五觔，原價每觔二分，折色烏梅四十七觔六兩零，每觔價銀四分，鋪墊一分一厘。

黑鉛三十八觔一十四兩零，內本色二十一觔，每觔原價銀三分五厘，折色一十七觔一十四兩零，每觔價銀七分。

五棓子一十一觔九兩零，內本色棓子二觔一兩零，每觔原價銀一錢，折色九觔七兩零，每觔價銀七分，鋪墊俱一分一厘。

生漆一百九十四觔零，內本色生漆一十觔九兩零，每觔原價銀一錢，折色生漆一百八十三觔六兩零，每觔價銀二錢。

嚴漆改生漆一百二十觔，內本色生漆六觔九兩零，每觔原價銀一錢，折色一百一十三觔六兩零，每觔價銀二錢。

嚴漆一百八十觔，內本色九觔一十三兩，每觔原價銀一錢二分，折色一百七十觔二兩零，每觔價銀二錢四分。

黃蠟四十三觔三兩零，內本色一十觔二兩，每觔原價銀一錢六分，折色三十三觔零，每觔價銀三錢二分。

黃熟銅二十七觔八兩零，內本色二十二觔八兩，每觔原價銀一錢一分三厘，折色五觔，價銀同。已上鋪墊俱一分六厘。

桐油一百八十九觔八兩，本內色一百三十六觔八兩，每觔原價銀三分，鋪墊八厘，折色五十三觔，每觔價銀六分。鋪墊同。

水牛角五副，每副價銀九錢五分，鋪墊六分四厘。

已上各款俱係順治十年奉定本色者，通共正價銀二十三兩六錢七分四厘三忽九微六渺二漠五埃，鋪墊銀五兩七錢一分五厘九毫七

89

絲八忽九微六渺二漠五埃。每正價一兩，給解損路費銀一錢二分。每年二月間確估時價，題明入易知由單，徵銀辦解。折色者，通共正價銀二百四十五兩六錢五分六毫六絲三忽二微一塵二渺五漠，路費銀二兩四錢五分六厘五毫六忽六微三塵二渺一漠二埃五纖。

一、農桑額徵絲四百三十八兩八錢二分五厘，准絹二十一疋三丈一寸二分，全折銀一十五兩五錢一分二厘四毫三絲七忽五微。

今額照　　　　　每兩路費銀一分。

坐　辦

一、牲口銀一錢一分，今加路費銀一厘一毫。

一、果品銀五分三厘。

一、篆笋銀二分五厘，加派銀三兩三錢七分四厘一毫四絲七忽，共銀三兩三錢九分九厘一毫四絲七忽。

今俱照舊額。

一、蠟茶銀一錢二分四厘，又加派銀一百八十八兩八錢三分九厘九毫四絲四忽五微六塵八漠。今國朝新定，折色蠟價銀一百五十兩七分九厘五微六塵八漠，每兩路費銀一分。

一、黃蠟一百六十六觔九兩零。順治十年奉徵折色蠟一百二十七觔七兩零，每觔價銀三錢四分，共銀四十三兩三錢四分一厘五毫一絲一忽五塵，每兩路費銀一分。內本色黃蠟三十九觔二兩零，每觔料價銀一錢七分，共銀六兩六錢五分三厘一毫九忽三微七塵五渺。

一、芽茶七十五觔五兩零。順治十年奉徵折色二十七觔三兩零，每觔價銀一錢二分，共銀三兩二錢六分六厘八毫三絲五忽，每兩路費銀一分。本色芽茶四十八觔一兩零，每觔料價銀六分，該銀二兩八錢八分六厘四毫五絲七忽五微。

已上兩項于每年二月間督撫確估時價，題明造入易知由單，徵銀辦解。

一、茶葉五十二觔二兩零,每觔價銀四分,該銀二兩八分五厘七毫五絲,每兩路費銀一分。

一、曆日銀四兩一分六厘,遇閏加銀二錢一分四厘六毫一絲八忽。今裁充餉銀一兩五錢,餘并遇閏照舊額。

一、淺船料銀一百四兩六錢六分九厘四毫。今照舊額外,加月糧七分,給軍銀七百九十七兩四錢六分一厘九毫六絲一忽三微二塵二渺七漠二埃七纖三沙。

又,隨漕月糧,遇閏銀一十六兩五錢五分一厘五毫。

又,編解司戰船銀五十二兩六錢五分。

又,編貢具銀四十二兩八分五厘七毫六忽五微二塵五渺。

一、漆木料銀四兩三錢三分四厘五毫。

一、四司工料銀三百八十兩四錢二分七厘六毫。

一、茶芽二觔八兩,黃絹袋袱、旗號、簍損、路費銀二兩五錢解府,八縣輪流彙解到司轉解。康熙三十二年停止,奉文每觔折價一錢六分,共折價銀四錢,路費銀照舊。

一、歲造段疋銀七百三十六兩二錢二分二厘五毫九絲一忽,遇閏加銀四十三兩九錢一分五毫九絲七忽七微五塵。

今并遇閏照舊額。

國朝編解戶部金花銀一千二百一十一兩七錢五分二厘五毫,滴硃路費銀三十二兩七錢一分七厘三毫一絲七忽五微。

國朝舊編軍儲充餉銀一千四百四十二兩九分八厘三毫八絲一忽七微五塵。

漕運月糧三分撥遂軍儲銀三百四十一兩七錢六分九厘四毫一絲一忽九微九塵五渺四漠五埃。

一、明編兵餉田地山銀三千四百四十四兩五錢七分四毫五絲五忽三微。

一、預備秋米折銀二千四十九兩二錢七分六厘九毫五絲九忽。

91

一、均徭充餉銀一百七十八兩五錢。

已上三項,俱照舊額。

國朝舊編會裁充餉銀一千七百四十五兩八錢六分六厘四毫七絲六忽,遇閏加銀九十兩二分五厘四毫三絲六忽。

一、遇閏鹽米加銀五十二兩七錢七分二厘四毫五絲八忽三微三塵。

雜　辦

一、本府拜進表箋綾函紙劄、寫表生員工食、委官盤纏銀二兩三錢六分七厘三毫,解府辦用。今裁外,存縣銀一兩八錢九分六厘三毫。

一、拜賀習儀香燭銀四錢八分。

一、祭祀合用猪羊品物銀一百三十八兩八錢一分二厘。內:

　　文廟二祭共銀五十一兩五錢;

　　啓聖公祠二祭共銀一十二兩;

　　社稷山川壇二祭共銀三十二兩;

　　邑厲壇三祭共銀二十四兩;

　　鄉賢名宦祠各二祭共銀一十五兩六錢一分二厘;

　　烈女呂主奴祠二祭共銀三兩七錢。

已上俱照舊額。

一、鄉飲酒禮,年該二次銀一十五兩。今裁外存銀七兩五錢。

一、迎春芒神、土牛春花鞭、三牲酒席銀四兩。今裁外存銀二兩。

一、上司并府縣門神、桃符銀一兩五錢。今裁減。

一、科舉禮幣、進士舉人牌坊銀七十四兩一分七厘二毫。

一、武舉供給正宴盤纏銀六錢五厘。

今全裁充餉。

照舊額外,又加紅船水手抵給武舉支用銀五十六兩五錢六分。

今全裁充餉。

一、歲考生員試卷、果餅、激賞花紅、紙劄、筆墨并童生果餅、進學花紅，府學銀四兩五錢，縣學銀二十兩。

一、提學道考試生員搭蓋蓬廠工料銀二兩。

國朝初編仍舊，今俱全裁。

一、季考生員每年量計二次，合用試卷、果餅、激賞花紅、紙劄、筆墨等項，府學銀五兩，縣學銀三十兩。歲考銀不敷，准于內通融動支。

前併府縣裁存銀一十七兩五錢。今全裁充餉。

一、起送科舉生員酒禮、花紅、卷資、各官陪席，府銀三兩八錢八分五厘三絲，縣銀二十七兩一錢四分六厘七毫。本縣徵用，照名儘將所派銀兩通融均給。

一、迎宴新舉人合用捷報、旗扁、銀花、綵段、旗帳、酒禮并各官酒食，府銀一兩六錢三分三厘二毫六絲，縣銀二兩九錢二分六厘一毫四絲。

一、起送會試舉人酒席、路費、卷資，府銀四兩二錢一分八厘，縣銀四兩六錢一分四厘。

一、賀新進士合用旗扁、花紅、酒禮，府銀二兩八分三厘三毫，縣銀三兩三錢三分三厘三毫五絲。

一、歲貢生員路費并旗扁、花紅、酒禮銀三兩五錢。

已上各款，今俱照舊額。

一、會試舉人水手銀三十二兩。今全裁充餉。

一、孤貧四十名，每名年給布花、木柴銀六錢，共銀二十四兩。本縣徵給，內有事故，許將續收挨補，有餘作正支銷。又每月每名口糧銀一錢五分，於空缺官俸內動支。國朝柴布口糧初仍其舊。順治年間更定口糧銀一百四十四兩，并柴布共一百六十八兩。十四年全裁。康熙三年全復。康熙七年裁減，八年全裁，九年全復。

一、三院司道按臨并本縣朔望行香、講書紙劄、筆墨香燭銀四兩。今裁外存文廟香燭銀一兩六錢。

一、三院觀風考試生員試卷、果餅、激賞花紅、紙劄、筆墨，府學銀五兩。今全裁充餉。

一、布政司公用紙劄銀四兩二錢六分二厘五毫。

一、交際公費銀八兩四錢三分九厘。

一、清軍公用紙劄銀五錢五分。

一、分守道駐劄油燭、柴炭，士夫交際公費銀一十兩。

一、按察司直堂公用銀三兩五錢五分。

一、交際公費銀二兩五錢。

一、水利道交際公費銀一十兩。

一、三院查盤委官駐劄合送心紅、油燭、柴炭，吏書供給造册紙張等銀四兩五錢。

一、上司各衙門并府縣及查盤取用卷箱、架損、鎖索、棕罩、白牌等項八兩。

一、部運南糧委官水手銀一兩五錢。

一、省城上司各衙門新官到任，隨衙下道家伙等銀六兩九錢五分六厘。

一、省城募夫工食銀一十三兩三錢三分二厘六絲四忽。

一、經過官員公幹下程油燭、柴炭銀一百二十二兩四錢。

一、修理府縣公所衙門銀一十八兩。

一、修理儒學教官衙宇，府學銀一兩六錢六分六厘六毫七絲五忽，縣學銀八兩。府銀解府，縣銀貯縣，遇用各申請動支。

一、司道衙門書手工食銀二十一兩六錢加閏。

已上各款，今俱奉裁。

一、貢院雇稅家伙并募夫等銀一兩六錢三分三厘四毫。

一、上司經臨及一應公幹過往官員，合用心紅、紙劄、油燭、柴炭，門厨、皂隸米菜銀一十四兩。

一、府縣新官到任祭門猪羊、酒果、香燭等銀二兩一錢六分六厘六毫七絲。

一、府縣應朝官員起程、復任、公宴、祭門三牲、酒果、香燭等項，府銀三錢二分，縣銀一兩三錢。

一、府縣陞遷給由官員公宴、祭船猪羊等項，府銀七錢，縣銀二兩八錢。

已上各款今俱全裁充餉。

一、府縣心紅、紙劄，府銀二十六兩，縣銀一百八兩。今國朝裁定，本府通判心紅銀二十兩，縣心紅銀二十兩正。

一、軍器路費銀八兩八錢三分三厘六毫五絲四忽五微。

已上各款，今俱全裁充餉。

一、戰船民六料銀五十二兩六錢五分。今照舊額。

一、雕填漆匠役銀四兩八錢，加閏銀四錢。今照舊額，仍新加路費銀四分八厘。

一、上司經臨過往公幹官員合用門皂銀一百八十九兩。今定門皂銀四十兩，又遇閏加銀三兩三錢三分三厘四毫。今全裁充餉。

一、雇夫銀六百兩。徵完在官，臨時雇募，照差給銀，餘剩貯庫，作正支銷。前定銀四百兩。今裁外存銀三百五十八兩二錢八分四厘。

一、雇馬銀五百兩。徵完在官，雇募苔應，照差給銀。内立馬頭一名，給工食七兩二錢，扣小盡，加閏，俱於内支給。已上本縣徵用。前定銀三百三十三兩三錢三分三厘三毫，又遇閏加銀六十二兩四錢九分九厘九毫。又，舊編里馬銀一十六兩六錢六分六厘七毫。康熙三年奉裁。

又，本府撥協馬銀一百九十一兩五錢九分四厘六毫四絲。

共定銀五百二十四兩九錢二分七厘九毫四絲。今裁外存銀二百八十七兩六錢三分。

一、修城民七料銀一十五兩五分五厘二毫。今全裁充餉。

一、修理府縣廳堂、公廨、監房、土地祠等處并新官衙宇銀五兩三錢三分三厘三毫三絲，縣銀二十二兩三錢三分三厘三毫三絲。今定修理監倉縣銀二十兩。又，初編本縣修宅銀二十兩。

一、修理府縣公宴器皿及公署家伙什物等項銀四兩。

今俱全裁。

一、預備雜用府銀四十八兩，縣銀三百四十兩，內扣人役小盡銀三十八兩一錢九分六厘，抵用外，實徵銀三百一兩八錢四厘。內以七分聽上司行文取用，三分聽該縣公事支銷，俱明立文案，造送查盤，有餘存貯報司，以備緩急之需。應支項款，開後加增表箋通數，并水手銀、協濟昌平州銀三兩二錢九分。三院觀風考試合用試卷、果餅，并激賞花紅、紙劄、筆墨銀，三院司道取給。舉人、貢生路費卷資等銀，獎勸激賞孝子、節婦、善人米布銀，按察司進表水手銀，恤刑按臨合用心紅、紙劄、油燭、柴炭吏書供給銀，其有事出不常，數難定計，俱於內動支開送查盤。國朝舊編，府縣備用銀二百一兩二錢四厘二毫。今裁存本縣銀六十二兩七錢四厘二毫。存昌平州銀三兩二錢九分，每兩加路費銀一分。存觀風銀五兩。

國朝舊編，行香銀四兩。

正堂吏書一十二名，每名工食銀一十兩八錢。

庫書一名，倉書一名，各工食銀一十二兩。

縣丞薪銀二十四兩。

書辦一名，銀七兩二錢。

典史薪銀一十二兩。

書辦一名，銀七兩二錢。

已上各款，俱舉全裁。

新定協濟湯溪縣經費不敷銀一十一兩三錢八分一厘一毫八忽七微八塵五渺三漠。

燈夫四名，銀二十四兩。明係見年，除坊隅外，里長名下派銀答應。

轎傘扇夫七名,銀四十二兩。

縣獄重囚口糧銀三十六兩。本款明係空缺官俸内動支銷算。

已上額款,俱照康熙三年裁定《全書》列載。

歲進歲辦,古任土之貢也。自田賦之外,凡上之所取,下之所供,孰非貢乎?古者勢分於諸侯之國,其貢篚視田賦,不能什一。越稽《書・禹貢》可見已。封建既罷,四海大同,民皆資生於上,上皆資給於下,而交相取足焉,則貢之多亦時然也。按舊志,唐、宋所貢無考已,元貢貂皮七十五張。其不供朝廷而供官府之用者,唐爲送使錢,又爲留州錢。宋爲繫省錢,又爲公使錢。明制供御用者曰歲進,供國用者曰歲辦,皆貢之數也。歲辦之中,又有額辦、坐辦之差焉,俱照里甲丁糧均徵之。其爲官府公用者,則又以雜辦別之,而歲于見年里甲均徵焉。此三辦所由名也。夫雜辦雖不供於朝廷,而爲地方官府之公費,故亦附于歲辦云。今國朝定鼎之初,各辦悉仍舊款。康熙初年,當事會議,府州縣解額,俱以一條鞭爲例,起運者總聽部分,存留者悉由司放。分解之煩,遂邀允便。故詳額舊款,併列新定,以備考焉。

已上採應志、徐志。

課程附

宋酒務　額收二千六百一十四貫二百九十二支。

村坊　一十一處一界,爲錢一萬八千八百三十六貫二百八十文,課利錢每月一百一貫五百七十文。

稅務　額收一千六百六十四貫一百七十文。

牙契稅錢　額收五千九十九貫九百七□□文。

茶　比歲發九千九百斤,爲錢二千一百三十四貫。歲住買九千七百觔，爲錢二千一百三十四貫文。

　　鹽　比歲一十八萬九千五百觔，爲錢六萬三千四百四十文。

　　礬　比歲四百二十觔，爲錢四十貫。

　　元歲辦酒課　中統鈔一百七十二錠四十四兩四錢五分四厘。

　　醋　中統鈔三錠二兩八錢四毫。

　　茶　中統鈔一十八兩一錢四分。

　　歲辦食鹽　一千二百五引三百一觔。

　　房地賃錢　歲收中統鈔三錠四十六兩六錢八厘。

　　秋租地利錢　歲收中統鈔二十七錠七兩六錢八厘。

　　授時曆　歲降大小曆二千六十一本，例解定價中統鈔三十一錠三十七兩六錢。

　　商務稅　歲辦歲課中統鈔一百二十六錠一十四兩七錢四分八厘。

　　明歲辦諸色課程　鈔四千七百九十五錠四貫九百二十四文。正額二千三百五十六錠四貫八百六文。增羨二貫四百文。比　閏月三百六十二錠二貫七百一十八文。加增二千七十二錠二貫三百五十八文。

　　酒醋　鈔一百九十九錠二百八十文。正額一百八十三錠三貫七百二十文。閏月一十五錠一貫五百六十文。

　　茶課　鈔正額四十一錠四貫六十文。

　　窰竈　鈔一十一錠一貫二十六文。正額一十錠一貫七百一十六文。閏月四貫三百一十文。

　　碓磨油榨　鈔九十錠四貫二百七文。正額八十三錠一貫八百五十文。增羨二貫四百文。閏月六錠四貫九百五十七文。

　　果價　鈔正額一錠六百六十文。

　　比附茶果　鈔三錠二貫六百四十二文。

　　茶引由工墨　鈔正額三十五錠三貫。

商稅　鈔二千八百二十四錠二貫二百四十七文。正額九百六十五錠四貫八百三十一文。閏月二百錠五十八文。加增一千六百五十八錠二貫三百五十八文。

稅契　鈔一千一百二十七錠二貫二文。正額一千三十四錠一百六十九文。閏月九十三錠一貫八百三十三文。

契本工墨　鈔正額四貫八百文。

門攤　鈔四百六十錠。閏月四十六錠。加增四百一十四錠。

萬曆六年本縣額徵課　鈔一百七十六錠一貫三百一十八文,該銀一兩七錢六分二厘六毫五絲六忽。

本縣稅課局　課鈔四千二百五十七錠八百七十八文,該銀四十二兩五錢七分一厘七毫五絲六忽,餘剩役銀三兩六錢六分五厘五毫八絲八忽。

萬曆六年以後課程各項簿籍無考。國朝康熙十六年,凡稅契、牙稅、牛稅、雜稅,曾設定額。其後儘徵儘解無定額。惟雜稅一項定銀七錢二分。

已上照府志。

課程,蓋古關市之征也。按舊志,宋課錢,有酒務,有稅,有牙契,有茶,有鹽,有礬。宋人茶、酒、礬、鹽,皆自賣之。夫富有天下,而與民競錙銖之利,非公天下之法也。元課鈔,有酒課、醋課,有茶課,有食鹽,有房地賃錢,有秋租地、利錢,有商稅務,有授時曆。夫頒朔授時,政之大者也。而以曆日與民為市,其稱名也末矣。明制:歲辦課程鈔總四千七百九十五錠四貫九百二十四文,其目曰酒醋,曰茶課,曰窯竈,曰碓磨、油榨,曰果價,曰比附茶果,曰茶引,曰工墨,曰商稅,曰稅契,曰契本工墨,曰門攤。置稅課局,設大使一人領之。其後鈔壅不行,價日益賤,鈔多積於無用,乃以課鈔降,依時估折銀,視原估蓋不及什一焉。縣額無閏鈔共一百七十六錠一貫三百二十八文,折銀一兩七錢六分二厘六毫五絲六忽,有閏加鈔七錠四貫二百六十七文,折銀七分八厘五毫三絲四忽。局額無閏鈔共四千二百五十七錠八百七十八文,折銀四十二兩五錢七分一厘七毫五絲六忽,有閏加鈔三百五十四錠三貫四百五十一文,折銀三兩五錢四分六厘九毫三忽。議者因計該局官吏歲廩之費,反逾於收稅之數,遂省官吏不設,以其課額,附縣帶辦。而巡攔之役,所至騷擾,人皆病之。遂議併罷收稅,取巡攔六名,役銀四十四兩三錢三分四厘四毫一絲二忽,遇閏加銀三兩六錢二分五厘四毫三絲六忽。今以前額銀數,編均徭銀內裁充兵餉。

　　已上採應志。

永康縣志卷之六

知縣事華亭沈藻琳峰重修
儒學教諭余瀍潛亭參閱
崑山朱謹雪鴻編纂
邑人應本初元生、徐友閩南夔校訂

鹽　鈔

　　鹽之籍于官也，唐劉晏設轉運法，其說不可得詳矣。五代時，計口散鹽，而徵其錢，此官鹽之始也。其謂之蠶鹽者，應是徵錢于蠶熟之時也。宋用常平倉法，官自運賣，其即劉晏之故智乎！而計口給鹽，則猶是五代之弊也。熙寧時，民不願請，遂罷散鹽之令，而納錢如故，此不鹽而賦之所自始也。元因宋制，有發賣、住賣、歲賣等項。是當日之官，即今日之商也。明初鹽法，分爲二項：一曰户口食鹽，一曰商人引鹽。所謂食鹽者，有司籍户口之數，令人赴鹽運關支，散給户口，猶是蠶鹽之遺制也。官吏市民，計口納鈔。其後一半徵錢，又轉爲徵銀。鄉民每口納米。其後有司難于關支，小民難于請給，遂罷之，而納鈔納米如故，猶之宋時納錢，鹽罷給而錢不罷納者也。隆、萬間，又以鹽鈔與稅糧同徵，有起運、存留二項。此明時徵解支派之大略也。

　　國朝亦仍其制，而以鹽鈔、鹽糧編入地丁，彙爲正供，不煩另造。無解派折支諸名色，而民亦無昔時關給留難之苦，誠萬世之良法也。所謂引鹽者，令商人輸粟于邊，邊關給引，即憑之以市鹽于場，故謂之引。其後邊粟不輸，則請給於官，仍謂之引。其引課遞有輕重。顧商課之加減，當視鹽價之低昂。低則病商，昂則病民，是在主其政者調劑之。商人正課之外，無俾耗費，則鹽價可平矣。鹽價平，則奸人無從取厚利，而私販之鹽不禁而自止矣。至若永鹽之始而温，既而台，既而紹，卒又轉而爲台，此則從其便者而行之，當事者亦不之限也。此引鹽之大略也。而要不可無法以御之。故鹽鈔之中，即寓鹽法。鈔則國課所自出，法則鹺政所宜講也。並志之。

明額徵

起運

本色鈔二百九十四錠，共銀一兩六錢八分二毫一絲。

折色銅錢二千九百四十丈，共銀四兩二錢。

存留

本色鈔二百九十四錠，共銀一兩六錢六分二毫一絲。

折色銅錢二千九百四十文，共銀四兩二錢。

國朝鹽鈔，銀五兩八錢八分二毫一絲。路費，銀七分五毫六絲二忽五微二塵。遇閏，加銀一兩六分八厘五毫三絲八忽一微六塵七漠。路費銀一分二厘八毫二絲二忽四微五塵七渺九漠二埃八纖四沙。

已上照府志。

明制：官吏口賦食鹽一十二觔。市民口賦鹽六觔，納鈔一貫。鄉民口賦鹽二觔二兩五錢，斤納米四升八合一勺二抄五撮。每十年大造黄册成，另造户口册，隨時增減不常。前據隆慶年所造户口册爲準：官吏二十九員名，人口五十八口。市民計户四百五十七户，人口七百六十一口。共徵鈔一千一百七十六錠。起運，京庫鈔五百八十八錠。存留，本府鈔亦如之。有閏，增鈔一百六錠四貫二百五十文。起運，京庫鈔一千六百九十四錠。存留，本府鈔亦如之。明初俱止徵鈔，後以一半徵錢，每鈔一貫折銅錢二文。後又轉爲徵銀，貫鈔折銀一厘一毫四絲三忽，銅錢七文折銀一分。無閏起運，鈔折銀一兩六錢八分三毫一絲，銅錢折銀四兩二錢，有閏加鈔五十三錠二貫一百二十五文，折銀三錢五厘三毫二絲零。銅錢五百三十四文二分五厘，該銀七錢六分三厘二毫一絲四忽二微八塵五渺七漠。徵解府司，轉解户部太倉交納，存留本府錢鈔亦如之。徵解昌濟庫聽給官吏折俸。鄉民計户一萬六千三百户，人口一萬一千六十九口，歲共徵米一千六百六十六石三斗九升九合，有閏加米一百五石五斗四升四合九勺一抄六撮六圭六粟，派撥顏料米二百二十九石一斗六升六合二勺五抄。每石折銀六錢。

已上採錄應志。

東、永、武向苦食溫鹽，後改食台鹽。國朝順治十八年，海壖遷界，台引不行，改食紹鹽。康熙六年，台場遷于内港，仍食台鹽。奈緣山路崎嶇，稍有遲滯，價輒騰貴，民殊不便。一謂東陽既行台所之引，則清溪一埠，亦宜令其行鹽，道路尤便。一謂東、永、武與金、義各邑接壤，似亦可食紹鹽，道路平坦，而往來較易。向曾有行之者，其法未嘗不善。大抵王道本乎人情，鹽爲飲食所必需，是在當事者酌小民之便，權時勢之宜，毋徒苦此一方民也。

已上採錄府志。

永邑每年四季額銷台所鹽引二千零二引七分五厘。應完正生課稅銀六百二十九兩零六分八厘，赴鹽法道上納。

役　法

力役之征，所不免也，然而用之以時矣。《書》曰"不知稼穡之艱難"，爲重賦者言也。又曰"不憫小人之勞"，爲重役者言也。古之人，兢兢乎其慎之。古制：用民之力，歲不過三日。後漸繁矣。沿之既久，遂編爲額。役額既定，遂有額銀，于是役變而爲賦矣。額銀之外，役仍不免，於是賦又化而爲役。

　　國朝鑒前之弊，均里均甲，役無偏苛，民始帖然矣。自來正役之照賦編役，此賦中之役也，其有定者也。乃若雜役之不時呼召，則又是賦外之役，無定者也。有定者戒紛更，則轉甲移乙之弊息矣。無定者戒伸縮，則妄派隱蝕之弊去矣。豈非民生之厚幸乎！在小人，當知尊君親上之大義；在君子，務爲息事寧人之良謨。則治人與治于人者，兩得之矣！

唐正役

　　以百家爲里，設里正一人，掌按比户口、課植農桑、檢察非違、催驅賦役。在邑居者爲坊，別置坊長，以掌坊門管鑰、督察奸非。在田野者爲村，亦別置村正，職掌與坊同。皆選勳官六品以下白丁清平彊幹者充，而免其課役。委任不輕，猶周之閭胥族師、漢之亭長嗇夫也。其後御史韓琬上言，往年里正坊正，每一員缺，先擬者十人。今差人以充，猶致亡逸。至宣宗大中之詔，遂有輪差之議，民始有不願爲里正者矣。

雜　役

　　租庸調法，有身則有庸。民役於官，歲不過二十日，役者日爲絹三尺。有事而加役者，則免其租調。

宋初差役法

　　里正、坊正，皆仍唐舊，以里正、户長、鄉書手，課督租賦。以耆長、壯丁，逐捕盜賊。其他雜役，多以廂軍給之。其後乃有衙前及承符、人力、手力、散從、祗候之役。諸役惟鄉户衙前最重。

熙寧保甲助役法

　　王安石變里正之法，以十家立一保長，五十家立大保長，五百家立都保正、都保副，用有心力材勇之人，譏察盜賊。又變差役，令民出免役、助役之錢,而罷衙前之役,凡主典倉庫、綱運官物及耆户長、壯丁之類,皆募人充之。

寶慶義役法

知婺州魏豹文、王夢龍相繼奏行義役,隨役户田畝之數而通計之,約雇役費用之需而均率之。都各有田,而不拘於煙爨。田各有助,而無間於鄉都。以義勸民,量其多寡,出助田產,以爲役費。其不應差役小户,則不在勸率之數。又慮其事力單寡,承應不繼,則撥官田及給官錢買田以助之,以各都分釐爲三等:上等事力有餘,無待於助;次則酌中助之;下等助之加厚。

元役法

縣各四隅,設坊正。鄉設里正,而都設主首。後有繁劇難任,每都設一里正,主首則隨其事之難易而多寡之,專以催輸稅糧,追會公事。其初以同歲或半年一更,後又改季役。大率以糧多者爲役首,其次爲貼役,其雜役則弓手、祇候、禁子、斗子、曳剌、鋪兵、船夫、防夫、馬匹之類。

明役法

以百十户爲一圖,選丁糧多者十户爲糧里長,餘爲甲首,專催辦錢糧,追攝公事。選年高有德者爲老人,給以教民榜。設總、小甲以巡捕盜賊。是皆正役。其役過里甲,則編審均徭,謂之雜役。版籍十年一造,里甲均徭,亦各以十年輪役一次。正役外有官物管解,均徭外有工匠民壯,其驛遞、船隻、水夫、馬頭等役,皆隨糧徵收,家家受役,不雜諸役之什。

糧長

每縣各區保設正糧長一名,副糧長二名。

坊里長

每縣附郭設坊長,郭外設里長。

老人

每里一名。

總、小甲

隨所居村巷十人立小甲一名,五十人立總甲一名,餘爲火夫。

國朝役法

初照前明舊制,仍以一百零十户編爲一圖,内以糧少者十户喚爲甲首,一切催糧追攝,俱責肩任,年年推收,圖里總書遂多飛灑詭寄之弊。至十年輪役時,貧者田已別易,糧去役存,每致偏困,户多逃亡。康熙九年,仁、錢士民爲編審預期條議藩司,照依康熙六年清丈歸户,實畝編役。内開通縣産土,宜爲總科。計一縣額産,以分一里之産。合一縣總役,以定一里之役。聽從民便,就近配搭。迨康熙二十年奉總督李□爲編審捋届,亟飭查議以安民生事,檄府。知府張公蓋隨經查議,詳覆允行。每一里定數三千畝爲率。其有里大難以撥入者,聽百姓覓就近熟識之里,自相配足,不由里書,不必官府審撥,以免遠撥之害。均里均甲,一體當差,不立甲首,著爲定則。十年推收,永絶詭避。

已上照府志。

坊里長

在周爲鄉遂之職,未嘗以爲役也。明制定爲一百十七里,每年里役其長一人,籍定其次,十年而遍,其役期之先後,無得而私焉。驗其丁糧之多寡,以爲任役之輕重,其役費之予奪無得而私焉。其籍每十年役遍一更造,人有生亡,則登下之;田有賣買,則推割之。其長不任役則選同甲與比甲之次,丁糧足任者代之。户有逃絶,必補其數。此法行而差役、顧役、義役,皆可無講矣。但其役之設也,本以承勾攝、督催徵而已,後乃凡百科斂皆在焉。約而言之,其所最苦者曰夫馬,曰坐月。夫縣當台、甌、括之衝,往來者既繁,且西至楊公橋界路止三十里,而夫馬直送至茭道,涉武義之境者二十五里,而不得其一夫一馬之助,此夫馬之費爲苦也。夫祭祀、鄉飲、公燕之陳,與什器之數,皆坊長主之,而免其丁田、夫馬支應,以相補復。後里長以爲不均,乃令坊長兼納丁田,仍供什器,而免其夫馬支應,其祭祀、鄉飲、公燕,併歸里長役焉,而勢不得不爲坐月。坐月之令一定,需索科尅之弊乘之而起,而坊里胥困矣。正德十五年,知縣胡公楷病夫馬之不均,申准撫按,令武義量助銀兩。嘉靖二十九年,郡守陳公元軻,申准院道,議令武義代納淺船銀若干。三十三年,郡守洪公公諧,又令武義縣再納緞疋銀若干,而夫馬之費稍均焉。嘉靖四十五年,侍御龐公尚鵬按浙,加惠里甲,振刷夙弊,凡公用支應等項,俱定數編銀,徵之於民而用之於官,如貢賦篇所列雜辦者是也。萬曆九年,巡撫吳公、巡按師公,復奏減派,民困漸甦。

國朝編里,制仍其舊。然永路衝要,按龐公計定僱夫僱馬銀兩,民輸於公,給發之時,每聽經承僱募,常從中侵尅,遂有中途逸逃之弊。國初兵馬絡繹,用夫輒累千百。額銀有限,答應最艱,於是爲烟居派夫之法。倉卒須人,復致近勞而遠逸。由邑至府,途經武屬,明設茭道驛站,因越其境,止二十五里。時各當事詳議,令武協濟。後經龐公均編,扒平幫賦,各歸縣額。又經裁驛,夫馬至金交替,壞賦一體,勞逸有異。順治十六年間,里民上控求協,時沐允議。若用夫至二千,令武義貼幫三分之一。然用至盈千,乃間或一見,而十百奔走,不均之歎,終難免焉。於是議以里長值月,謂之月夫。

糧長

即漢之嗇夫與宋之戶長也。明制:縣十鄉四十七都,參錯分爲十區,設正糧長一人,副二人,共三十人。每區歲輪一人,赴京闕給勘合,親聽敕諭。歸乃下鄉催辦,稅糧完納,填寫勘合,送縣奏繳。後北都既建，仍歲給勘合於南京户部關繳。蓋責任之重如此。歲久民乏，有司乃權令衆户朋充，後且有十人而朋其一者矣。復從而革之，督催糧税，總歸里長。今國朝催辦賦糧，原歸里長，奸頑巧匿無儆，於是設分單自運之法。

均徭

自糧里正役之外，凡諸執役於官者，通曰均徭。即《周禮》所謂"服公事者"是也。按《宋史》，其役有衙前，即今之解户庫斗；有承符、手力、散從官，即今之皂隸、弓兵。舊志熙寧顧役，歲收免役錢九千八百貫有零，非盡爲役費也，禄官史，備水旱，皆取足於寬乘錢之數，故其取之多如是，諸賢所以亟争之也。元之役，有衹候、禁子，有弓兵，有站夫，有鋪兵，與明制亦略相出入。其所以爲役之法，莫得而詳。明制：凡雜役皆點差，而以上、中、下三等，定其輕重。蓋有司得隨事專制，非若里甲有一定之役次，是以放富差貧、那移作弊之戒，於律令每丁寧焉。弘治元年，始定均徭之制，其制照里甲定籍，年役一甲，以五年與里甲互役，總驗一縣之丁糧，配諸當役之數，通融而審編之。凡役期之先後，役直之輕重，有司者皆莫得而高下焉。且兼宋人差、顧二法，分爲銀、力二差：銀差者徵銀入官，以充顧直而免其役，即熙寧免役法也；力差但準銀以定差，而不徵銀，聽其身自執役，或倩人代役，即元祐差役法也。近或有非役而因事徵銀者亦附焉，豈有取於宋人寬剩錢之類歟？

銀差

一、南京額班直部柴薪皂隸八名，每名銀十二兩，火耗銀三錢，共銀九十八兩四錢，路費銀九錢八分四厘，又遇閏加銀八兩、路費銀八分。今改解户部。一、解京富户五名，每名二兩，共銀十兩，仍加路費銀一錢。

一、按院節字號座船水手銀五兩，仍舊解司，遇閏，又定水手銀四錢一分六厘六毫。

一、分守金、衢、嚴道皂隸一名，銀十兩八錢。今定聽事吏二名，共裁存銀一十二兩。又，鋪兵二名，共裁存銀一十二兩。遇閏，共加銀二兩。

一、本府皂隸三名，每名銀十兩，共銀三十兩。今定同知員下皂隸十二名，共銀七十二兩，遇閏，加銀六兩。通判皂隸十二名，共銀七十二兩，遇閏，加銀六兩。

一、本縣皂隸二十三名，每名銀九兩，共銀二百零七兩。

一、本縣柴薪皂隸九名，每名銀一十二兩，共銀一百八兩。

已上二項，國朝舊編知縣皂隸一十六名，每名銀七兩二錢。

縣丞門皂、馬夫六名，每名銀七兩二錢。典史門皂、馬夫六名，每名銀七兩二錢。俱於順治九年內會裁。每名存銀六兩，遇閏，每名加銀五錢。

門子二名，每名銀七兩二錢。九年奉裁，存銀一十二兩，遇閏，加銀一兩。耳房庫役，銀三十六兩。今定庫子四名，每名銀七兩二錢，九年裁存每名銀六兩，共銀二十四兩，遇閏，每名加銀五錢。

一、禁卒五名，每名銀九兩。置辦刑具、燈油在內，共銀四十五兩。今定看監禁卒八名，每名銀七兩二錢。順治九年裁存，共銀四十八兩，遇閏，加銀四兩。

一、新官家伙銀一十六兩。順治初年，編銀二十兩。今全裁。

一、捕鹽應捕一十一名，每名銀七兩二錢。今定二名，共銀一十四兩四錢，遇閏，加銀一兩二錢。

一、巡鹽應捕抵課役銀三十兩，每兩加滴珠銀一分，遇閏，加銀一兩二錢五分。今奉全裁，入地丁彙解。

一、看守察院公署，布、按二分司府館門子各二名，每名銀三兩六錢。今定各一名，共銀一十四兩四錢，遇閏，加銀一兩五錢。

一、館頭公館門子一名，銀三兩六錢。今仍舊。

一、馬丁四十名，每名銀四兩。國朝初定馬快八名，每名銀一十八兩。今裁存共銀一百三十四兩四錢，遇閏，加銀一十一兩二錢。

一、衝要八鋪，縣前鋪、烈橋鋪、二十里鋪、界嶺鋪、李溪鋪、櫸木鋪、館頭鋪、黃塘鋪鋪司兵五十名，每名銀十兩八錢。今定四十一名，共銀四百四十二兩八錢，遇閏，加銀四十一兩七錢。

一、偏僻二鋪，申亭鋪、麻車鋪鋪司兵八名，每名銀七兩二錢，遇閏同前。今仍舊額。

一、桐琴、西津二渡渡夫各一名，每名銀二兩，共銀四兩。今裁銀二兩。

一、歲貢路費銀三十兩。今定旗扁、路費等銀三十三兩五錢。

一、預備倉經費銀二十二兩。國朝舊編銀四十五兩一錢。今奉全裁。

一、鹽院健步一名，銀七兩二錢。

一、布政司柴薪皂隸一名，銀一十二兩。

一、按察司柴薪皂隸一名，銀一十二兩。

一、司獄司獄卒一名，銀一十兩八錢。

一、清軍驛傳道聽事夫二名，每名銀十兩八錢。

一、提學道皂隸一名，銀十兩八錢。

一、總兵員下轎傘夫一名，銀十兩八錢。

一、本府甲首三名，每名銀七兩二錢。

一、昌濟庫役銀四十兩。

一、司獄司獄卒三名，每名銀一十二兩。

一、巡鹽應捕二名，於民壯內抽取，每名除工食銀七兩二錢外，給賞鹽課銀六兩，共十二兩。

一、新官家伙銀四兩一錢二分。

一、本府儒學庫子一名，七兩二錢。

已上各款，今俱全裁。

一、本府歲貢生員赴京路費銀七兩五錢。今全裁充餉。

一、本縣儒學齋夫六名，每名銀十二兩，共銀七十二兩。今裁外存銀三十六兩。

一、膳夫八名，每名銀十兩，共銀八十兩。今裁存銀四十兩。

門子三名，庫子二名，掃殿夫三名，啓聖宮祠一名，每名銀七兩二錢。今國朝舊編：教諭俸銀一十九兩五錢二分，薪銀一十二兩。訓導俸銀一十九兩五錢二分，薪銀一十二兩。門子、掌教三名，分教二名，銀七兩二錢。學書一名，銀七兩二錢。喂馬草料銀共二十四兩。

已上除裁各款外，今定俸銀三十一兩五錢二分。門子二名，每名七兩二錢。

一、教官家伙銀一十二兩。今裁。

國初舊編：廩生二十名，每名廩糧一十二石，每石折銀八錢，該銀一百九十二兩。今裁二復一，共銀六十四兩。

力差

一、解戶一名七分五厘，每名銀三十兩，共銀五十二兩二錢，今仍舊額。

一、本府永濟倉斗級一名，銀一十二兩。國朝定斗級四名。舊編每名銀七兩二錢，順治九年裁外，存銀二十四兩。

役之重者，無如庫斗。嘗觀宋諸賢議所以救衙前之弊，纖悉詳矣。今庫子之重費雖革，而斗級之苦役猶存。近又議交盤矣，扃鐍相授，耗腐積壓，而司查理者往往以扇颺計其虧折，雖慎守者亦不免罪焉。若歲以新陳相易，如常平之法，且無概入慎守之罪，則斗級之困，亦可甦也。

民壯

民壯，名役也。古者鄉遂之民，居則爲農，出則爲兵。農雖兼兵之役，而未嘗別出養兵之費，亦庶幾乎勞而不費者也。後世爲兵者，既列屯坐食，資農以爲養，及兵之不足，又集農以充兵，亦稍異乎古矣。宋河北有弓箭手，陝西有義勇，或給田以募之，或免役以集之，猶未户使之爲兵也。自熙寧中王安石創行保甲之法,而民始有户兵之累。民壯之役,亦頗類此。明洪武初,立民兵萬户府,簡民間武勇,編成隊伍,以時操練,用以征戰。事平,遂復爲民。然其所立,止要害須兵之處,所簡亦止武勇任兵之人而已,曷嘗通行郡邑、户使之爲兵哉!太平之後,旋已罷矣。正統十四年,令各處招募民壯,就令本地官司率領操練,遇警調用,事定仍復爲民。民壯之名,始定於此。弘治二年,奉部檄,選取民壯,每里僉點二名,本縣共二百三十六名。其後名數,增減無常。萬曆間,定爲一百五十名,實役二百名,内撥解府守城四十名,又有扣減充餉解司者,計銀一千三百八兩五錢三分九厘一毫五絲。府縣給散,共銀一千八十兩。

一、明編民壯,充餉銀一千三百八兩五錢三分九厘一毫五絲。今仍舊額。

國朝舊編:裁定民壯五十名,每名銀七兩二錢,共銀三百六十兩。順治九年,奉裁每名存銀六兩,共銀三百兩。每遇閏,加銀二十五兩。

已上各項節裁銀額解數,詳《全書》。

老人

即漢之三老,掌教化者也。明洪武中,令天下州縣里設老人一名,以耆年有德者充之,置申明亭,頒教民榜。凡民間細事,俱聽直亭老人會衆剖斷。有不服者,乃經有司。其赴京奏事稱旨者,即授以官。任亦重矣。後因所任非人,有司概輕遇之,於是耆年有德者多避不肯爲,而其所樂爲而不辭者,舉皆人役也。是豈設立老人以助宣教化之初意哉!噫!弊也久矣!

驛站

即元之站夫也。自漢以來,驛傳之馬,皆官置之。站夫之名,始見於元,蓋自此遂爲民役矣。明初,驛站之役皆點充,所謂丁僉也。其後漸乏,通驗田糧明補之,所謂糧僉也。縣額:遠方馬七疋,本縣華溪驛馬五疋,騾三頭,驢五頭,遞運夫三十五名。諸役之中,其最重難，無如遠方馬頭者矣。於是議者定爲免役徵銀之例，而患始除。後又通計一縣民糧之數，配以所須馬價等銀，計米徵之，歲隨稅糧，徵完解府，以後遠近諸驛之關領者給焉。今派丁僉遠方馬價銀一百一十五兩三錢三分。糧僉馬價銀一百二十六兩四錢九分五厘。華溪驛運夫減存一十三名，共工食銀八十五兩八錢。餘銀解府發驛僱募送查。馬驢夫十名，每名工食銀七兩二錢。馬五疋，鞍轡草料銀共一十四兩，每疋年徵價銀三兩。騾五頭，鞍轡草料銀共一十四兩，每頭年徵價銀一兩一錢六分六厘。驢三頭，後裁革。支應銀六十八兩六錢。館夫減存一名，工食銀六兩六錢。書手工食銀四兩。蘭谿縣遞運所水夫工食銀一百一十一兩七分三厘三毫一絲九忽二微。夫遠方馬價，其徵解之法便矣。而本驛之役，猶有苦於衝繁者，奉有軫念驛遞之艱，加嚴冒濫之禁，申飭再三，臣工恪守。然驛遞之禁革者已嚴，而里甲之派徵者猶故，是在下有坐縻廩食之冗役，而在上無節用愛人之實惠也。夫里甲比于腹心，驛遞同于手足。欲節手足之勞，而無補于腹心之養，無乃庇其葉而傷其根乎！承流宣化，端有望于賢守令云。

國朝舊編驛丞俸銀一十九兩五錢二分。薪銀一十二兩。

書辦一名，銀七兩二錢。

皂隸二名，銀一十四兩四錢。

已上康熙元年奉文全裁。

舊編：驛站銀六百九十六兩三錢七分七厘九毫五絲九忽二微，內除撥協駉馬歸縣及書皂工食外。今定本府各驛銀四百八十三兩一錢八分三厘三毫一絲九忽二微，奉裁充餉。

一、外省馬價銀二百二十五兩二分五厘，每兩路費銀一分。今奉改解部。

康熙元年，驛丞奉裁僱馬額銀歸縣。勘合火牌，登明循環，按季申送郵道，稽核冒支，濫應者可悉除矣。

已上照應志節錄，并採徐志。

(康熙三十七年)永康縣志

風　俗

　　永康風俗，舊志論之詳矣，其瑜不可泯也，其瑕亦不得而掩也。表其瑜，所以望人之加懋，如男女務耕讀紡織、士畏清議、崇行檢諸美是也。摘其瑕，所以望人之痛革，如強悍夸詐、溺男女、用火葬諸慝是也。此亦就當時之民情土俗約略言之，然而風俗可定而不可定也。宋淳熙間，先儒晦菴公與東萊、龍川二先生設講席于永之五峰洞天，永之人士，其得沾于先賢之風教者，有由來矣。又自宋、元、明以來，永之名賢，相繼纍纍，不可勝紀，宜其士林咸知德行可崇，而清議可畏也。以儒賢薰炙之鄉，而風俗有未善者，豈以士教有餘而民志未定耶！抑以永之溪，漂悍而衝激，易涸而不沉蓄，其土重實而剛燥，寒淡而磽瘠，民生其間，遂有勇悍夸詐之習耶！夫良醫因病而投劑，良匠因材而制器，是在司教者有以轉移之耳。

　　宋志云：風聲氣習，一變淳厚。此專爲金華府言也。元志云：尚質素，不事浮華，士知學而吝嗇，好義而使氣，此專爲永康一邑言也。近代志云：其可取者，男務耕讀，女勤紡織，內外別嫌，妻妾有序，薄於自奉，厚於延賓，重慶生弔死之禮，無賭博遊俠之習。士則畏清議而尚氣節，輕勢利而崇行檢，猶有盛時之遺風焉。其薄惡者：多強悍，喜夸詐，惡者凌善，富者吞貧，專好爭訟，雖破家而不恤，動輒聚眾，寧亡身而不顧。爭財產而兄弟乖，挾歌妓而廉恥喪。懼乏妝奩，多淹其女；懼乏聘娶，或淹其男。喪用浮屠，葬從火化。

　　縣地多山少水，故其民多重質而少權慓，好剛果而乏深沉。僻在東南，灘澁嶺阻，非舟車之所輳，商賈之所聚，故其民安土而不輕轉徙，敦本而罕事戀遷。壤瘠而狹，生理艱難，故其民儉嗇而不競繁華，勤苦而不甘游惰。勤儉相師，無淫靡之誘，故遠於邪僻。奮而尚義，安居相聚，無主客之分，故恥於屈伏，激而喜爭。

一縣之內，四境之俗，亦復不同。縣東邊東陽，南邊括，西邊武義，北邊義烏。東陽之俗文，其弊也飾。括之俗武，其弊也悍。武義之俗質，其弊也野。義烏之俗智，其弊也黠。縣之四境，其俗概亦如此。

總縣之民，什九爲農，士與工、商處其什一。明初承舊俗之後，法用重典。爲士者多樂田野，罕事進取，甚至縣學子弟員不備，往往責人報充。馴及成化、弘治間，文彩蔚然，倍于往昔，尤莫盛於正、靖、隆、萬之間，不惟掄魁擢第，比肩林立，而議論政事，亦往往可觀。其少俊者，或頗以英邁相高。質直之風，若稍貶焉。

《記》稱"三特之勞，一時之樂"。若吾縣之農，蓋四時俱勞，不遑逸樂者也，緣地狹不能多得田，且壤瘠不能多得穀，稍惰則無以糊口矣。雖富室鮮儲蓄，盡其力於糧輸。有餘，則以貿田，授貧人耕之，而收其租之半以供稅。貧者則賃耕富人之田，而私其租之半以供食。殆貧富皆無全力也。

農畝之外，太平鄉多養蠶織絹，清渭多种花織布，其女紅之利，幾四田租之一。若他鄉蓋不能盡然。其諸深山中，多種苧，植柿、栗。瀨溪或操舟。若平原，第負担而已。民無遠慮者，或棄本不事，專力負担。承平以來，生齒甚夥，而農利不加修，或反損焉。此又近數十年之變也。民鮮技巧，工多粗劣，持斧鑿者不及雕鏤，操機杼者不及錦綺，秉針線者不及絺繡，攻澤飾者不及文章。商賈鮮百金之貲，其徼利他郡，惟米穀若苧與柿、栗耳。近且多折閱焉，或反而爲農矣。若四業所不能容者，則又多去爲僧、道，爲店歇。未暇遠論，若各郡屬以及諸寺觀，其攬詞訟與披緇戴黃者，大率多吾縣人也，亦其地狹無以業之之故？

其衣服燕設，多儉質。近或稍靡。士初猶布素，今齊民出與人接，往往多飾衣帽。婦人首飾，富家率用金，次亦泥金。燕設初止五果肴，近乃以乾濡相配爲十，又或添至二十餘品。其尤費官病民者：

115

城中諸鋪，多具酒肴以待飲食者。人知飲食之易求，而不虞其費之難繼也。且引諸色妓佐之，攬收浮浪之輩，取快目前，揮金不吝。乃至以上供錢糧耗諸頃刻之間，其後徵納不及，則甘以其身瘐死獄中，自許爲豪傑而無悔。自巡撫徐公察知民弊，具議奏允，頒行禁約。若士民舉能遵守，則俗弊可革，而民困蘇矣。

其内外之限甚嚴，婦女有終身不出房闥者，惟清明一祭掃於墓而已。然性頗妒悍，雖富貴鮮畜妾媵，甚至有因而無後者。相傳謂女宿分野，其應則然。然豈可以習俗之弊誣天象哉？其女使執爨者，或終身不笄，則痼習之難變，爲可嘆也！

冠禮民間鮮行，惟士大夫家間行之。婚禮，士大夫家鮮親迎，始至設香燭，令師巫呪而撒沙，童子羅揖誦詩。及夜，以紅綵繫而牽之。俱近鄙褻。其甚弊者，嫁女多論聘財，娶婦多論資裝，更相責望，因生乖別，致釀淹没之俗。此則所當痛革者也。

喪禮，沐浴含襲及殮，士大夫家亦彷彿古禮，然用師巫，選擇或不能盡如古。民間但沐浴含襲，而以入棺爲殮，朝夕奠外，每以七日一舉祭禮。至日，則宗族親戚，相率持香燭哭拜，謂之炷香。又率用僧、道，盛作佛事，名爲追薦。若士大夫家則不盡然。葬埋，富者多用石槨，其次用灰隔，餘則從火化，蓋緣義冢未廣，或苦於無地，亦染佛教然也。祭禮，士大夫家用四時，民間多用俗節，第如家人常饌者，蓋猶古之薦也。近又多會其族人，立始祖祠，因以歲首會拜祠下，謂之合族會。始祖之祭，於古禮若近僭，然論禮於後世，虞其簡不虞其過，則亦義起之可聽者也。

其歲時節令：元旦夙興，放火爆，乃啓門，燃香燭，望空而拜。次乃拜祖考，次乃尊卑長幼以序而拜，曰團拜。拜畢，出大門，避三殺及退方，向吉而行，百餘步乃返，曰轉脚。自此宗族親戚，互相往拜，至六七日而止。元夕張燈街市，起十三夜，至十七夜止。城中各以會，爲大燭，導以鼓樂，舁置神廟。最大者或用蠟四五百觔，此一郡所無也。立春,迎土牛,城中各以會,結綵爲亭,裝扮雜劇。是月也,鄉市各分村落設醮,糊紙爲船,僧、道、師、巫,以鐃鈸鼓樂導之,沿門撒沙,驅逐鬼祟,送至水次,謂之做消災。清明,插柳於門,簪柳於首,男女上墳祭掃,掛紙錢於上,謂之標青。四月八日,俗傳釋迦佛降生,名浴佛會,人家多造青精飯相饋遺。五月五日,插艾及菖蒲,食角黍,飲雄黄酒,泛菖本,以雄黄酒嘖小兒眼耳鼻諸竅,云辟蚊蠅。六月六日,浴貓犬,曬衣服。七月七日亦然。七月十五日,或作盂蘭盆會,以薦祖考。八月十三日,佑順侯胡公則生辰,各分村落爲會,掛大帛爲旗,長二三丈,導以鼓樂,從以傘蓋,或以紙爲馬,登方岩賽神而還。蓋一郡香火之盛,未有若此比者。九月九日,登高飲菊花酒,惟好事者間爲之。冬至,士大夫家或交拜相慶,民間則否。十二月二十五日,謂之年頭禁,是日不出財,以赤豆和米煮粥,曰蠶花粥,云食之利養蠶。自此連日爲酒食相徵飲,曰分歲,洒掃沐浴,用祓不祥,選日具牲,命僧、道或師、巫祀神于中堂,曰送年。除日,亦桃符春帖,蒸米爲飯,曰撒饐。併儲水,令足新年數日之食。是夜祭行道之神于門,曰設兵頭。祭竈,祭牛馬厩、猪欄、雞棲,次第而畢,男女團爐而坐,曰坐歲。夜放火爆,燒蒼朮,辟瘟丹,鑿五彩紙爲錢,曳長之,掛于中堂之兩楹,其中設香案,列燈燭茶果,曰下供。越歲三日,取其錢焚之,曰燒年紙。於是士、農、工、商,出外而各司其事,曰開年假。凡恒俗所習行,其純疵不同,大都如此。

夫勤儉,民之本行也,今雖稍變,彝性猶存。長民者如導之以禮義,約之以法禁,長其善而救其失,則進諸中古之盛亦可也。然人傳"武義、永康,無錢告贓",自朝著之上,皆習聞之。治此者,往往有民岩之畏。此乃百十年相沿之弊,今不盡改也。略而言之,其所亟宜更化者有八:曰淹女,曰火葬,前已具之。曰健訟。民間少失意則訟,訟則務求勝,既問,無冤矣,不勝,必番訟之。所爭之端甚微,而枝蔓相牽,爲訟者累十數事不止。每赴訴會城,人持數詞,于巡院則曰豪強,于鹽院則曰興販，于戎院則曰埋沒，于藩司則曰侵欺，于臬司則曰人命強盜，于水利道則曰汙塞，隨所在遍投之。唯覬唯理，即涉虛坐誣不恤，而被訟者且破家矣。曰起滅。民之陰鷙而黠者，上不能通經學，下不肯安田畝，以其聰明試于刀筆，捏輕為重，飾無為有，一被籠絡，牢不可出。凡健訟者之為害，皆此輩尸之也。人有指斥其惡者，則以他詞中之，即有司且有拘制，上下莫之誰何者矣。曰扛幫。城中歇保戶與訟家為地者，每偏相佐佑，曲為陳稟，以亂是非。或伺而遮之，俾其情不獲上達。稍與抗，則結衆毆辱之，使負屈而去。故人家有訟，必重賄歇保之桀黠者，以為羽翼。蓋未至于庭，而所費固已不貲，此貧弱所以重受困也。曰攬納。浮浪無籍之人，代當糧里而包收之，營點收頭而侵尅之，求田問舍，娶婦嫁女，或以耗諸聲妓之娛，罔顧後患。一遇追併，多方詭避。及發覺，則諸宗族親戚鄰里及素所拂意之人，令共陪償，或牽連數十人。又弗克完，則有司官吏，或併受課殿之罰，公私蓋交病焉。曰聚集。民健而不知法者，遇有爭競，輒逞兇聚衆，多或百人，少亦不下十數人，鳴鑼持杖，交相擊鬥。不惟大獄緣之而起，而習亂之風不可長也。曰投兵。自海壖告警，金華之民，貪緣募兵，僥倖為把總者，往往富累萬金，貴登高品。初無汗馬之勞，冒膺勝敵之賞。以致力田之民賣牛犢鑄刀劍以應招募者，所在而成群。始自義烏，連及東陽，今且浸淫而至于永康矣。以今則坐失耕稼之夫，以後則釀成盜劫之患，其為害不淺也。

近年喪禮俗失，莫如用師巫，老死者多用僧、道超度，如年未及艾，概用師巫。巫皆男子為之，間飾以女服，以歌舞悅人，跳擲調笑，皆以意起，總無科儀。今二十年來，日流日甚，致紅紫登場，曲尾歌頭，巫即是優，與喪禮全相背馳。雖士族知禮者，稍知檢斥，而溺於俗者不知也。此亦司世教者之所宜及也。若方岩香會，舊志不過曰掛帛為長旗，導以鼓樂傘蓋而已。今則駕言用胡公鹵簿，益以砲械，爭道疾馳，各為黨伍，其風染於鄰郡，重繭而至，累月不休。其事皆近於興會豪舉，胡公聰明正直，恐未必享也。此亦習俗之所宜飭者也。

已上照應志。

俗之薄，莫甚於溺女錮婢。自沈公蒞任，即詳嚴立禁條。邇來此風稍戢。

師巫有同戲劇，謂之洪樓勝會，又謂之翻九樓。鄙褻誕妄，莫知其所從出，而愚民多信用之。男女聚觀，恬不爲怪。年來知縣沈公亦嚴禁之。然習俗已久，其愚率不可破，必奉憲病革，或可止也。

方岩賽會，亦奉沈公詳憲痛治。今則鬥毆稍斂，而用炮卒不能禁。

永康縣志卷之七

知縣事華亭沈藻琳峰重修
儒學教諭余澟潛亭參閱
崑山朱謹雪鴻編纂
邑人林徵徽郡慎、徐琮完石校訂

公　署

公署，發政施仁之所也，士民觀瞻之地也。《詩》曰："瞻烏爰止，于誰之屋？"又曰："赫赫師尹，民具爾瞻。"一則愛心出焉，一則畏心生焉。愛與畏兼，不負此堂皇矣。永之縣治以及大僚行署，疊有興廢。其既往不必論，第即現在者觀之，何者爲舊存，何者爲新飭，其有能修建者，必賢有司也，不以傳舍視之者也。雖然，用民之力，如不得已，此又賢有司之存心然也。作止以時，不病民，不廢公矣！

縣　治

吳赤烏八年始建。唐武德四年，即縣地置麗州，徙縣治於城之北。八年，州革復舊治。宋宣和庚子，燬於睦寇。紹興十一年，縣令強友諒建之。十九年，縣令宋授建堂曰道愛，尹穡記。嘉泰辛酉，縣令陳昌年復建縣治。元至元丁丑，又爲寇燬。二十二年乙酉，達魯花赤孟伯牙歹又建之。大德八年，縣尹李榮創後堂，扁曰愛思。延祐八年，達魯花赤沙班、縣尹范儀開拓舊址，復新其制。至正間，處寇侵境，悉爲灰燼。明初，知縣呂兼明重建。正統己巳，又盡燬於處寇，知縣何宗海復建焉。成化十三年，知縣高鑑以規模卑隘，一撤而新之，續建譙樓。正德十六年，樓災。嘉靖五年，知縣李伯潤砌石爲臺，洞其中，以通出入。既而圮，知縣毛衢重砌。十年，知縣邵新始樓其上，遷興聖寺鐘懸焉。十三年，知縣洪垣重建廳事。天啓初年，知縣谷中秀重建西廊。崇禎二年，谷公重葺川堂。十二年，知縣朱露創設照牆。末年，知縣朱名世于內署內省堂前建露臺三間。公廨吏廳，俱于崇禎末年圮。

國朝順治八年，知縣張祚先重葺大堂及路臺。康熙七八年間，知縣徐同倫重修賓館、大堂、川堂、譙樓。十八年，知縣謝雲從重建內省堂、冰心廳、稽古樓、觀德廳及兩廊樓房、贊政廳。康熙三十一年秋，大風，大堂、川堂、儀門、賓館俱傾圮。知縣沈公藻議重建，請於大中丞張、方伯蔣，報可。沈公捐俸以倡，邑著姓徐、王、應、俞及各姓宗祠皆樂助，共襄厥事。凡採辦木石、雇募工匠，皆照民間公給之，不發一票，不責一人，不三月而落成。有碑記，別載。

譙樓

成化十三年之前，在察院司之門。十三年，遷于此。正德十六年，燬于火。嘉靖五年，作石臺。十年，始撤寺鐘于樓上。至崇禎十五年，署縣事馮玶撤去累石，止架平樓，懸鐘鼓於旁。順治五年，知縣張祚先仍取前石爲臺。康熙七年，知縣徐同倫重修。三十六年，知縣沈公重修。

儀門

譙樓內。康熙三十二年，沈公藻重建。

戒石亭

儀門內。康熙六年，知縣徐公同倫修。康熙三十六年，知縣沈公藻重建。

知縣衙

堂之後。正屋三間。成化間，知縣高誼重建寢室三間、傍屋六間。弘治間，知縣上官崇重建。

縣丞衙

舊治：大門一楹，二門一楹，正堂三楹，川堂一楹，東西旁房共六楹，川堂後小房三楹，土地神祠一楹。日久傾頹殆盡。康熙六年，縣丞賈溥修理，又新建川堂後二門一楹、正房三楹、小房二楹。其後縣丞沈晟重修懷保堂、飲冰亭、儀門、惜陰齋。康熙三十年，縣丞陳銑重葺。

主簿衙

官裁於崇禎二年，隨改爲典史衙。康熙八年，典史陸承龍拓廣外垣，重修廳事。典史張奇建內署三間。後又傾塌。康熙三十一年，典史楊廷立捐俸建造衙廳三間，修葺內舍。

典史衙

舊在譙樓內東偏。崇禎二年廢。

吏舍

譙樓內西偏。弘治間，知縣王秩架樓二十楹。十一年，燬于火。知縣上官崇重建，後圮。今夾道東西兩廊爲諸吏曹。

際留倉

川堂西。舊在縣西六十步。

儀伏庫

川堂東。今廢。

耳房庫

川堂西。

架閣庫

禮房。

贊政廳

堂左三間。

賓　館

儀門外右偏。康熙三十二年,知縣沈重建。

土地祠

賓館後。

鄉約所

廳事東。康熙二十七年,知縣謝建。

縣　獄

西廊後。爲屋西、南、北各三楹。

申明亭

在仁政橋東十餘步。洪武六年,縣丞黃紹欽創建,懸教民榜其中，老人日直，剖理民間戶婚田土争競小訟，併書其過犯懸焉。初每里各設一亭，今廢多矣。舊廢年無考。改於譙樓前西偏。萬曆三十年，知縣戴啓鳳重建。崇禎末年圮。

旌善亭

在申明亭右。洪武八年，知縣宋顓創建，凡民間有孝子順孫、義夫節婦，皆書其實行，揭于其中，於縣政實有裨焉，故以附于縣治之後。正德八年，亭災。嘉靖十四年，知縣洪垣重建。舊者廢年無考，改於譙樓前東偏。萬曆三十年，知縣戴啓鳳重建。崇禎末年圮。

行察院

在儒學後街。本興聖寺故址。初寄治於按察分司，會例清净寺。嘉靖十五年，知縣甘翔鵬奉巡按御史某檄撤寺，即其址創焉。其規模亞府城澄清堂，爲七邑行署之冠。圮於順治三年。四年，署縣事鹽運分司魯良才重建大堂并路臺。康熙七年，路臺圮於風，知縣徐同倫重葺。三十三年，知縣沈重修大堂、川堂并正房、圍垣，悉還舊制。

布政分司

在縣治西三十步，城隍廟堂之東偏。正統二年，知縣葉應誠始創於儒學門左。弘治四年，知縣王秩病其淺陋，改建今所，蓋即故府館址拓而爲之者。邑人應尚德董其事，有本司右參政東吳陸容記，別載。圮於順治初年。今寄治於行察院。

按察分司

在縣治東十許步。洪武三年，知縣魏處直創，久而圮。成化間，知縣高鑑重建。今復圮，寄治於行察院。

小分司

在行察院左，係故僧會司廢址。嘉靖十五年，知縣甘翔鵬改建，以居別道守巡之併臨者。俗以察院為大司，故稱小以別之。今圮。

府　館

在儒學門左。成化四年，知縣高誼始創於城隍廟東偏。弘治三年，知縣王秩拓其址，建布政分司，乃即故布政分司改而葺焉。十一年，燬于火，知縣張鳳鳴重建。正德十五年，知縣胡楷修。嘉靖三十一年，知縣杜廉重建，圮於萬曆中年，故址見存，居民暫構房屋，張肆于此。

已上行署，監司行部所居也。宋監司轉運使謂之漕，提舉常平謂之倉，提典刑獄謂之憲，經略安撫謂之帥。元以行中書省領宣慰司，行御史臺領肅政廉訪司，與宋制略相出入。明制，承宣布政使司即漕與倉及行省也，提刑按察使司即提典刑獄與肅政廉訪司也。歲各一人分道按部，由布政司出者曰分守，由按察司出者曰分巡。又歲差監察御史總而按焉。暨府官臨縣，各有行署以居，所以嚴體統、肅關防，蓋有不可缺者。

國朝仍明舊制。

稅課司

在古麗坊北。洪武七年，徙建是所。久廢。

接官亭

二所。西在望京門外三里岡，東在華溪門外烏樓。皆嘉靖三十一年知縣杜廉創建。在東者，廢年無考。在西者，順治初年圮，其址即今三里亭。經堂僧移明知縣張懷琴淳廢祠三間于其地。

綠野書院

在縣東門外。康熙二十一年知縣謝雲從允士民請，爲督憲李公建，有碑記。

醫　學

明洪武二年初，置惠民藥局，以醫生領之。十七年，開設醫學，而局隸焉。訓科一人，額領醫生五人，掌和藥劑，以療民疾、驗鬭傷者，即局爲署事之所。局在城隍廟東。空地向爲居民王氏稅賃作店。萬曆八年，知縣吳安國查復設局，仍隸醫學，命冠帶醫生葉莘掌之。康熙八年，知縣徐同倫議舉醫生湯學尹，詳憲允准，頂帶主之。

陰陽學

洪武十八年，設訓術一人，額領陰陽生五人，掌漏刻及兩暘之事，即其家爲署事之所。

僧會司

洪武十五年，設僧會一人，掌周知境內僧行之數。初治興聖寺，即今小分司是也。今徙上封寺。

道會司

洪武十五年，設道會一人，掌周知境內道童之數。治延真觀。

學　校

學也者，俲也；校也者，教也。道之傳也，由于學。學之設也，本乎道。乃若舍道而言文,舍載道之文而競爲投則剽竊之學,夫豈學校之實義哉!士之遊於此者,不僅以舉業爲學;師之居是位者,不僅以課藝爲教,則善矣。士不必子衿弟子輩也,凡進德修業委已于學者皆是也;師不僅廣文先生輩也,凡耆儒碩德以道自任者皆是也。故夫學校也者,雖一邑之建設,實天下之大統宗也。欲定民志,先正士趨。欲正士趨,先崇聖學。彼浮屠道士之宫,匪民所藉,而人猶然奉之,豈以講學明倫之地,而可泄泄然視爲虚設也哉!舊志于學校之後,併入醫學、陰陽學、僧道會司。夫泰山培塿,難以並舉,日月爝火,不可類從。今以醫學、陰陽學、僧道會司,附于公署之後,而以書院、社學、義學附于學校之後,稍爲釐正,毋失其指云。

儒　學

在縣治西三十七步,本唐先聖廟故址。崇寧元年,詔凡縣皆即廟建學。越四年,有司始克如詔。政和四年,知縣事周虎臣以廟貌弗稱重建,周虎臣有記。紹興十一年,知縣事强友諒復修建,縣丞洪清臣有記。乾道三年,縣尉孫伯虎增學田以贍士,春坊應材記。紹興五年,縣丞陳駿復新之。寶祐四年,攝縣事方夢玉繼建修之,安撫司參議吳遂記。至元十三年,燬於寇。二十九年,縣尹苗廷瑞修建。延祐五年,達魯花赤沙班又大其規焉。其養士俱以田六則,官田有學院田,學即故學田,院即書院田也。明洪武二年,詔天下建學,時知縣魏處直、宋顒即元之故學而葺成之。正統十四年,燬於處寇。景泰間,知縣孫禮重建,邑人應仕濂與有力焉。天順初,知縣劉珂擬市明倫堂後地建尊經閣,未果,以憂去。成化七年,以監察御史按縣,乃市民胡處實地拓其址。弘治四年,知縣王秩撤齋廡而新之。十四年,知縣張鳴鳳、縣丞程温重建大成殿,督造者邑人應尚端、王良敬,而尚端之力居多。本府同知鄭蕃記。正德八年,知縣黎鐸重建明倫堂,邑人應天澤、天祥、天文捐資成之,侍郎永嘉王瓚記。十四年,清戎御史吳華,橃同知張齊重建饌堂號舍。嘉靖十年，更大成殿曰先師廟，門曰廟門，立木主以易土像。萬曆二年，知縣楊德又捐俸倡厥，學諭盛于唐等葺其頹弊。唯時方議興工，忽天大雨，水漲學前，溪流衝開久淤積沙，一巨木呈灘上，命工度之，其材適足廟楹之用，蓋實獲天助云。文廟之後為明倫堂。堂之東為倉，廟之西為祭器庫。萬曆八年，知縣吳安國捐俸，屬學諭胡以準督修之，從東齋之南折而東出為進賢門，又折而南出為儒學外門，以達于大街。

先師廟

左、右兩廡。廡外為廟門。門外為泮池，又外為櫺星門。康熙十一年，本邑徐通宗建廟門，王世忠、王恂如建東廡，王通宗建西廡，金通宗建櫺星門。前有宋政和四年縣令兼教諭周虎臣記。載《學志》。

啟聖公祠

明倫堂後，即尊經閣故址。康熙十一年呂通宗重建。

敬一亭

明倫堂之北。中列敬一箴及視、聽、言、動五箴注。

明倫堂

在文廟之後堂東西直下，為時習、日新二齋。時習齋之東、北為饌堂、為講堂，東西相向為號房。時習齋之南為禮門，東向。禮門之東南隅為宰牲所，又南為儒學門。自應氏建造後，其修建不可考。萬曆二年，知縣楊德又捐俸倡修。八年，知縣吳安國屬教諭胡以準督葺之。康熙十一年，程通宗重建禮門。十二年，司訓虞設法分募，太學生徐鐕捐助堂木，餘各家捐助，庀材鳩工，架堂五間，工未及竣。十三年，遭寇變，幾傾圮。至二十三年，司教趙凝錫多方勸輸，始得告成。

尊經閣

明倫堂後止有敬一亭，尊經閣向缺。康熙二十三年，司教趙募李家三派宗祠創興之。上爲尊經閣，中祀文昌、文魁，旁儲《五經四書大全》、《性理大全》、朱子《綱目》等書。下爲敬一亭。

東齋房五間

康熙二十三年，長城林宗祠助造二間。溪北山林通宗、在城樓宗祠、花園徐宗祠各助造一間。

西齋房五間

康熙二十三年，葛塘下王宗祠助造三間，馬通宗、方通宗各助造一間。

明倫堂前月臺

向係盧珮建造。康熙二十三年，其後裔增修。

禮　門

康熙十八年，司教盛募程宗祠重建三間。二十六年修葺。

祭器庫

久廢，止存基三間。陳文用遺命其子建造，司教趙募成。

儒學門

康熙二十三年，周家六宗祠重建，司教趙復捐資構墻壁、砌階級以成之。

登雲橋

向缺。康熙二十四年，司教趙獨建。

泮　池

向狹隘。康熙二十四年，司教趙擴之復募，在城王通宗助石完工。

欞星門

明初，皇渡橋義民金盛宗建造。康熙癸丑，西邊圮，其後裔重建，并修踏道，桐琴金助葺。

名宦祠

康熙二十八年，司教趙修葺。

鄉賢祠

在文廟西。宋寶祐四年，知縣事方夢玉創建。康熙二十三年，各賢裔修。

講　堂

久廢，止存基三間。王同晉遺命孫丙褒建造，司教趙募成。

土地祠

向在東廡極南一間，甚隘。康熙二十三年，于學訓署前募各姓助造。

司諭署

因裁諭員，康熙癸丑年，司訓虞移造五間。後復諭員，康熙十七年,司諭盛募建東廂房三間,修葺前堂三間。二十一年,司諭趙復修葺,建西廂房二間。

司訓署

舊址原在司諭宅前,後久圮無存。康熙十七年,司訓周移舊屋至東首建署,另建側屋二間。康熙二十三年,司訓陳募楊、曹、盧三姓建後進三間,捐俸造署門一間。

臥　碑

在明倫堂。

儒學箴碑

在明倫堂西。

射　圃

櫺星門外有空地,南屬於溪,舊侵于民居,東逼而西衍。正德十四年,御史吳華檄張同知齊撤而復之,未盡。嘉靖十四年,知縣洪垣又募東偏民徙居而西以均之。今以之為射圃。

學　倉

在明倫堂左偏。今廢。

學　田　　社　學

明正德間,胡楷建。以興聖寺西偏隙地為之,今廢。嘉靖四十五年,改建於射圃前。康熙二十一年,知縣謝雲從改建于舊藩司行臺故址,額曰"來學書院",置田一十畝零,充來學之資,有碑記。康熙三十一年,以後知縣沈歲捐俸延名師,以教邑子弟。凡無力延師者,四方雲集,翕然向學。郡伯陳公諱見智給扁獎勵,顏曰"菁莪蔚起"。

書院附

五峰書院

在縣東五十里。宋淳熙間，朱紫陽、呂東萊、陳龍川、呂子陽讀書講學處。明正德間，先達應石門、程松溪、李東溪、周峴峰、程方峰、盧一松，共暢王陽明良知之學於此地，創麗澤祠，祀朱、張、呂、陸、陳、呂，以程松谿附。郡守受泉陳公命呂瑗創正樓三楹，額曰"五峰書院"，祀王陽明，以應石門、程方峰、盧一松配。明季，後學周佑德復築學易齋于樓西，祀郡賢何、王、金、許、章，以後學李珙、杜子先、周瑩附。每歲季秋，四方學者講學其中。先是應、程、盧創置會田以資歲會，近陳、程、王、呂之後亦稍捐以佐不給。周佑德子祖承復修學易齋於兵火之餘，亦道脈風化之一助也。

龍川書院

縣東六十里，龍窟橋下。宋狀元陳亮築。

永康縣志卷之八

> 知縣事華亭沈藻琳峰重修
> 儒學佘濂潛亭參閱
> 崑山朱謹雪鴻編纂
> 邑人林徵徽君慎、徐琮完石校訂

祀　典 新增

聖人之教，不言而化，不令而行。千萬世之仰止，如一日也；千萬里之觀瞻，如一堂也。廟貌之崇，人皆見之。當釋奠之時，四配十哲，兩廡諸賢，以次祀享；歷代諸儒，一體從祀。下此名宦有祀，鄉賢有祀，皆聖人之澤也。祠啓聖公，所以尊聖所自出，亦以教孝也。先丁一日而祭，所以明不先父食之義也。外此則有壇廟之祭，自社稷以及風雲雷雨山川，俱有壇焉。廟則城隍、土地，祈報諸神是已。五行之中，惟土爲大，社爲土神，而山川、城隍、土地諸神皆屬土。土之所生，惟穀爲最貴，故稷爲穀神，與社並稱。而風雲雷雨，亦皆土穀之所資也，故並祀之。祀重土穀，所以報本也，所以廣仁也。土穀之於民綦切矣。故舊制以太社爲大祀，文廟爲中祀，此非有所崇抑於其間也。有天地，然後有萬物，故土爲物始。有稼穡，然後有五教，故養在教先，自然之序也。祀典昭然，無一非民義之所在。非此族也，則爲淫祀。淫祀無福。

文　廟

漢高帝過魯，以太牢祀孔子，無封爵。至平帝時，始追諡爲襃成宣尼公。東漢永光四年，改褒尊侯。北魏太和十六年改文聖尼父。十九年，又封其後爲文聖侯，拜孔氏四人、顏氏二人官。北周大象二年，追封鄒國公。開皇二年，贈先師尼父。唐貞觀二年，尊孔子爲先聖，顏回爲先師。乾封元年，贈太師。開元二十七年，追諡文宣。宋大中祥符間，追諡至聖文宣王。元大德十一年，加號大成至聖文宣王。明洪武十五年，正諸神封號，惟大成至聖文宣王、配享從祀諸賢儒如故。嘉靖九年，釐定典禮，詔大成至聖文宣王爲至聖先師孔子。國朝順治二年議，加文廟諡號爲大成至聖文宣孔子之位。十四年，仍改爲至聖先師孔子之位。

四配

東晉孝武帝寧康元年，釋奠於中堂，以顏子配。唐太宗貞觀二年，尊孔子爲先聖，顏回爲先師，配享。歷代釋奠，皆以顏配。宋理宗元豐元年，又以孟子配。徽宗大觀二年，詔繪子思像從祀。咸淳三年，度宗尊崇理學，以顏回、曾參、孔伋、孟軻配享。元文宗至順二年，加顏子復聖公、曾子宗聖公、子思述聖公、孟子亞聖公。嘉靖九年改去公號，俱稱子。

十哲

唐開元八年，詔顏子等十哲爲坐像，悉從祀。曾參特爲坐像，列十哲之次。二十七年，制曰：“門人三千，見稱十哲。包夫衆美，實越等彝。暢至聖之風規，發人倫之耳目。並宜襃贈，以寵賢明。”追贈顏子爲兗公，子騫費侯，伯牛鄆侯，仲弓薛侯，子有徐侯，子路衛侯，子我齊侯，子貢黎侯，子游吳侯，子夏魏侯。曾參等六十七人爲伯。顏回升侑，以曾參補之。後唐長興二年，坐閔損等十哲，從祀堂上。宋神宗熙寧七年，命諸州釋奠，通祀十哲。度宗咸淳三年，曾參升侑，躋顓孫師于十哲。歷朝皆無改焉。

兩廡諸賢

東漢章帝元和元年，祀七十二賢。靈帝元光二年，祀七十二弟子像。宋仁宗明道元年八月，詔國子監修七十二賢堂。宋咸淳中，升四配、十哲于廟中，又以顏、曾、思父配啓聖。兩廡從祀諸賢，尚六十有二人。

從祀諸儒

唐貞觀二十一年，詔以左丘明、卜子夏、公羊高、穀梁赤、伏勝、高堂生、戴聖、毛萇、孔安國、劉向、鄭衆、杜子春、馬融、盧植、鄭玄、服虔、何休、王肅、王弼、杜預、范甯二十一人，配享尼父廟堂。後子夏升列十哲，止二十人。開元時，服虔下又增賈逵，不知何時附入。宋神宗元豐元年，封荀況、楊雄、韓愈爲伯，並從祀。宋理宗淳祐元年正月，祀太學，封周敦頤、張載、程顥、程頤爲伯，與徽國公朱熹，並從祀廟庭，罷王安石從祀。景定二年，加張栻、呂祖謙伯爵，從祀。度宗咸淳三年，以泗水侯孔鯉從祀，贈邵雍爲伯，與溫公司馬光並從祀。元仁宗皇慶二年，以許衡從祀。明太祖洪武二十九年，納宋濂奏，黜揚雄，進董仲舒從祀。宣德十年，以吳澄從祀。正統二年，以宋儒胡安國、蔡沉、真德秀從祀。弘治九年，以宋儒楊時從祀。嘉靖九年，罷荀況，戴聖、劉向、賈逵、馬融、何休、王肅、王弼、鄭衆、鄭玄、盧植、服虔、范甯、杜預、吳澄從祀，其漢儒后蒼，隋儒王通，宋儒歐陽修、胡瑗、陸九淵俱增入從祀。隆慶五年，詔以薛瑄從祀。萬曆十二年，以王守仁、陳獻章、胡居仁從祀。四十二年，以宋儒羅從彥、李侗從祀。國朝康熙二十六年，奉旨刊定國子監賢儒位次圖序，以周子敦頤、程子顥、程子頤、張子載、邵子雍、朱子熹，皆弘闡聖真，力闢佛老，真得孔孟不傳之秘，進稱先賢，位在先賢左丘明之下，先儒公羊高之上，以見七十子之後，惟六子能得其宗，非漢、唐諸儒所可擬者，與《禮樂全書》少異。今一遵國子監頒行刊本位次，以定其序云。

啓聖祠

宋真宗大中祥符二年，追封孔子父叔良紇爲齊國公。元仁宗延祐元年，封孟子父爲邾國公。元文宗至順元年，封孔子父爲啓聖王。

明嘉靖元年，釐定祀典，詔兩京國子監并天下儒學建啓聖祠崇祀，改稱啓聖公，以顏氏無繇、曾氏點、孔氏鯉、孟氏激公儀配，稱先賢。程氏珦、朱氏松、蔡氏元定從祀，稱先儒。萬曆三十三年，詔以周敦頤父周輔成從祀，稱先儒。

釋奠

歲以春、秋二仲月上丁行禮，其制始唐開元二十八年。宋、元、明並同。正祭前三日，獻官及陪祭官、執事人等，沐浴更衣，散齋二日，各宿別室。致齋一日，同宿祭所。散齋仍理事務，惟不飲酒，不食葱、韭、薤，不弔喪問疾，不聽樂，不行刑，不判署刑殺文案，不預穢惡事。致齋惟理祭事。正祭前一日，該衙門送祭品到學。執事設香案于宰牲所。贊禮者引獻官常服詣省牲所省牲，揖執事者牽牲香案前過，視純色肥碩，無有傷損，抵易再揖。省牲畢，遂宰牲，以毛血許盛于盤，其餘毛血，以凈器盛，俟祭畢埋之。取毛以告純，取血以告殺也。是日觀樂及習儀，其日丑前五刻行事，執事各就次，掌饌者實饌具。點視訖，易服迎神，四拜，奏《咸和之曲》，曰：“大哉宣聖，道德尊崇。維持王化，斯民是崇。典祀有常，精純並隆。神其來格，于昭聖容。”初獻奠帛，讀祝文，亞獻，終獻，分獻，以次行之，飲福受胙，再拜徹饌，奏《寧和之曲》，歌曰：“自生民來，誰底其盛？惟師神明，度越前聖。粢帛具成，禮容斯稱。黍稷非馨，惟神之聽。”送神四拜，奏《安和之曲》，歌曰：“大哉聖師，實天生德。作樂以崇，時祀無斁。清酤惟馨，嘉牲孔碩。薦修神明，庶幾昭格。”乃望瘞禮畢，以下四配、十哲、兩廡諸賢，以次享獻，儀注不具載。

已上採《學志》。

名宦祠 祭品與啓聖同

梁　縣令何焖

唐　縣令周某
　　王某　舊逸其名。
　　顧德藩
宋　縣尉孫伯虎
明　知縣魏處直
　　劉珂
　　王秩
　　張鳴鳳
　　毛衢
　　金洲
　　縣丞黃紹欽
　　教諭劉楫
　　知縣張淳
國朝　知縣吳元襄

鄉賢祠 祭品同

宋　樓炤
　　林大中
　　陳亮　寶祐間任。
　　胡則
　　徐無黨　並成化間增祀。
　　應孟明　正德初年間任。
　　呂浩
　　吳思齊　並正德十五年增祀。
　　徐木　嘉靖年增祀。
　　應純之
元　胡長孺

明　李滄

謝忱

徐讚　並嘉靖年祀。

應典

程文德

應廷育

程梓

程正誼

周勳

朱方　並萬曆年祀。

徐可期

徐學顏

呂文㸌

周鳳岐　並崇禎年祀。

王世德

朱仲智

曹成模　並康熙年祀。

麗澤祠

在壽山。祀宋、明先儒。

壽山鄉賢祠

原壽山寺。有胡公則像，久圮。康熙二十二年，其孫胡惟聖等重建奉祀，改今名。

赫靈廟

在方巖。祀宋胡則。

故鄉廟

在縣西二里。鄉民爲梁縣令何焖,唐知縣周某、王某建。俗呼三長官祠。

社稷壇

社爲五土之祇,稷爲百穀之祇,即古者春祈秋報方社先農之遺也。歲以春、秋二仲上戊日致祭,牌位二:一曰縣社之神,一曰縣稷之神。又一牌曰城隍司之神,以配享焉。元志在縣西一百步,又遷儒學門外西園。今在縣西二里西石山。洪武十一年,知縣李均建。其壇制:東西二丈五尺,南北亦如之,高三尺,四出陛各三級,壇下空地前十二丈,後與東西各五丈,繚以周垣,四門,從北門入。石,主長二尺五寸,方一尺,埋于壇南正中,去壇一尺五寸,止露員尖,餘埋土中。壝內建神廚庫及宰牲亭。按洪武禮制,里各一所。今多廢矣。

風雲雷雨山川壇

在縣東三百步。洪武十一年知縣李均建。周制:以櫚燎祀風雨,以沉霾祭山川。唐加雷師。明加雲師。合祀一壇。中爲風雲雷雨之神,左爲境內山川之神,右爲城隍之神。其壇制與社稷同,不立主。其域:東西相距二十八步,南北二十五步。嘉靖三十一年,知縣杜濂于壝南、東、西各建一亭,以爲涖牲更衣之所。

城隍廟

明洪武二年,敕封鑒察司民城隍顯佑伯。三年,詔封各處郡邑城隍,一體改正,止稱某府城隍之神,與風雲雷雨並壇而祀,惟廟別立。又祈禱水旱,必先牒告而後禱于壇。蓋明初祭城隍于祭山川後一日,其祭器儀物與社稷同。後以城隍合祭于風雲雷雨山川壇,厲祭則告于廟而迎之以爲主，于是廟中除守土官新到時不復專祭，惟配享社稷壇及合祭于風雲雷雨山川壇而已。廟在縣西百步。宋建，元因之。明洪武二年，知縣何弘道重建。正統十四年，燬于寇。景泰三年，知縣何宗海重建。

附：洪武二年敕封，制曰："帝王受天明命，行政教于天下，必有生聖之瑞、受命之符。此天示不言之妙，而人見聞所及者也。神司淑慝，爲天降祥，亦必受天之命。所謂明有禮樂，幽有鬼神，天理人心，其致一也。朕君四方，雖明智弗類，代天理物之道，實馨于衷，思應天命，此神所鑒。而簡在帝心者，君道之大，惟典神天，有其舉之，承事惟謹。永康縣城隍，正直聰明，聖不可知，固有超于高城深池之表者。世之崇于神者則然。神受于天者，蓋不可知也。茲以臨御之日，與天下更始，凡城隍之神，皆新其命。睠此縣邑，靈祇所司，宜封曰鑒察司民城隍顯佑伯。顯則威靈丕著，佑則福澤溥施，此固神之德，而亦天之命也。司于我民，鑒于邑政，享茲典祀，悠久無疆，主者施行。"

土地祠

縣治、學宫俱有之。今俗各鄉、村、保設土地神像，春、秋祈報不闕。

烏傷侯廟

在縣東北四十里。祈禱輒應。

鄉主廟

在縣北二十里。

吕烈女祠

在山川壇側。萬曆四十年，知縣陸懷贄建。康熙六年，生員吕一美重建。

武　備

邑無論大小，皆有城守，有浚防，有民壯，有緝捕，是即一邑之武備也，無非所以衛民也。至若兵防，則統之于府，有協鎮爲之將領，非一邑所有事。然而守土之責，隨在皆然。明制：隨所居村巷十人立一人爲小甲，五十人立一人爲總甲，巡捕盜賊。宋制：里之正役曰里正、曰户長、曰鄉書手，主督租賦。其耆長壯丁，主捕盜賊。此皆前代已行之良法也。今之賦未嘗大異于昔，惟在修舉勿墜耳。夫捕盜責成于應捕固已，然而捕盜于已然，不若防盜于未然也。防捕之法，諉之于隨在村坊之民，是即古者寓兵于農之遺意也。凡人之情，事非切己，則疏且怠。今即以其人之力，還保其人之家，則是民之自役其力也，非上之役之也。是故設兵以防盜，多一兵，則少一民。少一民，則缺一民之耕。多一兵，則耗一民之食。若夫兵不另設，而防盜益密，以是爲武備，不亦善乎！雖然，民自爲守，並非行伍之兵也，非若王安石創行保甲之法而民始有户兵之累也。夫民之情，甚不一矣：有願爲兵者，有不願爲兵者。如欲編户爲兵，則用非其人，必致逃避怯懦而不前，非善策也。故一邑之議兵，但爲鄉里保聚而設，非所論于行陣軍旅之兵也，是又不可不辨也。

教　場

在縣東二里黄荆塔。正德七年，主簿黄雅明奉部檄選練民壯，始建焉。其制：中爲將臺，東西相距一百六十步，南北相距九十步，植木四周藩之。今將臺、植木俱久廢。

關　隘

永康正道，自却金館可抵處州，其間道去縣八十里爲棠溪，可通縉雲、仙居。舊有孝義巡司在靈山，去縣百里，與棠溪聯絡。其旁箭山、青石、三峰、密浦，皆嶄巖嶮巇。由孝義五十里至馬駿嶺爲最險。又一道自縉雲出，至永康櫸溪，歷金仙寺，取道雙牌，循青山，度勝龍橋，以達東陽之石門、安文、黃彈坑、大盆山。

孝義巡檢司

在孝義鄉靈山之麓，即元鎮守百戶所故址。洪武十七年，知縣宋顒因而建焉。巡檢一人，額領弓兵三十人，專掌巡獲私鹽、緝捕盜賊。歲久，司廢。官薄其冷也，常寓城中，營差自潤，鬻弓兵、取月錢而已。司遂無議葺之者。嘉靖八年，例省冗員，官併廢。

驛　遞

驛有館，所以駐劄官僚、迎送往來之地也。遞有鋪，所以傳遞文檄之地也。大事馳驛，小事給遞。驛設丞一人，以掌夫馬；遞設兵若干人，以供驅役。賓至如歸，令行無阻，胥有賴焉。其糧料給發以時，夫役撥遣適均，則在乎司其事者爲之劑量焉。其站夫之點充，與徵銀朋補之例，則又有驛傳之政焉。驛傳有役有糧，宜次于役法之內。驛遞有館有鋪，故次于公署之後。

華溪驛

在縣治西。按舊志，宋驛二：一曰行春，在縣東南李溪；一曰拱辰，在縣東北尚書塘。元驛一，曰延賓，其址即今驛所在也。明洪武三年，知縣魏處直因而改建焉。其設官丞一人，職掌站馬五匹、騾三頭、驢五頭、運夫三十五人、館夫三人。馬坊一所，舊在縣治南馬枋巷，歲久廢。嘉靖十四年，知縣洪垣徙其址于城西南隅，距儒學外垣三十步,改建于按察分司後。明季久無朝選,多屬帶管,衙舍盡圮。今典史衙前故址有馬神廟存。驛官,康熙元年裁。

急遞鋪

凡十。附縣曰總,舊在縣治前,今徙于譙樓之西。由總而西十里曰烈橋,又十里曰華蓋,又十里曰界嶺,達于武義之內白,以達于府。由總而東十里曰黃塘,又十里曰李溪,又十里曰櫸木,又十里曰館頭,達于縉雲之黃碧,以達于處州。又由李溪之東十里曰麻車,又十里曰新亭,達于縉雲之壺陳,以達于台州。內華蓋、界嶺、李溪、櫸木四鋪久圮。萬曆八年,知縣吳安國重建。在城總鋪、五雲鋪,見存公館。康熙八年,知縣徐同倫修葺。餘址存。

已上照應志。

明驛遞

金華惟本府及蘭谿、永康有驛遞。運惟本府及蘭谿有之。本府雙溪驛、蘭谿瀫水驛、永康華溪驛,并金華遞運所、蘭谿遞運所,水馬夫等工食及修造船隻鋪陳等項錢糧,每年共該徵銀四千七百五十三兩六錢五分九厘九毫一絲,于金華等八縣秋糧內民米帶徵,解府分給。

永康華溪驛,每年該銀五百五十一兩六錢五分八厘六毫四絲。

國朝本府驛站,共該銀七千七百一十四兩九錢七分五厘三毫,除武義縣丈缺減徵銀二十六兩八錢七分四厘五毫七絲三忽一微八塵三渺一漠七埃三纖七沙,實徵銀七千六百八十八兩一錢七毫二絲六忽八微一塵六渺八漠二埃六纖三沙。內奉裁充餉,銀一千七百一兩九錢四分五厘四毫五絲一渺。

華溪驛,共銀四百三十五兩七錢五分九厘九毫二絲六忽八微一塵六渺八漠。

八縣派銀

永康縣共額銀一千四百六十二兩一錢一分一厘二毫五絲九忽二微。

已上照府志。

附華溪驛驛丞名表

明

　　胡義　永樂間任。

　　金興　龍岩人。吏員。成化間任。

　　王永貞

　　王剛　黃縣人。承差。

　　范得鰲　大同人。

　　邵紀　東昌人。

　　田福興

　　吳興鷟　連城人。

　　翁世綽　莆田人。

　　劉倫　樂安人。

　　龔晨　金華人。

　　程宗仁　嘉靖三十五年任。

　　袁瓊　嘉靖三十八年任。

　　馮福祿　嘉靖四十三年任。

　　袁乘淳　嘉靖四十五年任。

　　杭銳　隆慶二年任。

　　王輔　隆慶四年任。

　　高宗勳　萬曆元年任。

　　郭文頒　萬曆四年任。

潘宥　萬曆七年任。

朱臣忠

吳景明

鄭碧

徐鶴史　華亭人。

廖見昌

李多見

茹選

左某

方宗勳

國朝

吳崇榮　杭州人。

紀文舉　陝西人。

石燦　北京人。

驛丞官雖微,亦朝除,係屬吏任奔走者,不得而忽之也。舊志多逸其名,今亦不能盡考,據可考者錄之。

已上照應志,補入徐志。

惠　政

國家之經制,無一不爲生民計也。田賦,取民者也。然取之以時,即是養之以恩。力役,勞民者也。然使之以時,即是貽之以安。慮其逸居無教也,則設爲庠序以教之。慮強暴之侵奪也,則設爲守禦以護之。而又凶荒有賑,煢獨有賙,疾病有治,葬死有歸,厲壇有祭,所以惠民者,如此其至也。夫小民無知,惟知懷惠,乃膏澤之下,漸漬入微有如此。將見衆志成城,結成萬年磐石之固,豈非國家深仁厚澤感之使然歟！夫感應之理，今古同揆。《易》曰："天地感而萬物化生，聖人感人心而天下和平。"志惠政，所以志感也。

預備倉

按宋志，常平倉在縣西五十步。今莫詳所在。明洪武中，立預備倉。官給鈔本糴穀，儲備賑濟。知縣洪孟剛欽遵建倉五所：中倉在廳事後，東倉在縣東二十里李溪寨，南倉在縣南一十里麻車頭，西倉在縣西一十里烈橋，北倉在縣東北二十里清渭。弘治四年，知縣王秩徙中倉于譙樓之東。嘉靖十年，知縣邵新增修之。十二年，知縣洪垣又增建一倉于故興聖寺，今察院之西。舊址存。國朝康熙八年，知縣徐同倫于舊典史衙前廢址創建倉廒三間。二十二年，知縣謝雲從重葺，又建倉三間。三十三、四年，知縣沈公重修各倉，又即公所建大倉六間。竊計縣地濕潤，穀貯久則腐，若歲以新陳相易，一如令甲所具，善矣！

養濟院

在縣東二里龍虎頭，地名東庫。其制：正屋三間，東西屋各五間。洪武三年，知縣吳弘道建。至國朝，收養孤貧四十名，每名歲給布花柴木銀六錢，口糧銀三兩六錢。

惠民藥局

在城隍廟東。向為居民稅賃。萬曆八年，知縣吳安國復設。

義　冢

明正德九年，令每里一所，附郭一所，地名黃坑嶺。又官山一所，坐落大都，地名倪家壠，計地二畝四分七厘。至國朝康熙十年，知縣徐同倫奉撫院范置廣孝阡一處，在一都七里經堂前。康熙二十三年，知縣謝公雲從契買七都三保河字號,地名大塘下山場一區,擴之。

厲　壇

在《禮記・祭法》已有之。其立與否,元以前無考。明洪武三年,知縣魏處直遵禮制,創建壇,在縣北一里延真觀後。其域東西相距一十四步,南北相距一十一步。

邑之有厲,所以沛仁澤于幽冥也。此義祀,非崇祀也。《傳》曰:"鬼有所歸,乃不爲厲。"厲是何物,而乃載之祀典,在聖賢神祇之末乎?祀典可以並舉,而義例不可以倫擬。今爲移入惠政義冢之後,猶夫枯骨之沾澤耳。

永康縣志卷之九

知縣事華亭沈藻琳峰重修
崑山朱謹雪鴻編纂
邑人程璘初似玉校訂

宦　表

自有此邑，即有邑令。然自赤烏至今，令此者，多湮没不彰。即有傳者，名焉而已，然亦什伯中之一二也。其或有實行可稱者，則又鮮矣。永邑舊志所載令、丞、簿、尉、典，晉及五代令四人，唐令七人。宋知縣事七十九人，丞六人，簿二人，尉五人。元達魯花赤二十一人，縣尹三十三人，簿一十六人，亡其名者一人，尉十一人，典一人，丞失載。明知縣八十六人，丞六十二人，簿五十三人，典六十二人。國朝知縣七人，丞七人，典八人。其有小傳者，統計不過十四人。教官之有小傳者，不過二人。是何缺軼之多而流傳者若是其少歟？豈千年內外蒞此邑者惟此十五人爲可稱歟？其留名者皆名實相稱者歟？又何以無一事可見也？苟其一善可稱，一事足法，即可載之簡編，以志不忘，何以若是寥寥也？此無他，志傳不存，文獻無徵故也。前賢已逝，遺文亦多散失，而歷來舊志，又屬烏有，故後之述者，就其所得而考據者，筆之如左。非有所去取於其間也，非留名者皆足採而失名者皆無實可稱者也，亦非可傳者僅僅有此十五人已也。是不得以今之寥寥存名者爲自來失傳者病也。因是上下千古而有闕文之嘆焉：昔之患，在文之不闕；今之患，在文之盡闕。又推闕文之故，而知歷來之失傳者,未必皆無實可稱者也,不得以是爲作令者病也。志其一,例其餘可也。

吳　無考

晉　令張彥卿　武義人。

宋　無考

齊　令蕭清　宗室子。庾仲容　字子仲。鄢陵人。

梁　令何炯　見列傳。

陳　無考

隋　無考

自吳至隋,總爲一表。唐爲一表。宋、元、明繫代敘官,各爲一表。國朝爲一表。隋以上縣置令一人,其掾屬聽自辟除。其嘗令是者,世遠不可得詳矣。舊志所錄,蓋因其錯見他書,掇而哀之,亦存什一於千百耳。今按之,總爲名表。其有政迹者,別爲列傳云。

唐　令

顧德藩　見宦迹。

李士先　東陽人。

竇知節　洛陽人。

顧思謙

張師老

周某　名亡。見宦迹。

王某　名亡,見宦迹。

唐置令、丞、尉各一人。令掌治民,顯善勸義,禁奸罰惡,理訟平賦。丞署立書典,知倉獄。尉除盜賊。其嘗令是而可考者,按舊志,更三百年,得七人焉,缺如也,其二人且亡其名矣。雖然,名亡而迹存,是猶爲弗亡也。下此而丞、尉,則併亡之矣。

宋　更名知縣

姚遂　天聖間任。

何嗣衡

田載　武義人。

耿璜

雍元之

陳德琰　府志、胡志俱作繼琰。

王有象　東陽人。府志、胡志俱作東魯。

閔餘慶

張成新

賀溫其　建德人。

王犖

顏復　曲阜人。

姚勔　嵊縣人。

許源

張祖

孟繹

張常

胡志寧　附籍。

呂袠

劉進卿

俞最

杜植

元發

工腴

王澤

徐嘉言　字味道。建憩堂。

張著

周虎臣　政和間任。

李愚

李處靖

李好古　本縣人。

王從

王良孺　建炎間任，遂家焉。子煥之，後徙武義。

姚煥

張沆

趙公珦

强友諒　見列傳。毘陵人。紹興間任。

陳鼎

黃謨

王日接

趙伯杲

張介　紹興間任。差監潭州南岳廟。

胡方　隆興間任。

穆平

宋授　青杜人。紹興間任。

謝仿　乾道三年任。

劉嶷　乾道四年任。

沈正路　乾道四年任。

陳許國　乾道八年任。

徐覚

王淪　淳熙元年任。

趙伯彬　字德全。淳熙年任。未幾，以憂去。

林秀穎　淳熙三年任。強敏有幹略。邑人以爲三十年所未有。

范直質　淳熙六年任。差監潭州南岳廟。

張咸　淳熙七年任。差監潭州南岳廟。

翁孟麒　淳熙八年任。

余桌

王恬

韓莘叟

任仲志

柴國光

陳昌年　嘉泰間任。

周駿昇

趙文彬

徐榮叟　浦城人。

陳夢弼

陳勻

尹煥　字惟曉，號梅津山人。

史華之　明州人。

安溫恭

方夢玉　溫州人。寶祐間任。

周于　處州人。

周晟　溫州人。景定間任。

魏某

徐某

趙良健　徽州人。咸淳間任。

呂躍龍　以後係權攝。

陳文印　山陰人。咸淳間任。

戚繼祖　宣城人。

宋　縣丞

徐壽　宣和間任。

洪清臣　長樂人。紹興間任。

杜冰　乾道間任。

陳駿　紹熙間任。

劉仲光　字茂實。永嘉人。

吳坰　僑居人。

宋　主簿

姚松　乾道間任。

胡坦元　本縣人。

宋　尉

張文　乾道間任。

孫伯虎　見列傳。

謝景安　字達可。長溪人。

吳竿　字允成。陞東陽知縣。

徐滌

宋以京朝官知縣事，置丞及主簿、尉各一人。知縣事者，總治民政，勸課農桑，凡戶口賦役，錢糧賑濟，給納之事，皆掌之。有戍兵，則兼兵馬鈐轄，若監押之職。丞掌修水土之政，行市易之法，興山澤之利。主簿掌出納官物，勾稽簿書。尉掌閱習弓兵，戢奸禁暴，或以武臣爲之。按舊志所錄，知縣事者總得七十九人，亡其名者二人。丞僅得六人。簿僅得二人。尉僅得五人。由知縣事者，嘗立石題名，而丞、簿、尉未之與也。然孫尉之名，今猶耿耿焉，又豈以石之有無爲加損哉！

元　達魯花赤

甌興　至元十三年任。死于寇。

傅興　至元十三年任。

孟伯牙歹　至元間任。

阿合馬　麗水人。大德任。

別捨別　至元二十三年任。

朵魯不歹　至大間任。

禿干帖木兒　皇慶間任。

伯顏　延祐二年任。

沙班

不朵

苔木丁

張明安苔兒

伯也歹

馬合謀

沙不丁

乞苔歹

伯顏帖木兒

沙不丁

孛朵　至治間任。

野士弘

也速達兒

元　更名縣尹

徐德廉　本縣人。至元十三年，以招復士民，授本縣尹。今爲花園徐。

呂鑰　至元十五年任。本路差。

李敬

王恩

王仁

士弘　胡志無。

張澄　忠翊校尉。至元十七年任。

高光祖　從事郎。至元十八年任。

孫梓材　至元十八年任。

竇文禮　至元二十九年任。

苗廷瑞

王琰　大德元年任。

吳從龍　大德四年任。

李榮　大德七年任。

房浩　大德十年任。

王元輔

申佑　嘉泰年間任。金華人。陞承務郎。

粘合完者都　皇慶間任。

范儀　延祐間任。

鄭炳　柘坑人。

李德元

劉隆

時治安

胡正己

俞希魯　字用中，京口人。能文，有善政。

丁從正　字彥端。至正乙酉年任，本縣人。

周湑　字深伯，號靜淵。括蒼人。

馬誠

劉完者都

霍正卿

趙師貞

王廷鈺　字子固

劉逢

元　主簿

田仔　至元三年任。

赤琖　字榮祖。至元間任。建永寧橋。

胡崖孫　至元十六年任。

馬合謀　至元二十四年任。

王秀實　至元二十七年任。

彭聚　元貞間任。

慈鼎　大德六年任。

孛維　大德九年任。

張某　至大元年任。

馬德秀　至大四年任。

王惟一

樊世顯

王立義　延祐三年任。

丁景恭　延祐五年任。

陳淵　至正間任。

潑剌　至正壬午年任。

元　縣尉

胡愈謙

趙佐　至元二十一年任。死于寇。

楊泰　至元二十五年任。

徐立　至元三十年任。

田進　大德間任。

周均　大德三年任。

周伯清　大德六年任。

趙賢良　大德九年任。

程良能　至大元年任。

成賢　至大四年任。

元也先　延祐五年任。

元　典史

陳預　字景淵。吏員。本縣人。

元置達魯花赤、縣尹及丞、簿各一人，首領官典史一人。達魯花赤，凡縣事皆掌其銜，謂之監縣，復兼勸農事。縣尹號爲司判正官，秩同達魯花赤，掌縣事，亦兼勸農。縣印則達魯花赤收之，尹封署其上。丞、簿、尉，凡縣事皆同僉署，其所分掌職司無考，或襲宋舊。典史係行省差，蓋群吏之長也，其職專掌公牘，必待其勘契無差，然後次達于上而完署之，不然則否。按舊志所載，達魯花赤總二十一人；縣尹三十人；主簿一十六人，亡其名者一人；尉一十八人。獨無丞。豈省丞弗置歟？典史非朝除，故弗錄云。

明　復名知縣

呂兼明　本縣人。虞寇燬縣治，召民禦之，復其鄉境。授本縣知縣。奉公守職。民信服之。

呂文燧　字用明。即兼明兄。元季聚義兵禦賊，有功。累官之，不受。大兵下婺，籍甲兵詣降。授以翼副元帥兼知本縣事，仕至嘉興同知。

吴貫　字弘道。吉水人。洪武元年任。撫民有道,涖事公平。民懷之。

宋埜　字耕夫。長于詩。有惠政。

何　名舊失録。番禺人。見李曄《贈桂月軒詩》。

魏處直　益都人。洪武十年任。見《列傳》。

宋顒　清介有爲。

李均

紀齊

傅元信

張貞

官德名

彭子安

洪孟剛

吴玘　監生。

梁天祐　廣州人。監生。府志、胡志作"天佐"。

徐叟

劉瑜　南昌人。進士。洪武十七年任。有惠政。陞衡州知府。

張聰　閩縣人。進士。平易近民,建仁政橋,時稱賢令。

魏廉　江浦人。監生。

韓貞　河南人。進士。

翁哲　海豐人。監生。

李選　河南人。監生。

劉吉　真定人。監生。

李敬　江西人。監生。

計澄　浮梁人。進士。有惠政,開誠布公,民心向慕。陞監察御史。

閻充　河南人。監生。以廉謹稱。

文生　建安人。監生。

葉應誠　大寧人。監生。廉慎得民。

陳昱　無錫人。監生。陞知州。

何宗海　吳江人。吏員。

孫禮　宿遷人。監生。

楊軾　湖廣人。監生。成化初年任。

劉珂　安福人。見列傳。

高誼　字時中。裕州人。舉人。

高鑑　字克明。山陽人。舉人。成化十二年任。有治才，嘗建縣治。

李參　江陰人。進士。成化十五年任。博學能詩。

李①珍　陽谷人。舉人。成化二十二年任。

王秩　崑山人。見列傳。

張鳴鳳　字世祥。上海人。進士。弘治十年任。廉以律己，勤以蒞政。陞監察御史。

上官崇　字達卿。吉水人。進士。正德二年任。陞徐州知州。

申綸　字廷言。永年人。進士。正德四年任。

黎鐸　字文明。陽朔人。舉人。正德五年任。蒞官清謹。

吳宣濟　字汝霖。廬陵人。舉人。正德九年任。

胡楷　字天則。望江人。舉人。正德十四年任。善聽訟，修縣志。嘉靖元年以事去，民皆惜之。

李伯潤　字文澤。山海衛人。舉人。嘉靖二年任。

毛衢　見列傳。

金洲　嘉定人。見列傳。

邵新　堂邑人。

---

① 校記："李"，正德本作"袁"。

洪垣　字覺山。婺源人。進士。修學宮并啓聖祠,建預備倉于興聖寺西,修養濟院,立申明亭,修縣治,建布政司,清稅糧,興水利,立方岩精舍,定淹没子女之戒,嚴火葬之禁。惠政甚多,民至今思之。

陳交　常熟人。以廉介稱。

甘翔鵬　豐城人。

龔挺霄　清江人。

梁睿　廣東人。

杜廉　長沙人。有治才。

史朝富　晉江人。

陳夢雷　長樂人。嘉靖四十一年任。

萬士禎　宜興人。

張淳　桐城人。進士。陞禮部主事。寬猛得宜。民立生祠。

楊德　武進人。進士。隆慶六年任。涖官清謹。士民思之。

黃道年　合肥人。進士。萬曆四年自天台更調來任。爲政嚴明。甫三月,諸務鰲舉。尋憂去。

朱信亮　字廷寅。南昌人。舉人。萬曆五年任。

吳安國　字文仲。長洲人。進士。萬曆庚辰任。約己慎施,治行表著,多興革,作縣志,繕學宮,丈量清畝,立社學、社倉,因火災建正一道院。後陞溫處道,陪巡至縣,留三日,召致故識屬吏,藹如也。宜入名宦。

涂文煥　南昌人。進士。萬曆十五年任。

王希虁　字諧虞。福建人。進士。萬曆十七年任。

周崇惠　字澤含。麻城人。進士。萬曆二十五年任。

伍可願　南直人。貢生。萬曆二十八年任。

戴啓鳳　號君虞。南直蘇州府人。萬曆三十年任。

熊思孝　萬曆三十一年任。

方鶴齡　上元人。舉人。萬曆三十四年任。

陸懷贄　江陵人。舉人。萬曆庚戌任。才堪試劇,革弊鋤奸,培養士類,出己費爲新進請益額。

李愈楠　舉人。萬曆四十一年任。

陳治道　舉人。廣西人。

趙立賢　舉人。萬曆四十五年任。

陳秉厚　麻城人。萬曆四十六年任。

魯應泰　字弼于。汀州人。舉人。天啓元年任。有才識而勤于政,作興學校,清查田號得法,以益額補攤荒,民賴之。

池祥麟　舉人。天啓二年任。

谷中秀　北平人。貢生。天啓間任。率一子、一女、一僕到任,一清如水,政簡罰稀,民悅吏畏。偶以一事拂當路,忻然去之。宜入名宦。

馮思京　舉人。南京人。

謝啓翰　舉人。廣西人。崇禎五年任。

蔣嘉禎　舉人。桂林人。崇禎七年任。

吳道善　舉人。孝感人。崇禎九年任。

朱露　字仙李。貢生。弋陽人。宗室。崇禎十一年任。赴覲召對稱旨,陞吏科給事中,賜名朱統鐂。

文王臣　舉人。廣西全州人。崇禎十三年任。

單世德　進士。南直巢縣人。崇禎十六年任。更金華縣。

朱名世　舉人。字數菴。南直海門人。崇禎十七年任。弟生員名卿接任,民感其德,立碑共祠祀之。

明　縣丞

趙存誠　本縣人。名學信,以字行。

黃紹欽　吳川人。洪武十六年以明經辟授。見列傳。

周召南　人才。南昌人。

鐵定　丹徒人。洪武間任。

歐陽齊　臨川人。

徐勉　河南人。

譚敏　大庾人。舉人。

朱俊　廣東人。吏員。

鄧永恭　江西人。

余士溫　撫州人。人才。

姜得豪　玉山人。監生。並永樂間任。

栗恕　潞州人。監生。宣德間任。

何淵　湖廣人。監生。宣德間任。

成秩　無錫人。監生。

孫某　並正統間任。

陳宣　鳳陽人。景泰間任。

劉肇　字季本。歐寧人。成化七年任。

張貴　深澤人。監生。成化七年任。

田寬　海康人。監生。成化二十年任。

盧洪　高安人。監生。成化二十二年任。

于青　虹縣人。監生。弘治五年任。

王祐　高苑人。監生。

程溫　上饒人。監生。弘治十四年任。

陳聰　泰州人。監生。弘治十八年任。

林吉　廣東人。監生。正德四年任。

黃臻　字天祥。豐城人。吏員。正德九年任。

李景軒　字世華。侯官人。吏員。有治才。正德十四年任。

楊戴　湖廣人。

王聰　浮梁人。

張志義

李興

張應乾　華亭人。

謝守榮　連城人。

梁滔　德慶州人。遇事敢爲，愛民有守。

周元　宣城人。

陸鑾　吳縣人。

吳仕蕚　定安人。歲貢。並嘉靖間任。

徐錫

李楫

丘昂

夏廷爵　隆慶間任。

蘇鋼　萬曆元年任。

俞弘澤　上元人。例貢。萬曆五年任。

汪衣　廬江人。監生。萬曆七年任。

許相　萬曆十五年任。

方岱　萬曆十七年任。

火銑

吳世忠　萬曆三十四年任。

郭九式　萬曆三十六年任。

劉體元　舉人。

呂懋徵　萬曆四十年任。

李祖康

鄧汶

蘄奎光　萬曆四十六年任。

蔡明惕　天啓二年任。

梁思尹　廣西人。

陳愫　湖廣人。

尹良琦　湖廣人。崇禎五年任。

李清　江西人。

周美　陞壽昌知縣。

方士衡　南直歙縣人。崇禎十六年任。

潘震亨　南直人。

明　主簿

陳忠　淮安人。人才。

何啓明　饒州人。人才。

陳永寧　湖廣人。監生。

陳斌　廣平人。

賈正　汶上人。吏員。並洪武間任。

金叔夜　見列傳。

陳璧　南昌人。吏員。

周顯章　貴溪人。吏員。

王禮　吳江人。並永樂間任。

丁復道　九江人。宣德間任。

薛瑤　北直隸人。

荆熙　正統間任。

劉瑾　魚臺人。

丘源　孝感人。吏員。景泰間任。

李傑　字士賢。樂亭人。監生。成化五年任。

莊端　潮陽人。吏員。成化十九年任。

施璲　福州人。吏員。弘治十五年任。

王忠　清江人。監生。弘治十年任。

趙思濟　巴縣人。吏員。弘治十五年任。

李增　曹縣人。監生。弘治十八年任。

黄雅明　字孔昭。清江人。吏員。正德三年任。

曹健　陽江人。監生。正德八年任。曾捐俸造大成四配神牌、大成門扁。

徐洪　貴溪人。正德十二年任。胡志作徐淇。

盧汴　廣西人。性朴實，不苟取。

易智　南漳人。監生。嘉靖二年任。

方孟鳳　安慶人。

張文中　遼東人。性廉直。卒于官。

白思問　南宮人。

章宸

李陽培

秦琚　桂林人。

丁佸　并嘉靖間任。府志作"信"。

蔡魁

胡淶　隆慶間任。

周文瑞　玉山人。

劉焖　金溪人。萬曆五年任。

張浙　徐州人。約己愛民。

楊轍　萬曆十一年任。上海人。監生。

徐武恩　萬曆十八年任。

蕭應棟　萬曆二十二年任。

陶守忠

文學麟　萬曆二十八年任。

張克諫

戴世用　萬曆三十年任。

王親賢

李存耕　萬曆三十八年任。

李弘毅　萬曆四十三年任。

劉正卯　萬曆四十五年任。

黃用中　萬曆四十八年任。

張應秋　天啓二年任。將樂人。

劉文成　天啓三年任。

顧豫禎

丁士昌　天啓七年任。此後缺載。

明　典史

郭興

傅維　南安人。

蘇祥　南陽人。生員。

方友賢　漳州人。

章正源　晉江人。進士。左遷，尋陞禮部主事。並洪武間任。

房蘭　博羅人。

汪仲仁　山東人。

劉澄　山東人。

劉清

王暹　潁上人。

顧忠　崑山人。並永樂間任。

向鑑　揚州人。宣德間任。

羅信　清流人。

江浩　湖廣人。並正統間任。府志作"丘浩"，徐志"江浩"。

田制　涿州人。景泰間任。

紀能　字文通。蓬萊人。吏員。以廉稱。成化五年任。

曹恭　都昌人。吏員。成化十二年任。

洪浩　貴池人。

陳珪　華亭人。並弘治間任。

艾虎　安仁人。吏員。正德九年任。

王訓　字廷振。鉛山人。吏員。正德九年任。

張霙　宿州人。吏員。正德六年任。

華祥　字由之。懷寧人。吏員。正德十六年任。

胡標　江西人。

鄧儀　柳州人。

陳寶　莆田人。

唐福　淮陽人。

陳疇　莆田人。

吳徵　進賢人。

趙仲英

林大全　莆田人。

桂漸

陳禄　合肥人。並嘉靖間任。

劉薙　萬曆間任。

徐廷久

李祁

楊繼文　福州中衛右所人。吏員。萬曆年任。

沈　名亡。

陳萬憲　巴陵人。萬曆九年任。

吳廷佩　萬曆十五年任。

曹邦器　萬曆十七年任。

熊爌

劉承祖

姚應堯　萬曆二十二年任。

彭一椿　萬曆二十八年任。

王慶祖　萬曆三十年任。

程懋忠

馮興國　萬曆三十四年任。

周世勳

程宗哲　萬曆四十三年任。

翁民章　萬曆四十六年任。

劉可宗　萬曆四十八年任。

陳紹員　天啟年任。

陳德　天啟年任。

張明弼　崇禎元年任。

單思勸

孟信　崇禎八年任。湖廣沅陵人。陞崇府大使。

黃德章　江西吉水人。崇禎間任。

吳明淑　崇禎五年任。

程逢旦　湖廣江夏人。吏員。崇禎十四年任。

林欲柱　福建晉江人。崇禎十六年任。

譚學竣　南京人。

明置正官知縣一人，佐貳官縣丞、主簿各一人，首領官典史一人，俱朝除。知縣總治縣事，與前職同，秩正七品。縣丞、主簿，不分職掌，凡縣事皆同僉署。若缺正官，則職署其政。丞秩正八品，主簿秩正九品。典史所職，與元同，未入流，既由朝除，亦在所錄矣。

國朝 知縣

劉嘉禎　號錫之。山東安定人。舉人。順治丙戌以隨征受任。時郡城未順，百姓奔竄山谷。公疾驅蒞事，極意撫循，藹若慈母，一時疑畏之民似不知有革命者。操守廉介，罷諸陋規。出署之日，行李蕭然，至嚴陵已無資斧，從戚友假貸而歸。任中刻有《咏史詩》

一册。

張祚先　號念瞿。桐城人。進士。順治四年任,陞兵部主事。

吳元襄　號冰持。貢生。江南休寧人。順治十二年任。時海氛未靖,兵馬繹騷,荒亂頻仍,逋賦稠疊。公征調有方,民以不困。東、義劇賊屢寇境內,公殫力守禦,事平之日,區處脅從,多所全活。往總書為奸,包藏飛洒,公革去會計陋規,諸弊遂除。若修文廟、賑凶飢,善政不一。去日,士民童叟為詩歌送者載道。入名宦。

李灝　號漢源。北直元氏人。進士。順治十七年任。

徐同倫　號亹源。湖廣安陸府京山縣人。己亥進士。康熙六年任。陞禹州知州。

謝雲從　號蘭麓。湖廣黃州府黃陂縣人。貢生。康熙十七年任。陞戶部主事。

沈藻　號琳峰。江南松江府華亭縣人。乙丑進士。康熙三十年任。

國　朝　縣丞

郭有壁　貢生。山西固原州人。順治四年任。

閔應魁　湖廣黃州人。吏員。順治五年任。陞山東成山衛經歷。

陳中蘊　歲貢。陝西人。順治十二年任。

金巽　貢生。宛平人。順治十七年任。陞長洲知縣。

賈溥　號本寧。貢生。山西蒲州人。康熙六年任。

沈晟　號天章。遼東人。監生。康熙十四年任。時大兵絡繹,凡運糧炮一切供應,咸賴佐理,不致重困。

陳銑　字吉臣。順天大興人。監生。康熙二十三年任。

國　朝　典史

宗支蕙　順治三年任。

胡其英　蘇州人。

竇公弼　陝西渭南人。

林邦棟　福建泉州人。

李元賓　陝西人。

陸承龍　號瑞玉。吏員。江南吳江人。康熙二年任。

張奇　號振乾。涿州人。康熙十七年任。

楊廷立　號輔之。易州人。由吏員，康熙二十五年八月任。

已上治官。

唐　教官

唐以前，併官制無考矣。宋崇寧中，縣始立學，亦未置教官。縣令、佐，皆得兼領學事繫銜。景定三年，始置主學一人。咸淳元年，漕司行下，選請學正、學錄、直學各一人，學諭四人，長諭八人。其嘗職是者，今亦無得而稽焉。

元　教諭

陳僧祐　本縣人。至元十七年任。

陳幾先　本縣人。至元二十五年任。

薛居仁　本縣人。至元十二年任。

李庚孫

周菊存

李繼孫　元善。至正二十年任。本縣人。

元　訓導

陳璪　本縣人。運使登之曾孫。

胡仲勉　本縣人。淹貫經傳，學者尊之。所著有《石屏集》。

黃元善　俱至正間任。

元正教諭一人，選請訓導二人。謂之選請，則非朝除也。元初未設科舉,士人往往假校官爲入仕之途,雖非朝除,亦可謂榮選矣。按舊所錄教諭得六人,訓導得三人焉,其逸而弗錄者多矣。今因各爲名表。

明　教諭

孔仕安　本縣人。

唐以仁　金華人。寓居魁山。洪武間任。

胡均澤　石首人。舉人。洪武間任。胡志作彭均澤。府志同。

齊瑄　鄱陽人。舉人。陞溫州教授。見列傳。

梅仲昭　建昌人。舉人。

鄭瑛　閩縣人。儒士。

鄭源　永樂辛丑進士。擢户部員外郎,乞恩授。

馬　失名。應天人。舉人。並永樂間任。

宋芹　崑山人。舉人。胡志作朱芹。

趙孔蔓　吉水人。宣德間任。儒士。

吳清　吳縣人。監生。

顏昱　蘇州人。舉人。正統間任。

陳奎　九江人。舉人。

劉敏　字勉行。泰和人。舉人。天順間任,陞教授。

盧皡　字逢堯。東莞人。舉人。成化七年任。

劉冠　永豐人。舉人。成化十七年任。

李璡　南昌人。舉人。弘治二年任。

馮琨　字君美。崑山人。舉人。弘治三年任。陞薊州知州。

成天章　無錫人。監生。弘治十八年任。以憂去。

藍貴　字天爵。荔浦人。舉人。正德五年由知縣改任。

鄭元吉　懷安人。舉人。正德十二年任。

劉楫　字齊之。新塗人。正德十五年任。

李聰　南城人。監生。

李綽　番禺人。舉人。陞知縣。

王冕　邵武人。監生。

劉華　懷安人。舉人。因聘主試山東，以程文忤旨被逮，謫鹽課大使。府志作劉曄。

徐鑑　惠安人。端恪循禮，辭色不假，教人以義利之辨爲先，諸士懷之。程文恭公爲撰《教思碑》云。

左懋勳　桂林人。舉人。陞知縣。

何應圖　河源人。

張潮　安仁人。充養淳篤。諸生有貧而贄餒者，固拒之，不已，置別笥，去之日悉還之。至今有遺思云。

胡榮　光山人。並嘉靖間任。

盛于唐　華亭人。隆慶間任。陞教授。

陳虞引　番禺人。

胡以準　字可平。豐城人。舉人。萬曆五年任。嘗修縣志。

章志良　新昌人。

吳炳正　仙居人。萬曆十五年任。

黎天祚　舉人。

李承寀　鄞縣人。貢生。

秦尚質　慈谿人。貢生。

翁恒吉　貢生。壽昌人。萬曆癸卯任。道範文心，嚴氣介性，待門徒情如父子，凡所親洽皆非筐筥之交。有《教思碑》。

曹志忠

周紹芳　大興人。舉人。

楊時芳　平和人。

包世傑　舉人。秀水人。萬曆甲寅任。正性慈腸，勤於課士，修學宮，造祭器，建鳳凰塔，建文昌樓，叠西津石垛，刻仙葉軒會課。宜入名宦。

彭夢期　黃岩人。

王應椿　廣西人。鄉科。

陳調元　舉人。常熟人。崇禎戊辰任。吳下名流,愷悌作人,溫其如玉。陞武義令。來攝縣篆,多惠政,以驛站多困,請留貼解武林驛歲額。民德之,立《教思碑》,今存。

束玉

金元聲　太平人。貢生。

金許增　仁和人。舉人。

劉洪鑛　海鹽人。

鄭至和　會稽人。

李之杜　貢生。關中人。崇禎壬午任。有行有文,明義理,識時勢,當鼎革之際,通邑咸賴。府志作福建人。

明　訓導

呂熒　本縣人。詳見薦舉。

胡復　本縣人。儒士。

姚彥仁　本縣人。儒士。並洪武間任。

呂文熅　本縣太平鄉人。

楊應甫　長泰人。舉人。

姜誠　丹徒人。舉人。

金法　休寧人。監生。

楊瑾　應天人。監生。並永樂間任。

吳繪　吳縣人。舉人。陞戶科給事中。宣德間任。

鄭珊　莆田人。舉人。

宋賢

鄧建　閩縣人。舉人。並正德間任。

蕭彪　廬陵人。儒士。

楊清　延平人。儒士。

鄧佐　新會人。舉人。並天順間任。

歐陽汝　字伯魯。分宜人。儒士。雅志藝文。嘗修縣志。

田麟　字人瑞。建安人。監生。成化五年任。

林申　莆田人。監生。成化二十年任。

羅徽　福清人。監生。成化二十年任。

蒲雄　晉江人。監生。弘治元年任。

張璽　滁州人。監生。弘治元年任。

蔣源　壽昌人。監生。弘治五年任。

蘇璉　滁州人。監生。弘治五年任。

張廷槐　字文相。莆田人。舉人。登康海榜進士。弘治六年任。十五年，授潮陽知縣。

林岫　字汝房。監生。弘治十七年任。陞伴讀。

盧潭　字文潔。南平人。監生。正德元年任。

張麒　字元應。新淦人。監生。正德六年，陞教授。

艾瓊　字廷美。郴州人。監生。正德九年任。

劉珊　字國音。丹徒人。監生。正德十四年任。

張銳　字進之。甌寧人。監生。

施大經　長洲人。監生。陞教諭。

陳富　龍溪人。監生。陞教諭。

李鬲　桂陽人。監生。

陳大朔　海陽人。監生。講學實踐，作人不倦。檄署縣事，力辭。聞母訃，哀毀逾節，士民賢之。

黃旦　番禺人。監生。

吳鏘　南陵人。監生。

杜廷瑞　五臺人。

熊東周　長樂人。

鄭璠　潮陽人。

黄日煦　晉江人。

張慈　上海人。

趙鴻儒　儀封人。

張棟　萬載人。

丁鶴齡　新建人。

羅岳　奉新人。並嘉靖間任。

林守經　萊州人。

梅調鼎　寧國人。並隆慶間任。

吳大揚　莆田人。萬曆二年任。

沈曾唯　崑山人。萬曆三年任。

徐朝陽　建德人。萬曆六年任。

夏景星　高淳人。萬曆七年任。

葉良剛　雲和人。

錢學禮　並萬曆十五年任。

毛一蘭　泰順人。

楊安忠　廣德人。

方慶之　開化人。

蕭懌韶　江陵籍新建人。

鄭王政　嵊縣人。貢生。

譚大有　陽江人。貢生。

揭炫　開化人。貢生。

周蓮　萬安人。貢生。

俞察　建德人。貢生。

應大宸　西安人。貢生。

朱文炫　海寧人。

任思敬　□□人。貢生。

周官　新城人。貢生。

胡尚卿　永嘉人。

王嘉政　江山人。貢生。

鄭思恭　平陽人。貢生。

淦汝璧　江西人。貢生。

雷一震　襄陽人。貢生。

王之賓　漢陽人。貢生。

蔣如鼎　宜興人。貢生。

趙祥

葉文華　崇禎七年任。

王御極　雲南寧州人。

周從政　龍泉人。

趙崇訓　貴州人。貢生。

姜志宏　昌化人。貢生。

江有章　樂清人。貢生。

洪公述

崔養勳　海門人。

明置教諭一人，訓導二人，皆朝除。今亦如治官，各爲一表。其有聲績者，仍別爲列傳。

國朝 教諭

沈琪瑞　仁和人。貢生。

江皋佩　仁和人。貢生。

邵琳　餘姚人。舉人。順治丁酉任。培植士類，重葺文廟，品行粹然。

盛元粹　字寓庸。嘉興人。貢生。康熙十七年任。募建禮門。以憂去。補壽昌學諭。

董杲　字方白。石門人。舉人。康熙十九年任。

趙凝錫　字天屬。諸暨人。貢生。康熙二十一年任。倡修學宮,刻學志。陞山東濟陽縣知縣。

余灢　字東覲,號潛亭。山陰人。壬子舉人。康熙三十五年任。

國　朝 訓導

勞圖麟　石門人。貢生。

邊國泰　麗水人。貢生。

張文星　新城人。貢生。陞高郵州判。

徐光凝　常山人。貢生。

傅列軫　山陰人。貢生。

張翼　上虞人。貢生。

虞輔堯　號允欽。秀水人。康熙十年任。

周鉞　號公襄。嵊縣人。貢生。康熙十七年任。

陳宏煥　字則之。新昌人。貢士。康熙二十二年來任。六載,卒于官。

余敬明　字寅亮。龍游人。貢士。康熙二十九年任。

宦　迹

永志宦迹,僅存十五人。敢告學士大夫操筆以從事者,自兹以往,務期網羅舊聞,使十五人之外,有所增入。又必及時纘述,使十五人之後,相繼罔缺,庶無遺憾矣乎!或曰:循吏固不常有。漢之循吏,不過六人,唐之循吏,不過十五人。永固小邑,得十五焉,足矣!曰:非也!國史雖統天下而言,然祇爲一朝之事耳。況簡取宜嚴,舉其一即可以例什伯也。若夫郡邑之志,雖就一邑而言,然合數十朝而計之，則已多矣。即以近時近地言之，其循吏已指不勝屈，況聞見所未及者乎！故知永邑十五人之外，其失傳者，不知凡幾也。雖然，傳者其常，失傳其變也。即其所存于消燼之餘者，已足令人感慕不窮矣。夫小民一時之利害，官吏得而操其生殺；而官吏千載之是非，即小民亦得而擅其褒譏。故宦迹有志，大可慕也，亦可畏也。

梁

何焖

字仕光。臨民寬厚，處事有條，當時以和理稱，民不能忘，因立祠於霞裏山祀之，名之曰故鄉祠。

唐

顧德藩

大中間爲縣令。雅志愛民，惓惓弗置，嘗作三堰以防旱潦，今高堰其一也。政多惠愛。民皆德之。

周、王某

舊逸其名。鄉民懷之，附祠於霞裏山，故今俗呼爲三長官祠，謂併何焖爲三也。祠前有潭，亦呼爲三長官潭。凡舟行經此者，必向祠致祭焉。

宋

強友諒

毘陵人。紹興間知縣事。承兵燹之後，建縣治，修學宮，葺庫廩，新館舍。工役並作，而民不知勞。甫及期年，庭無留訟，獄無繫囚。縣人宜之，號稱賢令。舊未立傳，今本洪清臣《敕書樓記》，葺而補之。

孫伯虎

乾道間爲縣尉。文章清古，議論正當，臨機明敏，蒞政公方。化頑猾而有條,處煩劇而不亂。民有訟皆請於州,願決諸尉。及攝邑篆,民相戒毋以曲事至庭。陳同甫嘗薦於周參政葵曰:"伯虎置之繁難之地,必能隨機處置,井井有理。倘薦之於朝,天下將翕然以爲得人。若伯虎者,當今人才中可以一二數者也。"

林彥穎

淳熙間差知縣事。強敏有幹略。邑人以爲三十年所未有。舊未立傳,今爲表之。

明

魏處直

字公平。益都人。洪武十年來任知縣。廉以處己,勤以蒞事。緩徵科,修葺學宮,不煩民力。且善剖決,不爲奸欺所蔽。民歌之曰:"父母何在在我庭,華溪之水如公清。下民不欺無隱情,我公摘伏如神明。"又歌曰:"我邑大夫賢且仁,惠養生息熙如春。魯恭卓茂炳青史,誰謂昭代無其人。"

黃紹欽

交州吳川人。洪武十六年由明經辟授縣丞。愷悌寬厚,愛民如子,不爲貨利所動。民有賦役于官,而所輸不足,輒代以己俸,而勿責其償。事苟可以利,必熟思之而善處之。至于法令之輕重,銖兩不可假借。民稱之不容口焉。義烏朱濂曰:"若紹欽者,真廉直惠,其古循吏之徒歟!"

金叔夜

休寧人。業儒,善詩。永樂間由人材辟授主簿。廉潔無私,淡泊自奉,布衣蔬食,有其門如水之清,馭下不事鞭朴,民敬重之,去後嘗見思。舊志逸弗錄。據洪尹續志書之。洪與金,皆徽人,其必有所考矣。

劉珂

江西安福人。景泰間,由進士來任知縣。廉介無私,勤恤民隱,理煩治劇，綽有餘裕。徵賦不假鞭朴。嘗建仁政橋，工鉅費煩，而民不知勞。有妻妾爭寵而謀殺其夫者，事秘，人皆弗知，而獨得其情。又有豪右誣平民爲盜者，輒廉其枉釋焉。他類此者甚衆。加意學校，時課諸生，而振作之。未幾以憂去，民惜之而莫能留也。縉雲李侍郎棠作《仁政橋記》，亟稱其爲賢宰云。

王秩

字循伯。崑山人。成化乙未進士。弘治初來任知縣。于時庶事頹弛，公涖政未幾，翕然具舉。抑豪强，扶貧弱。作興士類，選民間俊秀子弟以增益之。覈土田以清賦稅，貧富均受其惠。弘治四年大祲，民競挾粟爲奸。多方賑濟，且肅以威，四境帖然。凡義所不當得者，雖毫髮無取。歷六年，被召而去，士民懷之。

毛衢

字大亨。嘉靖五年，由太平知縣更賢來任。敏識絶人，廉公有威。承弛政之後，抑豪右，懲市猾，剔蠹弊。諸所措畫，皆務爲後式。念孫當孔道，里用費煩，加意裁省，率自身先，併各銜之取索、諸曹之乞覓、過客之折乾，例禁絶之，民大省費。值歲旱，不待陳告，預使人檢踏被災分數，申報奏轄。凡錢糧，酌事勢之緩急，視民力之贏縮，以爲追徵之次第，不假鞭朴而事自集。接士大夫，恭而有禮。然不爲苟狥，或懷請托，進者，接待容雅，談竟，不敢發言而退。至其家事有干己者，則預爲區處，優恤之初，不待其有請也。木同知女寡居，强宗擁兵奪之。格殺三人。其人來陳詞。公覽已，笑曰："此附罪人拒捕律，格殺勿論。聚衆有明例，不汝貸也。"竟坐其人編置焉。其英斷類此。至今人稱吾縣賢令者，必曰劉公、王公并公而三云。

金洲

字仕瀛。嘉定人。嘉靖七年，由進士來任知縣。約己愛民，秋毫無取。天性淳實，不務赫赫以博聲譽。告改國子監助教而去。

國　朝

吳元襄　詳宦表。

徐同倫

號亹源。湖廣京山進士。康熙六年任。立法便民，糧完刑省，尤造士綏衆，多所興革。康熙十一年夏災，力請上憲奏蠲錢糧。十三年，閩逆變亂。單騎招撫，安輯地方，供應征閩王師。永邑境內，兵不血刃，保全婦子，安堵如故，民咸尸祝。陞禹州知州，卒。二十六年，合邑士民追思公德，請崇祀以慰輿情。前學院王批行仰府如例，送主入祠。後未果，有待將來云。

已上治官。

教官列傳　　明

齊瑄

字永叔。鄱陽人。明《春秋》，旁通諸經。永樂間來主教事。訓誨諸生，嘗先德行而後文藝。夙夜磨礪，多所成就。善知人，卜諸生當柄用者，後無不驗。秩滿，陞溫州教授。

劉楫

字濟之。新淦人。正德十五年由一榜選授教諭。慷慨質直，敦尚古道，不與世俗浮沉。每課試，嘗于文藝中觀人器識，以第高下，其訓誘亦如之。士習爲變。性介潔，有操持，視勢利泊如也。官居六載，始終如一。嘉靖丙戌會試，還，卒于官。

贊曰：治教，政之大者也，父師之任也。職是而稱，德之至也，父師之恩也。其有未稱，任負德凉。父師之名，莫之與易矣，可不慎哉！謹而志之，存厚也。

永康縣志卷之十

知縣事華亭沈藻琳峰重修
儒學佘瀘潛亭參閱
崑山朱謹雪鴻編纂
邑人林徵徽君慎、徐琮完石校訂

人　物

　　天地扶輿靈淑之氣，鍾而爲一方人物。林林總總之中，有能踐其人之稱、完其物之則者，蓋亦難矣。而命世之士，則必充其本然之量，以垂諸不朽，故足貴也。郡邑志必載人物，或曠世而一遇，或一世而叠遇，有之以爲貴，無之以爲病。乃若蟬聯而起，代不乏人，如此者，婺郡爲最，故在當時，有"小鄒魯"之稱。而永康一邑，群賢相繼，後先輝映。或尚考亭之學，或得許文懿、朱潛溪、王文成爲學之旨；或清修自勵，不藉師承，刻意爲性命之學。或以才節著，或以惠愛垂。或建言于朝，或施澤于里。或爲百里之才，或爲一鄉之善。統而計之，彬彬乎何莫非鄒魯之遺風焉！夫德固有大有小，然均之爲人物也。應志分爲名賢、士行、民德、女貞四科。不知賢與行奚別？又不知德行何分于士民？女貞則自有列女一科，奚必附于人物之內？且又以其紀載之餘另爲裒集，謂之遺德，編入遺事，與古迹、土產等並列。徐志靡有異同，于志體未協。今以其所謂四科者，合其三而爲人物，分其一爲列女，又以其所謂遺德者盡歸之人物一門。體例不乖，則名義不泛。或稍有當乎？

宋

胡則

字子正。少倜儻，負氣格。方五代吳越，以戈鋋立國，獨奮志劬學于方巖蘭若。登端拱己丑進士。宋婺士登進士者，自則始。釋褐，調許田尉，以幹辦聞，轉憲州錄事參軍。時靈夏用兵，轉運使索湘遣入奏兵備。召對，稱旨。太宗顧左右曰："州郡有如此人！"命記姓名中書。大將李繼隆出塞，十旬弗返，移文轉運司云："兵將深入，糧可繼乎？"則謂湘曰："兵老矣。矯問我糧，爲班師之名耳。請以有備報之。"未幾，繼隆師遂還。遷著作郎，簽書貝州觀察判官。會遣使省冗役，檄則行河北道，所省凡十餘萬，民用休息。陞著作丞，知潯州。時有虎患，則齋戒禱城隍神。翼日，得死虎廟中。改太常博士，提舉兩浙榷茶事，兼知睦州。丁母憂，廬墓終喪。以本官知永嘉郡，遷屯田員外郎，提舉江南路銀銅場鑄錢監。得吏所匿銅數萬斤。咸懼且死，則曰："吾豈重貨而輕殺數人之命乎！"籍爲羨餘，不之罪。擢江浙制置發運使。會真宗奉祀景亳，則主供億，至于禮成，無纖毫缺。帝才之，面加獎勞。轉戶部員外郎，入爲三司度支副使，賜金紫，除禮部郎中、兩浙轉運使，移廣南西路。有番舶遭風不能去，且告食乏，命瓊州出公帑錢三百萬貸之。吏曰："彝無信。"則曰："遠人之來，不恤其窮，豈天朝綏懷意耶！"已而竟償錢如期，視所貸且三倍。朝廷覽奏，嘉焉。按宜州大辟十九人，爲辨活者九人。改戶部郎中，充江淮制置發運使，遷太常少卿。尋坐丁謂累，責知信州，又徙福州。有官田數百頃，已佃爲民業久矣，計臣上言請鬻之，責其估二十萬貫。民不勝弊。則奏之，章三上，且曰："百姓疾苦，刺史當言之。言而弗從，刺史可廢矣。"竟得減其直之半，而民賴以安。遷諫議大夫，知杭州。入判流內銓，坐舉官累，責授太常少卿，知池州。未行，復諫議大夫，知永興軍，領河北都轉運使，進給事中，入權三司使。寬于財利，不以剋下爲功。

183

时朝廷方以兩京、陝西榷鹽病民，議改通商。有司憚于改作，則首請如詔，事遂行，民皆便之。進工部侍郎、集賢院學士，出知陳州，遷刑部侍郎，移知杭州。得請，加兵部侍郎致仕。卒。則常奏免衢、婺二州身丁錢，民懷其德，户立像祀之。在方巖者，賜額曰"赫靈祠"。其後陰助王師，殄巨寇，累著靈異，宣和及紹興、淳祐、寶祐中，屢敕加賜爵號，更祠號曰"顯應"云。

徐無黨

從歐陽文忠公修學古文辭。修稱其文日進，如水湧而山出。其馳騁之際，非常人筆力可到。嘗注《五代史》，妙得良史筆意。皇祐癸巳，省試第一，賜進士出身。初任郡教授，陞著作郎。爲官廉明。轉陞政和殿學士。御賜像贊，有曰："其貌也固，其性也聰。才兼文武，學究鴻蒙。事親合孝，事君合忠。生今之世，蘊古之風。"元祐丙寅卒。崇祀鄉賢祠，優其糧役。

樓炤

字仲暉。登政和五年進士，調大名府户曹參軍，進尚書考功員外郎。高宗在建康，移蹕臨安，擢右司郎中。時銓曹患員多缺少，自倅貳以下多添差。炤言："光武併省吏員。今縱未能損其所素有，又安可置其所本無乎！"紹興二年，召朱勝非爲侍讀，罷給事中胡安國。炤與程瑀等言勝非不可用、安國不當罷，皆落職。六年，召爲左司員外郎，尋遷殿中侍御史。明年，遷起居郎，言："今暴師日久，財用匱乏。考唐故事，以宰相領鹽鐵轉運使，或判户部，或兼度支。今宰相之事難行，若參仿唐制，令户部長貳，兼領諸路漕權，何不可之有？内則可以總大計之出入，外則可以知諸道之盈虛。"詔下三省，措置施行。又言："監司郡守，係民甚切。乞令侍從官各舉通判資序，或嘗任監察御史以上可任監司郡守者一二人。"詔從之，命中書門下置籍。七年，宰相張浚兄滉賜出身，與郡。中書舍人張燾封還。以命炤，又封還。乃命權起居舍人何瀹書行。于是炤與燾皆請外，以直秘閣知温州。未幾，除中書舍人，尋遷給事中，兼直學士院。九年，進侍讀，除端明殿學士、簽書樞密院事，繼命往陝西，宣諭德意。炤奏："統制吳革死于范瓊，知環州田敢成、中郎盧大受死于劉豫，乞賜褒恤，以表忠義。"又奏："陝西諸路不從僞命之人，所藉田産，並勘驗給還。"炤至東京，檢視宮室，尋詣永安軍謁陵寢，遂至長安。會李世輔自夏欲歸朝，炤以書招之。世輔以二千人赴行在，賜名顯忠，後卒爲名將。又至鳳翔，以便宜命郭浩帥鄜延、楊政帥熙河蘭鞏、吳璘帥鳳翔。還朝，以親老求歸省。命給假迎侍，仍賜金帶。十四年，以資政殿學士知紹興府，過闕入見，除簽書樞密院事兼參知政事。尋爲李文會等劾罷，與祠。除知宣州，徙廣州，未行而卒，年七十三。諡襄靖。

胡邦直

字忠佐。建炎二年，登丙科。建議復讐雪恥，忤秦檜意，坐廢十餘年。檜死，乃起爲監司，累遷知封州。所著有《雲谷集》。

章服

字德文。自幼穎悟，窮經旨，至廢寢食。登紹興二年進士，授青田尉，累遷朝奉郎。用魏良臣薦，除兩浙提舉市舶公事。常俸外，例所可得者一弗取，對人亦不輒非前例。除朝請郎，差知建州。軍糧久不給，軍情洶洶，服至，爭走訴馬前。時庫錢不能三萬。服徐諭之曰："第歸營。得一月，當次第給矣。"立案稅籍，得豪要奸胥要領。及期，軍用以足。于是省教條，寬科索，安于法守，而事大治。連遭父母喪。服闋，除知鄂州。鄂當水陸之衝，敵分兵扼上流，朝廷出軍戍鄂，一日或須船千艘、馬五千疋。服度不可辦者奏聞，餘悉給無留難。此時朝廷置武事不問者餘三十年，敵卒棄好，民不識兵革，往往流徙，更居迭去，服區處不遺餘力，民得不以兵事爲恐。州額租纔五千，上供至萬斛，他須稱是。服視稅籍，得贏錢立辦。人以爲神，而服乃戚焉若不自得也。改提舉兩浙常平。先是漕司貸常平錢二萬，久置不問。服曰："此非法意也。民不知賴矣。"立移文督之。既而户部復請貸三萬，服難之。御命小校，耻不即得，出不遜語。服叱之曰："此聖旨耶！常平，民命也。當以法奏覆。奴何敢爾！"户部尋覺其不可而止。召除吏部員外郎，再遷侍御史。上疏言："祖宗之大讐未報，中原之故地未復，嘗膽之志，可少忘乎？歡好常敗于變詐，師旅或興于無名，歃血之盟，可久恃乎？淮壖瘡痍，江淮饑饉，邦財未裕，軍政久隳，士風或懷于奔競，朝綱或撓于私曲。此皆當今急務，不宜以偃兵而置度外也。"又上言："願以財賦、邊備二事，專委大臣，集郡人之説，參訂其可行者，置局措畫，假之歲月，責以成功。不然，因循苟簡，臣恐後日不可悔也。"又請博求武勇，以備將帥。三十年來將帥以事廢、罪不至誤國者，願一切與之自新。知池州魯誓以竹生穗實，圖之求獻，且言饑民實賴以食。服言："物反常則爲妖。竹非穗實之物，是反常也。竹生實則林必枯，是爲妖也。以妖爲瑞，是罔上也。況饑民有食糟糠者，有食草木實者，有食土粉者，豈以是爲珍于五穀哉！猶愈于死而已。誓牧民，顧使其民至此，猶以爲瑞乎！邪佞成風，漸不可長。"初，朝廷揀諸路廂禁土軍，就閲行在所，約以防秋遣。久留未遣，軍人不堪，相率詣臺自言。服爲移牒樞密院，不報，即上言："足食足兵，爲政之先務。聖人以爲必不得已，則去兵、去食，而信終不可去。今因兵而去信，無乃不可。"仍于上前反覆固爭，上頷之。時虞允文兼知樞密院事，召戚方議之，竟復寢，一軍竄逸無留者，又相與拒鬪，不可捕。將校以下皆貶官，而方獨放罪。服遂併劾允文挾私任情。連章不已，允文竟罷去。中官梁彥俊幹辦皇城司，轉官不行臺謝。服劾其廢法，彦俊坐論贖。會服除吏部侍郎，彥俊摘其章有不遜言，上大怒，責罷汀州居住。在汀七年，杜門觀書，世念泊如也。得旨放還，提舉太平興國宫。著有《論語孟子解》、《易解》若干卷。

林大中

字和叔。登紹興庚辰進士，調湖州烏程縣主簿，遷知撫州金谿縣。郡督賦急，大中請寬其期，不從，取告身納之，求劾而去。守愧謝,許焉。丁父憂,服除,知湖州長興縣。訟牒必究曲直,不許私和。或謂恐滋多事,大中曰:"此乃所以省事之方也。"由是訴訟日稀。用侍郎詹義之薦,得幹辦行在諸司糧料院。求補外,同擬者四人,孝宗指大中與計衡姓名,曰:"此二人佳,可除職事官。"遂除太常寺主簿。光宗受禪,詔舉察官,用尚書葉翥等薦,除監察御史,論事無所迴避。遷殿中侍御史,兼侍講。紹興二年春,雷電交作。有旨訪時政缺失。大中言:"孟春雷電,則陰勝陽之義。蓋君子爲陽,小人爲陰,其邪正在所當辨。趨向果正,雖一節可議,不害爲君子。趨向不正,雖小節可喜,不害爲小人。正者當益厚其養,無責其一節之過以消沮其正大之氣。不正者當深絕其漸,無以小節之可喜而長其奸僞之萌。"知潭州趙善俊得旨奏事,大中劾其憸邪,罷之。帝問今日群臣孰賢,大中以知福州趙汝愚對。汝愚由是被召。浙江西路民苦折帛和買重輸,大中抗疏論之,有旨減其輸者三歲。尋求補外,改吏部侍郎。辭,乃除直寶謨閣,知寧國府。朱熹遺書朝士曰:"林和叔入臺,無一事不中的。去國一節,風誼凜然,當于古人中求之。"尋移知贛州。贛爲劇郡,大中一以平心處之,文移期會,動有成規,裁斷曲直,不可動搖。猾吏豪民,爲之束手。寧宗即位,召還,試中書舍人,遷給事中,兼侍講,知閣門事。韓侂冑來見,大中接之,無他語。使人通問,因願納交,又笑卻之。會彭龜年抗疏劾侂冑,有旨侂冑與內祠,龜年與郡。大中請留龜年經筵,而斥侂冑外任。不聽。侂冑愈恨。御史汪義端以論趙汝愚去,侂冑引爲內史,大中駁之。改吏部侍郎,不拜,遂以煥章閣待制,出知慶元府。舊傳府有鬼祟,大中謂此必黠賊,亟捕治。既而果然,并前後所失物皆得之。由是奸人屏息。丐祠,得請,未行,給事中許及之,侂冑黨也,承風繳駁,遂削職歸,與趙汝愚、朱熹等俱入僞籍。歸凡二十年,優游別墅,時事一不掛口。或勸通書侂冑以免禍,大中曰:"福不可求而得,患可懼而免乎?"及侂冑誅,召見,試吏部尚書,擢端明殿學士,簽書樞密院事。公世居在城縣治左側,有別業在八都，後徙居縣東十里，以黿潭爲遊息之所。嘉定元年六月卒，年七十一。贈正奉大夫、資政殿學士，謚正惠。

應孟明

字仲實。登隆興癸未進士，調臨安府教授，繼爲浙東安撫司幹辦官，樂平縣丞。時郡守酷甚，孟明以書諫。事聞于朝，朝令守、丞兩易其任。以侍御史葛邲、監察御史王蘭薦，爲詳定一司敕令所刪定官。輪對，首論：南北通好，疆場無虞，當選將練兵，常如大敵之在境，而可以一日忽乎！貪殘苛酷之吏未去，吾民得無有不安其生者乎！賢士匿于下僚，忠言壅于上聞，無乃衆正之門未闢、兼聽之意未盡乎乎？君臣之間，戒懼而不自恃，勤勞而不自寧，進君子，退小人，以民隱爲憂，邊陲爲警，則政治自修，綱紀自張矣。次乞申嚴監司庇贓吏、薦舉徇私情之禁。帝嘉獎久之。他日宰相進擬，帝出片紙，書二人姓名曰：“卿何不及此？”其一人，則孟明也。乃拜大理寺丞。故大將李顯忠之子家僮溺死，有司誣以殺人，逮繫幾三百家。孟明察其無辜，白于長官，釋之。出爲福建提舉常平，陛辭，帝諭之曰：“朕知卿愛百姓，惡贓吏。事有不便于民，宜悉以聞。”因問當世人才。孟明曰：“有才而不學，則流于刻薄。惟上之人教化明，取舍正，使回心向道，則成就必倍于人。”帝曰：“誠爲人上者之責。”孟明至任，具以臨遣之意咨訪之。帝一日御經筵，因論監司按察，謂講讀官曰：“朕近得數人，應孟明其最也。”尋除浙東提點刑獄，以鄉部引嫌，改使江東。會廣西謀帥，帝謂輔臣曰：“朕熟思之，無易應孟明者。”即以手筆賜孟明曰：“朕聞廣西鹽法利害相半。卿到任，可自詳究事實。”進直秘閣，知靜江府，兼廣西經略安撫使。初，廣西官鹽，易爲客鈔，客戶因多折閱逃避，遂抑配于民。行之六年，公私交病。孟明驛奏除之。禁卒朱興，結黨弄兵雷、化間，聲勢漸長。孟明遣將縛致轅門，斬之以徇。光宗即位，遷浙西提點刑獄，尋召爲吏部員外郎，改左司，遷右司，再遷中書門下省檢正諸房公事。寧宗即位，拜太府卿，兼戶部侍郎。慶元初,權吏部侍郎。卒,贈少師。孟明以儒學奮身,受知人主,官職未嘗倖遷。韓侂胄嘗遣密客誘以諫官,俾誣趙汝愚,固却不從,士論以此重之。

陳亮

字同甫。生時目光有芒。才氣超邁,善談兵,議論風生,下筆數千言立就。年十九,考古人用兵之迹,著《酌古論》。郡守周葵奇之,禮爲上客。及葵爲執政,朝士白事,必令揖亮,因此遍交一時豪傑,盡其議論。乃授以《中庸》《大學》,曰:"讀此,可精性命之說。"遂受而盡心焉。隆興初,與金人約和,天下欣然,獨亮持不可。婺州方以解頭薦,因上《中興五論》,不報。退修于家,學者多歸之,隱居著書十年。亮嘗環視錢塘,嘆曰:"城可灌也。"蓋以其地下于西湖云。淳熙五年,亮更名同,詣闕上書數千言,勸帝移都建康,漸圖恢復。孝宗赫然震動,欲榜朝堂以勵群臣,召令上殿,將擢之官。左右無知者,惟曾覿知之,特來謁亮。亮恥之,逾垣而逃。覿不悅。大臣惡其直言無諱,交沮之,乃有旨都堂審察命。宰相以上指問所欲爲,落落不少貶。待命十餘日,再詣闕上書,言尤剴切。上欲官之,亮笑曰:"吾欲爲社稷開數百年之基,寧用以博一官乎!"亟渡江而歸。嘗因醉飲,言涉不遜,或告刑部侍郎何澹。澹亦被亮嫚語者,即繳狀以聞。事下大理,笞掠無完膚,乃誣服爲不軌。孝宗知其妄,遂得免罪。居無何,家僮殺人,又下大理。宰相王淮知帝欲生亮,得不死。歸家,益勵志讀書,究觀皇帝王霸之略。嘗與朱熹書,辨論三代漢唐之際,數往返不屈。熹雖不以爲然,至于"心無常泯、法無常廢"二言者,雖熹亦心服其不可易也。其學自孟子後,惟推王通,于當世諸儒,皆不少讓。嘗言研窮義理之精微,辨析古今之同異,原心于秒忽,較禮于分寸,則于諸儒誠有愧焉。至于堂堂之陣、正正之旗,風雨雲雷交發而並至,龍蛇虎豹變現而出沒,推倒一世之智勇,開拓萬古之心胸,自謂差有一日之長。高宗崩,金遣使簡慢。亮復上書,言恢復大計,不報。光宗策進士,亮對稱旨，擢爲第一，授簽書建康府判官廳公事。未上，卒。吏部侍郎葉適請于朝，命補一子官。端平初，平章軍國事喬行簡爲請諡云："亮以特出之才，卓絕之識，而究皇帝王霸之略，期于開物成務，酌古準今，蓋近世儒者所未講。平生所交，如朱熹、張栻、呂祖謙、陸九淵，皆稱之曰是實有經世之學。""當渡江積安之後，勸孝宗以修復藝祖法度，爲恢復中原之本，將以伸大義、雪讐恥，其忠蓋與漢諸葛亮、本朝張浚相望于後先，尤不可磨滅。"命太常定議，賜諡文毅，更與一子官。

呂皓

字子陽。少負志節，學于林大中，而友陳亮、呂祖謙。以出粟賑濟，受知倉使。朱熹薦諸朝，補郡文學。淳熙中舉，上禮部。會父兄爲怨家誣構，逮繫大理獄。皓叩閽上書，理其冤，願納所得官以贖罪，且言無使聖世男子，不及漢緹縈一女子，爲歿身恨。翼日下都堂議。宰相白無例。孝宗曰："此義事，安用例！"由是其父兄與連坐五十餘人皆得釋。再試禮部，不第，遂絕意仕進，隱居桃岩山，與陳亮往來講切，克己修慝，孜孜不倦。父母繼没，茹素三年，廬墓以終喪。割兄弟所遜田爲義莊，以贍教鄉族。制置使劉光祖，郡守王夢龍、陳騤，以遺逸孝友交薦于朝，俱不起。嘗作《雲溪逸叟傳》以見志。

呂源

字子忠。性孝友，嗜學。兄皓常語之曰："充其義以行于家而及于鄉可也，何必應舉求仕。"執親喪，哀毀逾禮，苫塊三年。常置義莊、義倉、義冢，且別爲小廩，收恤閭里棄兒。病革時，兄遊江陵，仰天大號曰："不及見吾兄一語而訣，吾目不瞑矣！"人莫不哀思之。郡邑以孝弟聞于朝，贈通直郎，旌表其門。

徐木

字子材。登乾道丙戌進士。盛有才名。朱元晦與遊，嘗過其家，爲書《家人》卦辭于廳事之壁。朋友有喪不能舉者，輒助舉焉。陳同甫與元晦書云："徐子材不獨有可用之才，而爲學之志亦篤。"又云：

"陳聖嘉之與人交,應仲實之自處,徐子材之特立,皆吾所不及也。"其爲名流推重如此。

章徠

字敬則。淳熙甲辰進士。歷官右文殿修撰。時陳、賈議貶道學,徠與劉光祖極言道學之正,光宗嘉納。及趙汝愚罷相,又與章穎抗疏,劾韓侂冑專擅。坐罷官歸。寶慶間,召爲宗正少卿,兼侍講。卒。所著有《凝塵集》。

應純之

字純甫,孟明子也。剛毅自任,與兄謙之、茂之篤尚考亭之學。登嘉泰三年進士,授洪州新建主簿,轉從仕郎,調泰州如皋鹽場,改秩餘干縣。秩滿,差監左藏東庫,再差監都進奏院。簡易廉明,屢著聲稱。時江淮多事,遴選能臣,以純之知楚州。崇儒勸學,士知向方。慮敵人南侵,修治城堞,簡閱軍士,力爲戰守之具,鑿管家湖,建水教亭,演習舟師。又以餘力,督長吏,練甲兵,創烽臺,屯要害,給坐團者鎧仗,使遇賊得自擊。敵人帥師南下,詔以李珏及純之等俱便宜行事以禦之。敵知純之有備,不敢犯,淮楚以安。嘉定十年,主管京東經略使,節制淮東、河北軍馬。時李全等勢張甚,純之用計招之,全遂來歸,因密聞于朝,請濟師,謂中原可復。史彌遠鑒開禧之事,不明招納,但敕立忠義軍,令純之節制,于是歸者日衆。會東廣謀帥,以純之爲兵部侍郎,兼經略安撫。猺寇剽、劫郡邑,勢莫能禦。純之授諸將方略,生擒渠魁,餘黨悉平,帝嘉獎之。甲申秋八月,敵人大舉入寇,兵少援絕,守臣望風奔遁。純之嘆曰:"吾不能剿賊,何面目見天子!"率所部力戰,遂死之。事聞,朝廷嘉其忠,遣使葬祭,求其首不得,爲鑄金以葬焉。

胡巖起

邦直孫。登嘉定甲戌進士。授知閩縣事。卓行危論,奇文瑰句,士大夫皆自以爲不及,廣帥真德秀雅敬重之。轉江西提刑幹辦公事。

值贛卒朱世倡亂，殺提刑使者。朝命以陳愷繼其任，巖起調度事宜，佐愷密設方略，遂平之，贛人作《平贛錄》紀焉。子居仁，登淳祐甲辰進士，累知台州。其文詞政事，亦絕出于一時云。

胡侁

邦直孫。字子先。登寶慶丙戌進士。累官監察御史。内侍董宋臣竊弄國柄，屢疏劾之。奪職，調將作院少監。侁即棄官歸，稍治田園以自給，泊然不以勢利經心。後累召不起。所著有《孝經論語釋》。人稱爲雲岫先生。

章坰

徠之孫也。咸淳末，都城失守，浙東諸郡多陷，時衛、益二王在福州。坰自念世受國恩，與弟塈捐家貲，募忠勇，得義兵數千，收復婺城。制置使李珏以聞，授坰直秘閣、知婺州，塈主管官誥院、通判衢州。率麾下陳子雲、唐開等奮勇入城。三十六年六月，與元兵力戰于丁鼠山。既而援絕，城遂陷，坰與塈皆死之。永嘉吳洪爲傳其事，贊曰：“坰兄弟少有文名，留滯下僚，卒以孤忠自奮，狥國亡身。功雖不就，其忠憤矣！”

吳思齊

字子善。其先括人。祖深，有奇才，陳亮以子妻之，遂爲縣人。父邃，官至朝散郎。思齊少穎悟，工詩，能文，慷慨多奇節。用父廕補官，攝嘉興丞。以書干宋臣用事者，言賈似道母喪，不宜賜鹵薄。又言御史俞浙，以論謝堂去職，宰相附貴戚，塞言路，如朝廷何！凡所爲，要以直遂其志，第知有是非，不知有毀譽禍福也。宋亡，麻衣繩履，退隱浦陽，家無擔石之儲。有勸之仕者，輒謝曰：“譬猶處子，業已嫁矣，雖凍餓，不能更二夫也。”所善惟方鳳、謝翱，相與放遊山水間，探幽發奇，以洩其感憤之意。遇心所不懌，或天末流涕。自號全歸子。學者慕其義，爭師尊之。方鳳評其爲人如徐積、陳師道，君子不以爲過。大德辛丑，思齊年六十四，手編聖賢順正考終之事，曰《俟命錄》。錄成,賦詩別諸友,遂卒,神明湛然,無怛化之意。所著有《左傳缺疑》及《全歸集》,凡若干卷。

元

胡長孺

字汲仲。知台州居仁子也。性聰敏,九經諸史,下逮百家,靡不貫通。咸淳中,以任子入官,中銓試第一,授迪功郎,監重慶府酒務,兼湖廣總領所軍馬錢糧。與萬彭等號南中八士。後轉福寧州倅。會宋亡,歸隱。至正①中,應求賢詔,擢集賢修撰。因忤執政,改教授揚州。秩滿,遷遂昌錄事。時程文海方貴顯,其外門侵官道,亟撤而正之。轉台州路寧海縣主簿。善摘奸伏,人稱神明。縣有銅巖,惡少狙俟其間,出鈔道,爲過客患。長孺僞衣商人服,令商人負貨以從,戒騶卒數人躡其後。長孺至,巖中人突出邀之。長孺方遜辭謝,騶卒俄集,悉擒伏法。永嘉民有弟質珠步搖于兄者。兄妻愛之,紿以亡于盜。屢訟不獲。往告長孺。長孺曰:"爾非吾民也。"斥去之。未幾治盜,潛令盜誣其兄受步搖爲贓,逮問不伏。長孺呵曰:"汝家信有是,何謂誣耶!"兄倉皇曰:"有固有之,乃弟所質者。"趨持至,驗之,呼其弟,示曰:"此非爾家物耶?"弟曰:"是矣。"遂歸焉。其他類此者甚多。浙東大祲,民死者相枕。宣慰脫歡察斂民錢一百五十萬賑之,以餘錢二十五萬屬長孺。長孺覺其有乾沒意,悉以散于民。脫歡察怒。長孺曰:"民一日不食,當有死者。誠不及以聞,然官書具在,可徵也。"脫歡察默然而去。尋遷長山鹽司丞。謝病,歸隱杭之虎林山。晚得疾,正衣冠,端坐而逝,年七十七。長孺師青田余學古,學古師同邑黃夢松,夢松師龍泉葉味道,則朱文公高第弟子也。爲人光明俊偉,專務發明本心之學,慨然以孟子自任。末年,更慕陸九淵爲人,每取其

---

① 校記:"正"應爲"元"。

"宇宙即吾心"之言，諄諄爲學者道之。爲文章有精魄，海内購之，如獲珙璧。屢司文衡，賤華貴實，士習爲之一變。在至元中，與金履祥並以學術爲郡人倡，學者尊而仰之。所著有《瓦缶編》《南昌集》《顔樂齋稿》。從兄之紀、之綱，亦皆以文學名。之綱，字仍仲，嘗被薦書，于字音字畫之説，自謂獨造其妙。之紀，字穆仲，咸淳甲戌進士，踐履如古獨行者，其文尤明潔可誦。人稱爲三胡云。

明

吕文燧

字用明。爲人寬厚深謀。其弟文華，字元明，尤慷慨有智略。至正十五年，括寇吴英七等聚衆爲亂。郡縣發兵討之，皆敗，遠近騷然。用明、元明合謀散家貲，率其弟文烜、兼明，姪元吉、季文等，團結鄉兵以備之。設禁令，明賞罰，日殺牛釃酒飲食之，諭以大義，出粟布以給其貧乏者。于是衆皆有固志。十二月，賊陷縣治，分其衆四出焚掠。文燧使元明、季文率五百人，迎敵于尖山下，累戰皆捷。會沿海翼萬户石抹厚孫統兵適至，與元明等夾攻，賊遂敗走，縣治以復。帥府署文燧諸暨州同知、元明永康縣主簿、季文義烏縣尉。皆辭不受。賊既招安，而恣睢不受約束，人心憂恐。文燧等益添兵葺械，爲守禦計。十七年，賊復驅煽饑民爲亂，其勢益張。文燧先詗知，詣帥府白之。府即命文燧總制民兵討賊。邑大族朱世遠、俞榮卿、董仁恕、孫伯純等，亦皆以兵來會。文燧命元明出方巖，季文出東窖，而自屯青山口。累與賊戰于左庫、雙牌、胡陳，皆捷，斬獲甚衆。會義士胡元祚敗死占田，賊乘勝復陷縣治，執達魯花赤野速達。而文燧兄弟合兵擊賊，走之，乘勝追至上黄橋。賊大奔潰。山路深險，追兵前後不相及。有賊突出叢薄間，季文被創死。文燧乃命從弟國明代領其衆。會行臺都鎮撫邁里古思帥師專征，與元明會兵方巖。賊乘其未到，掩至松明橋，以逆官軍。國明麾諸軍直衝其前，而自率精鋭横出其後，元明繼之,諸軍四面夾擊,合戰移時。適邁里古思大軍至,賊遂大潰。追至胡堰,枕屍三十餘里,死亡略盡。元明、國明及黃彥美諸將分道窮追。地方悉平。論功,加文燧婺州總管府判官,元明永康縣尹,兼明永康縣主簿,國明諸暨州判官。復皆辭不受。十八年四月,嚴州城破。樞密院判官石抹宜孫假元明本院行軍鎮撫,兼義兵萬戶,將兵赴援。臺官用讒者計,因其入見,伏兵殺之庭中。其子堪併裨佐濫死十餘人。衆皆冤之。未幾,明兵下婺城,文燧籍其衆歸附,授永康翼副元帥,兼知縣事,遷中書管勾,轉嘉興府知府。松江民作亂,襲嘉興。文燧使告總帥李文忠,遣兵擒獲。諸將欲屠城,文燧力爭止之。入朝,差往諭闍婆國。行次興化,暴卒于驛舍。兼明授永康知縣,尋致仕歸。

朱仲智

字大智,號雲泉。洪武中,以人材舉,授江西吉安知府。政迹載在《明紀》,有曰:"寬厚廉潔,剗革吏弊,禮賢愛民,民甚戴之。"被召,改重慶知府。吉安之人思慕不已,後得藺芳繼之,其善政大類仲智。至今吉安人稱賢守,必曰朱、藺。《明捷錄》稱郡守循良,亦必曰朱、藺。大學士楊士奇像贊,以公在金華爲衣冠文獻、在廬陵爲文章太守云。

謝忱

字惟壽。貢入大學,領應天鄉薦,登永樂壬辰進士,授監察御史。遇事敢言,不避權要。九爲巡按,詰奸禁暴,無所假借,人稱爲謝閻王。漢府謀不軌,廉得其實以聞,命剿之,賜反屬男女吳德等四人。因忤尚書蹇義,僅陞四川按察司僉事。歲歉,民多抵法。忱憫之,爲求可生之途。適地方多虎患,示以得虎皮三者免一命。人爭捕之。于是虎患息,而民命以全。卒于官。歸葬之日,行李蕭然。

趙艮

字時中。登成化己丑進士,授刑科給事中。梗介敢言,因災異條陳謹天戒、重國本、恤民艱、鎮邊境四事。忤旨,杖于庭,幾斃。歲丙午,左右希意,請立宮媵所生二歲子爲太子。抗疏力諍,止之。及孝廟正位東宮，又疏請簡正人爲師傅，以職輔導。滿九年，遷本科都給事中。先是重臣王越被劾，卿之，譖于中官汪直，以言事不謹，謫四川廬山令。弘治改元，擢四川僉事，陞副使。卒于官。

徐沂

字希曾。登弘治癸丑進士，授刑科給事中。彈劾不避權貴。泰寧張鶴齡兄弟恃寵冒法，及中官李廣納賄干政，皆抗章論之。改南京工科給事中。奏罷歲取蘇州細密苧布、福建改機、陝西紽絨，民稱便焉。陞廣東參議。卒于官。歸裝惟圖書而已。

徐讚

字朝儀。登弘治乙丑進士，授棗强知縣。劇賊劉六等流劫郡邑，所過屠掠一空。讚繕兵城守，先事爲備。賊聞，獨不犯棗强界。民饑，捐俸募粟，作糜食之。富人義激，爭先發廩，所全活以萬計。陞山西道監察御史，理醛長蘆，兼巡河道。逆瑾遺黨楊虎等流劫開濟間，熾甚。讚以計擒之，械送京師。巡按江西，剿湖寇徐九齡等數百人，陞俸加級。時宸濠久蓄異志，潛結郡寇以自樹，此舉實剪其羽翼也。又累疏請寬逋負、罷徵役、釋冤獄，風采翼然。陞知蘇州府。抑奢麗，剔蠹弊，課才惠民，百務蝟舉。宸濠之變，治兵給餉，遣戰船出江，爲上流聲援。濠遂敗于安慶，不能直窺南郡者，讚實與有力焉。大駕南巡，讚慮吏書因緣爲民擾，乃戒所部餼儲峙而不從公歛。既而駕至鎮江旋斾，蘇民宴然若無事時。加陞河南右參政，仍掌府事。佐巡撫都御史李充嗣開白茆港以洩太湖之浸，授任責成，具有方略，役鉅費省，遂爲蘇、松、常及嘉、湖諸府久遠之利。在蘇凡七年，其政大要以愛民爲本。後蘇人舉祀名宦，共稱之曰："寬厚有三代長者之風，循良得兩漢牧民之體。"僉以爲實錄云。實授江西左參政，陞貴州按察使，尋改湖廣，又調雲南。土舍安銓叛，讚造小旗千餘，書"同心協力，各保身家"八字，令聚執聽撫，以陰誘其脅從之黨，賊勢遂衰。及土舍鳳朝文繼叛，與安銓連兵，進窺省城，上下震悚。讚挺身登陴，諭以朝廷威德,問其來故。衆皆伏地,曰:"不敢有他,但欲平争襲耳。"讚權許之,令退舍俟命,即走使各哨,亟集諸軍合擊,俘獲以數千計。陞本省右布政使,尋轉左。以母程年登八十,乞終養。得命,陞都察院右副都御史,撫治鄖陽等處,改撫河南。值歲饑盜起,條陳救荒三事,曰寬賦歛以安人心、廣賑恤以救民命、發防禦以彌强梁。又陳便宜四事,曰減歲派以資歲用、均地糧以蘇民困、移水次以便兑運、處馬政以節民力,事皆施行。陞工部右侍郎。丁母憂歸。以哀毀屬疾,卒。

李滄

字一清。領弘治戊午鄉薦,登正德戊辰進士,授南京工部營繕司主事。興作經畫,率不勞而事集。嘗差督甓儀真,措置有方,凡前官踵襲之弊,有病于人者,悉罷之,往來者皆稱便。儀真當漕河之衝,津要多道此者,一毫無徇。及司龍江關抽分,廉慎執法,人不敢以私干,雖中官同事者,亦肅然敬憚之。朝寧聞其名,欲大用,會以疾卒,不果。滄素貧,病革時,顧謂所親曰:"吾即死,慎勿需財公家,爲平生累。"及卒,賣馬質屋,乃克殮。士論高之。滄幼凝重,不妄語笑,事親以孝稱,執喪哀毀骨立。遊太學時,受知楓山章公,慨然有志于聖賢之學,與崑山魏校、永豐夏尚朴同官郎署,口相講切,于一切世味泊如也。鄉人重其風節,請于有司,率錢爲立門以表之。章公題其額曰"清修吉士",識者以爲無忝云。

應典

字天彝。性沉篤,操尚不群。自業舉時,輒奮然有希聖之志。正德甲戌登進士,授兵部職方司主事。益購經史百家之書,晝夜研窮,志益弘遠。既以母病告歸,過蘭谿,謁楓山章先生。章曰:"吾婺自宗忠簡功業、宋潛溪文章、呂成公道學以來,久失其傳。子將安任乎!"典拱手受教歸。偕仙居應良、黃巖黃綰,過從講切。又師餘姚王守仁,授良知之旨。建麗澤祠于壽山龍湫下,祀宋呂東萊、朱晦菴并陸象山三先生,將以一鵝湖未合之餘論,而會之于周、程也。因集諸生講授，四方從遊者常百餘人。又增損《藍田呂氏鄉約》，率其鄉老之可語者行之，以勵風俗。再起兵部車駕司主事，大爲尚書王瓊所器異，委總四司奏案。時南北黨論已有萌，念欲先幾潔身，既滿考，即引疾歸。先是，母病目不愈，適值良醫，針治復明，人咸謂孝感所致。朝紳多論薦，陞尚寶司丞。遭母喪，不赴。服除，巡按御史周公汝員檄郡守姚公文焰禮訪之。乃徜徉壽山五峰間，以示無起意，當道弗能强也。釋褐三十年，前後兩任，僅一考而已。學者稱之曰石門先生。

朱方

字良矩。登正德甲戌進士，歷知泌陽、丹陽、南皮縣事，俱有惠政，民咸德之。陞淮安府同知。職事畢修，賢聲益著，一時撫按交薦之。陞南京刑部員外郎，尋進郎中。剖決明審，議讞允當。陞寶慶知府。寶慶係南徼，民寇雜居。方寬嚴並運，上下帖然。陞雲南副使，秩滿，進本省右參政。未幾，乞致仕。當道疏留之，竟引疾去。方性誠樸，言笑不妄。舉進士時，年三十九矣，或勸以隱年。方曰："初學事君，可即欺乎？"至于冰蘗之操，終身不渝。初令泌陽，官道傍植棗，歲貨可得贏若干金，方不取。後邑人復追餽于丹陽，亦弗納。在淮安，代守入覲，諸屬邑供送行齎，俱峻却。即守賦贐，至一履韈，亦却之。守驚曰："一至此乎！"乃大書"廉吏"二字以贈焉。在雲南凡八年，從惟二僕，一榻蕭然，皆人所難也。歸居屏山，吟詩種菊，怡然終老，蓋十有五年足迹不至城府云。

程文德

字舜敷。登嘉靖己丑進士，廷試擢第一甲第二名，授翰林院編修，繼侍經筵，進無逸殿講章，大旨與《伊訓》、《說命》相表裏。又進《郊祀議》、《内訓四詩》、《親蠶行》。以偕同官楊名言事忤旨，庭杖下獄，謫信宜典史。當道爲建嶺表書院。兩廣名士，翕然尊之，時有山斗之譽。遷安福知縣，立鄉約之法，合糧里之役，政大得民。丁外艱歸。服除，授兵部車駕司郎中。會北方猖獗，上禦備四事及車戰事宜，多見採用。尋陞廣東提學副使，未上，擢南京國子祭酒。嚴立科條，黜浮文，敦實行，以太學賢士所關，務在培養人才，以收太平興理之效。未幾，丁內艱去。服闋，起爲禮部左侍郎，尋改吏部。癸丑，當天下述職，門無私謁。詔知貢舉，公明周慎。竣事，加翰林院學士，掌詹事府事，典教庶吉士張四維等二十八人。是歲，兩直隸、河南、山東四省大饑，開例納銀，以便賑濟。文德具奏："救饑如救焚溺，緩則何及！聚銀爲難，食物頗易，宜隨民所有，凡可以充饑者，悉得輸官散給。"上可其奏，敕四省。于是輸者踵至，四省之民，得以全活。時大內歲例大祈，文德撰玄詞，多寓諷諫。忤上意，落職回籍家居，杜門謝客，日以著書爲事。比卒，遺笥蕭然，質產始克就殮。士論難之。侍御王好問疏請卹典，有云："正言正色，學術無忝于儒臣；古道古心，行誼足稱乎君子。"人以爲確論。加贈禮部尚書，謚文恭。

李琪

字侯璧。以歲貢授東鄉訓導，陞漵浦教諭。躬行教誨，士咸宗之。嘉靖乙丑，詔拔異才，以風群吏。當道薦琪，擢大理評事。琪蚤有志理學，徒步見陽明先生于越，先生授以致良知之訣。琪悟，獨居精思，盡得其旨，同輩咸推重之。在東鄉，當道聘主豫章書院教事。及漵浦，日與同志訂會，所至發明師訓，聽從者衆。平居不事生業，死之日，惟曰："只此見在良知，吾今緊密受用，性命皆了。"古所謂得正而斃者，琪之謂與！所著有《質疑稿》若干卷。

王崇

字仲德。嘉靖己丑，以禮闈第二人賜第。授吏科給事中。直言讜論，一時著稱。寇犯寧夏，總兵趙英擁兵不前，我師敗績。英欲以賄免，崇奉命往正其罪，朝論快之。謝駙馬侵馬場，崇時巡青，發覺之，詔還。縣官諸貴人俱畏其口。出爲廣東僉事。尋丁外艱。服除，補河南僉事，陞本省參議。逾年，轉山西副使，備兵井陘。井陘當三關要衝，崇躬親簡閱，上下功賞，兵遂雄于諸鎮，醜寇遁迹，有緋衣金帛之賜。丁未,轉湖廣參政。會諸苗攻陷印江,崇設策破之,悉聽約束。陞貴州按察使。復丁內艱。服除,補山東,歷轉山西左右布政使,遂以夙望,擢副都御史,撫治山西。崇既授節鉞,慨然以保障地方爲任,除器械,繕城隍,倡勇敢,嚴斥堠,寇至輒以捷奏。加兵部左侍郎,仍兼督撫。丙辰,召貳本兵。丁巳,湖、廣、川、貴苗民不順,廷議得老成諳練者,乃命崇以原官出鎮。二年,苗穴底平。以微疾致仕。文章汪洋浩瀚,爲一世所宗。另有集若干卷。

已上應志列名賢。

應廷育

字仁卿。年二十七,登嘉靖癸未進士。或勸增年以需科道之選。笑曰:"欲事君而先欺君,可乎?"值爭大禮,廷育據歐文《濮議》,廷論莫有合者。因乞養,改南刑部。繼而丁外艱。服闋,補南刑部。凡三入刑曹,明法律,每讞獄,爲囚求生。常與人談名理,聽者悚然。會巨俠滕泰犯大辟,主部者欲貰其死,廷育堅執不少貸,主者唧之。尋中蜚語落職,同知荊門州,檄署穀城縣事,專以德惠民。及還,署州事,日講學于象山書院。秩滿,陞道州。一日聞苗掠永明縣義家,奮然勒州衛兵追捕之,斬獲無數。擢僉閩兵道。入閩,以患病,力請致仕。四十餘年講學論道,類多格言。府守王公戀德輯郡志,延廷育。會疾,辭不赴,乃懇所著《先民傳》,其志人物卒祖之。邑侯吳公議修邑志,時廷育已逝,署學事胡君得廷育遺稿以獻,閱之歎服,遂付諸梓。部使者節行薦舉,皆不就。迨將終,揮毫數章,怡然而逝,惟存圖書數卷而已。所著書,在官有《刑部志》、《讀律管窺》,在家有《中庸本義》,凡十五種。

王楷

字子正。性敏,經史皆抄讀。嘉靖丙辰進士,授揚州推官。值島寇亂,楷守南門,見城外百姓號泣,開門納之。事聞,賜金帛。徵爲給事中,歷刑、禮二科,彈劾無忌。陞湖廣參議,敕守太和宮。會有旨駕幸武當,楷以水災具疏,遂止。性至孝,居喪哀毀,卒因奠母誕辰,一悼而絕。

程梓

字養之。生而明慧。及長,聞何、王、金、許,欣然慕之。讀《正學編》,躍然曰:"學在是矣!"弱冠爲諸生,徒步往姚江,求文成之學。歸里,即壽山洞中,倡明正學。鄉豪以睚眦隙,詣御史臺訟梓建淫祠、倡僞學。御史不察,遽削梓籍,祠廢。越數年,梓普訴當道邑士紳,詣御史臺言狀。復梓籍,仍建祠。隆慶辛未,子正誼舉進士,司理武昌,迎養署中。時政府操切,正誼以部郎慮囚吳魯,坐決不滿品罰,曰:"兒以無冤民壽我,我願足矣!"前後三錫命服,拜賜畢,即橐之。著有《白翁吟稿》。年八十有八,素髮委地,月朔掌文作丹砂色,所居亭瓦有朱光。忽一日,曰:"吾逝矣。內省不疚,不倍吾學矣!"學者祀于五峰書院,配享文成公,稱方峰先生。

程正誼

字叔明,精晰六經。登隆慶辛未進士,司理武昌。武昌屬邑,向無雉堞。誼至,建議築五城。陞刑部。癸未,分臬雲南。時土司車里、八百、老撾等負固,誼至,開誠感諭,遂悦服。乙酉,廷議剿羅雄州。中丞以誼才,越境委誼。誼受任經理,拔羅雄。陞廣西參政。時靖江王逝,悍宗煽亂,誼令閉守,諭以威德,不復噪。壬辰,晉河南憲長。時兩河大祲,饑民黃江等行掠,誼策賑撫,單騎至賊營,感泣歸命。乙未,陞山東右藩,校梓《五經傍訓》。尋轉四川左藩。時三殿災,蜀中採辦爲屬。正誼立折算銷算法,鐫爲書,商民不困。既而知土官有亂萌,乃遍訪諸隘爲之圖,係以説。及楊應龍反播州,總督李化龍議撫,正誼曰:"此益長其驕。"乃出向時圖説,指以正奇之法。化龍曰:"不謂今日復見卧龍事!"悉諾之。及奏凱,化龍疏正誼功,陞順天府尹。時蜀帑羡餘數萬金,吏以請,誼正色却之。赴京,以蜀扇不工,罰及僚屬,誼引罪,請寬僚屬,遂飄然歸。日與同志講學五峰林下十年。壽八十。所著有《宸華堂集》。

黄卷

字惺吾。天性警敏。登萬曆丁丑進士，授中書舍人，考選河南道御史。遇事敢言，不避權貴。奉敕巡視蘆溝橋及節慎庫，風采奕然。巡察長蘆鹺政，請建學滄州，以處鹽商子弟。巡按山東，訪求周公後而復其家。癸巳，國本未定，下三王並封詔。時建言諸臣如涂念東、王省軒、朱納齋、王介石，皆以批鱗削籍，號四君子。卷賦詩慰贈，復抗疏，以冀回天，直聲震朝廷，蒙留中放歸。光宗登極，詔起用，卷已歿，遣道臣賚帑金以旌直。晚年講學碧蘿居古松下，著有《四書五經發微》若干。號松朋先生。卷子一鶚，富于著述，以郡丞撫軍昌平，晉秩賞金。一鷗，書法踵二王，分剌濟南，闔門殉難，人稱濟美云。

王世德

字長民。生有異徵。善讀書。萬曆辛丑進士，任同安縣，以廉能調繁閩縣，陞工部主事，督造殿門。陞郎中，典試山西，陞湖廣黃州府。民有以病魔告者，世德禱城隍，忽一童子斬泥神頭獻曰：「魔已伏誅。」擢湖廣副使，備兵下江，屢擒大盜。會詔舉異才，撫按以世德名聞，遷右參政。尋丁外艱。服闋，起貴州監軍。安邦彥謀犯省城，世德請駐節威清待之。邦彥圍威清，世德鼓以忠義。會大風，募敢死士砍賊營，賊驚潰。敘功，陞本省按察使，仍監軍。苗寇肆亂，進剿盡平。敘功，陞湖廣右布政使，兼督黔餉，賜帑金。陞廣東左布政使。以弭鍾凌秀之亂，敘功，賜帑金。劉香老謀犯省城，世德調閩將鄭芝龍來援，與之夾擊香老于洋溺死。事平，敘功，會滇撫缺，懷宗顧左右曰：「豈有知兵術、恤民瘼若王世德者乎！」即日擢左副都御史，巡撫雲南。世德去廣時，庫中羨金數萬兩，悉籍以充軍餉。抵雲南，牝妖萬氏結黨狂逞，世德築造建屯，百廢具舉，諸逆歛迹不敢出。旋疾，卒于官，滇人哀之，公舉祀名宦。按臣以聞。贈兵部右侍郎，賜祭葬。世德居官廉謹，立身謙恕，家僅中產，割膏腴以奉公祠，教人以孝友爲先。讀書務求實用，嘗刻《五紀講》及《龍川文集》，所著有《左氏兵法》若干卷。崇禎十六年，學道王批准祀府學鄉賢。

周鳳岐

字邦聘。萬曆己未進士，授中書。天啓丁卯，轉陞郎中，管節慎庫。魏忠賢差索靴料銀兩，厲色拒之。歸家，邑中大祲，鳳岐捐粟濟饑。崇禎元年，巡撫張延登、戶科陳堯言交章薦，略曰："風高愛鼎，節重如山。"奉旨起禮部郎中。庚午，陞湖廣江防道。洞庭湖、沅江一帶，崔苻不靖，會議建設衙門，調守備巡守。甲戌，陞四川兵備道。黔司與蜀苗爭疆，鳳岐單騎往，立碑為界。陞湖廣參政，川省士民哀籲上聞，加俸復任。己卯，涖武昌，偏浣①王永祚、撫浣②宋一鶴會題，陞澧州左參政。壬午，流寇猖獗，當事檄任監軍。流寇圍荊州，鳳岐提兵應援，賊將王老虎襲澧州，鳳岐移文，恢復常德府等縣。癸未十二月，寇張獻忠破長沙，轉攻澧州。參議陳瑱出戰，全軍覆沒。鳳岐望闕謝恩，曰："臣力竭矣！惟死以報天恩。"城陷被執，嘆曰："吾豈懼死乎！"擊賊，罵不絕口。賊怒，剖腹斷臂，慘不忍言。甲申正月，楚撫李乾德、黔督李若星具題，請將死事二臣厚與優恤。贈都察院右副都御史，賜祭葬，蔭一子。

徐可期

字烜父。崇禎戊辰進士，初授行人。奉命冊封蜀藩，屏供帳，省夫役，及王以金帛贈行，堅辭不受。又奉命諭祭豫藩，清望益著。考選福建道御史，會以梗介觸忌者，改遷刑部主事。召對抗言，請撤各道監視內臣，逾月報可。陞本部員外，兼掌四司印。時山、陝寇氛遍發，外臣多無辜被逮，可期力為申救，廷論韙之。乙亥，病卒於官，囊無餘金，同官賻之，舉柩歸。生平狷介，始終一節，士林推為模範。著有《書經貫言》、《太極正蒙宗旨》并《蜀遊詩》行世。崇祀府縣學鄉賢。

---

①② 校記：徐志皆作"院"。

徐學顏

字石松。穎敏端恪。年十六，遊太學。萬曆丁酉、戊午，天啓辛酉三中順天副榜。性至孝。父世芳，官西城正兵馬，以直忤權貴，下詔獄。學顏廢寢食，膝行伏闕，上疏鳴冤，屢爲納言所阻。乃謁司寇，咬臂深入，出血賤其廷。司寇心動，上報甦其獄。顏以是含痛，不噉牛羊豕終其身。母王氏遘疾，諸醫不效，學顏籲天請代，夜夢白衣人惠之藥，乃遍走藥肆，揣其形，得荆瀝服之，病遂已。常構愛日軒致色養，邑人程正誼作記美之。崇禎甲戌，以副榜推恩改貢，准廷試。己卯，拜楚府右長史。危襟正色，王敬憚之。往豪宗不若于訓，學顏理奪勢格，弗少阻。檄署江夏縣印。時寇氛震鄰，顏捐俸築炮臺，繕城隍。壬午冬，滿三載報最。時楚王特奏，補顏備兵使者，宗紳士民集控撫院，留署江夏。癸未五月，獻賊圍武昌。院司守令，或陞遷，或入覲。學顏佩雙印，率宗民兵，拮据城守。賊將解去，遭賊弁內應，城陷。學顏與賊格鬭。賊斷顏左臂，右手尚持刀不仆，罵賊益厲，遂被支解。闔室殉難者二十餘人。御史黃澍按臨武昌，特疏署官死不辱身，以爲"常山之血，落落數點"。懷宗皇帝嘉顏孤忠，贈按察司僉事，諭祭葬，建祠，錄一子入太學。所著有《四書日衷》等書。已上纂載史略並章正宸《忠烈傳》。有特祠，在郡城。

曹成模

字國範。天啓丁卯舉人。秉性端方，足迹不謁有司。然與人粥粥，未嘗以清介自異。授星子知縣。星子故疲邑，成模一力自隨，勺水不以累民。又爲請蠲宿逋，民有起色。時江右大擾，悍帥逼餉勒犒，方舟而至，成模談笑却之。又高、黃二寇數萬圍城，殫力捍禦，彈丸藉以無恐。國初定鼎，飄然買舟歸。出署之日，主僕二人，行李朽敝。士民望而泣下。卒祀府縣學鄉賢。

已上照徐志。

宋

石天民

存心寬厚,制行嚴毅,奇士也。任知軍,爲嚴陬保障,可謂有守有爲者。陳同甫與交最厚,嘗貽朱元晦書,稱"其貧日甚"。其卒也,祭之以文,蓋極稱美云。

胡侃

字子仁。當宋嘉定間,以克己養性之學,持内聖外王之論。應賢良方正直言極諫科。時科廢且百年,不得試矣。退居杭州西湖,築雪江講堂于三賢堂之側,遠近學者咸宗之。

周望素

卓有才名,無意榮達,士君子重其爲人。嘉泰間,過釣臺,慕嚴子陵清風高節,爲文自見胸中之奇,時人傳之。

元

吕溥

字公甫。從學許文懿公之門,講究經書,悉領其要。爲文馳騁雄暢,落落有奇氣。詩動盪激烈。治家冠婚喪祭,一遵《朱子家禮》。嘗著《大學疑問》及史論。其詩文有《竹溪集》若干卷。溥從兄洙,字宗魯,亦從許文懿公遊,同門服其精敏,俄以疾卒,所著有《太極圖説》、《大學辨疑》。

戚仲咸

名崇僧,以字行。其先居金華,祖紹,隱居養親,人稱爲真孝先生。父象祖,道一書院山長。仲咸自少端居苦學,爲詩文皆精麗綿密。年十七,從許文懿公游,潛心性理之説,旁通諸子百氏,同門推爲高弟。克己礪行,爲人所難,自奉清約,不以時好改其度,每謂人知富貴之可欲,而不知貧賤之可樂也。吕氏創家塾,延仲咸主其教。師法嚴整，學者皆敬憚之。居常默坐一室，環書數百卷，非有故不妄出。扁其室曰"朝陽"，人稱爲朝陽先生。所著有《春秋纂例》諸書。

呂汲

字仲修。少嗜學，至老不輟，讀書務窮理，于百家數術，靡不旁通其説。養親具必豐。族人貧者月有廩，年當入學者家有塾。鄰里有急，必周之。歲歉，爲粥食餓者，所活千百計。至自奉，乃極儉薄。甫逾弱冠，大盜竊發，官軍進討，强起其父懋以鄉導。汲隨在行，身踐重山密林，探其巢穴。事平，口不言功，識者推其雅量。晚益務韜晦，自號水西翁。子機，字審言。刻意于學，通《春秋左氏》大旨，好讀司馬溫公《資治通鑑》。孝于父，敬于兄，事必咨而後行。撫育二妹，逮于有家。待賓客朋友有禮。樂賑鄉人之急。人或懷嶮巇以相傾，忍弗與較，綽有父風。

陳舉

字德昇。至元初，仕至都倉。尋去，隱居杜溪之上。清貧好古，博窮典則，考論諸家。鄉邑從其學者，因材造就。彬彬有君子風。

陳則璪

字仲飭。清約苦學，淹貫經傳，文辭典雅。至正間，縣尹丁從正辟爲縣學訓導。所著有《質菴稿》若干卷。其門人胡仲勉、盧誼、林維亦，皆以文學知名于時。

薛蕃

幼勤學，有才識，不求聞達，士林高其行，後進多從之遊，有三代逸民風焉。

唐光祖

字仲遲。其先金華人。父以仁，從聞人夢吉游，學行爲夢吉所重。光祖幼承家學，長從李曄游，言動必則古昔，雖造次無戲謔。爲文典實有法。隱居授徒，儼然以師道自尊。邑大夫累以人才起之，不受。號委順夫，所著有《委順夫集》。子道隆，孫蔭，皆淳樸有祖父風。

胡仕寧

歷覽書史。從委順夫游,得其底蘊。晚號耕讀翁。日與文人詞客徜徉山水間。學士呂源、侍御范林,咸有詩文紀其實。

呂熒

字慎明。父桌,博覽經史。熒承家學,復從宋濂遊。爲文純正蔚贍,有奇氣。洪武中,吳沉以才德兼備薦于朝。歷官周府左長史,改刑部郎中。未幾,忤旨坐罪,縉紳惜之。著有《雙泉文集》。

應恂

字子孚。純朴好古,頗涉書史,治家勤儉自足,一介弗苟取于人。訓誨子孫,教授門人,必依于孝友勤儉禮義忠信。嘗自贊曰:"不能執中,寧過于厚。不能有爲,寧過于守。"晚自號曰純朴翁。所著有《純朴翁稿》。

胡叔寶

正統中,以掾進,授四川中江縣典史。平易近民。其地僻陋,教以耕桑之法,修築陂池,以備旱潦,均被其惠。九年考滿,民詣闕保留。陞知縣,初政不懈,時葺學宮,以作士類。又九年致仕,民不能捨,又留二年,乃歸家,肖像祀之。既歸十載餘,年餘八十無疾,一日,忽沐浴更衣,坐中堂,命子孫羅拜于下,曰:"吾將還中江矣。"翛然而逝。照胡志,合應志。

汪宏

字器洪。以歲貢,南靖振鐸九載,造就王玭輩登甲第。時沙尤寇亂,保定伯梁公瑤檄宏擒殘渠魁劉乾輝等,民賴以安。遷唐府伴讀而卒。

應綱

字恒道。少喪父。母胡氏,守節撫之。長補邑弟子員。事母克孝。母嘗病,不食,綱亦不食。成化七年,省試回,經錢塘,舟人多溺死,綱念母寡居,乏人供養,水中若有援之者,得不死,以爲孝感所致。

後應貢，任歸德訓導，奉母就養，孝義逾篤。母殁，水漿不入口者三日，廬墓三年。有司具奏，敕旌其門曰節孝。著有《孝經刊誤集注》。

應璋

字德夫。宋少師孟明九世孫也。嘗受學于章楓山先生。一見，語以黃勉齋所云"真實心地，刻苦工夫"，璋佩服弗懈，先生稱其純篤。後膺貢授徽學訓導。補長樂，再遷羅源教諭，正己率人，人皆樂從。致仕，年九十終。學者稱為東白先生。所著有《四書索微》、《尚書要略》。

盧可久

字一松。邑諸生。從陽明先生游，潛心理學。東陽許弘綱作傳，程松谿稱之曰"一夔足矣"，蓋直接何、王、金、許之傳云。所著有《或問》、《遺言集》。崇祀五峰書院。

周佑德

字以明。性至孝，居喪三年，不見齒，親未入土，猶不除服。講學五峰，創學易齋。居鄉建義倉，人多德之。弟有章，一門孝友。二人並祀于鄉約社。

王師堯

字尚雍。少有才名，及長，砥志為己之學，事祖母以孝聞。晚年益醇謹優行，五膺憲獎，起文陪貢。卒。著有《省身錄》、《筆古集》二十卷。子世鏗，崇禎癸酉、丙子二科副榜。世鈇，著《經史管見》、《律呂圖說》，製璿璣玉衡儀，人稱其家學焉。

程明試

字式言。性孝友，刻苦砥礪，所交皆一時名碩，與太史李本寧、張凌虛、王百谷賦詠贈答。所著有《海運議》、《七松吟》、《松窗頌古》。

呂一龍

字雲君。邑庠生。聞東陽春洲、誠源兩先生礪志內求之學，遂師事之。生一子，以兄弟多子，乃計口均分其產。兩師卒，皆心喪三年。講學五峰，學者咸師事之。

徐明勳

號筠岩。幼失怙,依母成立。博通經史,嘗曰:"讀聖賢書,不知聖賢之爲人,雖萬卷何益!"一日赴郡錄科,忽夢母有憂色,覺而心怖,遂夜半馳歸,母果病。籲天願代,廢寢食,省侍四十餘日不少懈。著有《史衡》及《孤臣錄》數十卷。母李氏,見貞節。妻朱氏,孝于姑,人咸稱賢淑。戊午,正主考項公一經表其庭曰"一門節孝"。子六,悉庭課成名。友范、友閩、友基,尤克以學業繼其志云。

已上徐志續士行。

應玠

字草亭。受業陽明,窮究心學,講學五峰。性孝友,廬墓三載。

金大材

字時成。明萬曆間邑庠生。究心理學,著《五經統紀》、《四書事類通考》等書。福建方伯徐公學聚梓之行世。

王世鈇

字畏公。乙亥拔貢,才望藉甚。講切程朱理學,受業門徒百餘人,多名士。天性孝友,持己端方,士林奉爲模範云。著有《經史管見》、《璿璣玉衡儀解》。

黃一鷗

少入大學,博洽載籍,工書法。任濟寧州同,陞東昌通判。流賊圍城,鷗分守擊賊。城陷,闔門三十餘口皆被害。賊執鷗,罵不絕口,遂遇害。妾沈氏,匿水溝中三日,賊退始出,遍尋死骸,認一素所繫錦囊,得殘尸葬之,遂禿髮尼庵,幾四十年。康熙十年姪延激赴濟寧獲遇得歸,年七十卒,人欽其節云。

應炅

有學行,事親孝,爲諸生,聲譽日起。甲申間,棄去高隱。

徐士震

字蓬菴。少著聲庠序。痛父可期歿於王事,終身哀慕。母年八十,曲盡孝養。友愛諸弟,老而彌篤。性狷介,雖父同官故舊,未嘗一造。年八十五,力學不倦。所著有《治心編》、《蘧菴鏡帖》。

徐光時

字東白。三任教職,所至修飭學宮,整理典禮。其在嘉興,一時獎識,悉成名士登上第。年九十餘,吟咏自得。著有《東白軒草》。

徐士雲

字蒸綺,可期子。幼慷慨有大志。從宦燕都,史道鄰先生一見器之,授以聖學三關之秘。甲申後,痛父殁於王事,棄青衿,與兄弟偕隱。事母施宜人篤孝,待親友多所推解。閒居,與室人黃氏尚論經史詩文,苦志教子。黃亦有著撰,藏于家。長男璜,蚤世。媳虞氏殉烈,奉旨旌表。次男琮,戊午登賢書,人謂式穀之貽云。

陳廷宣

字介玉。力學好古,廩食三十年,值崇禎甲申,棄名隱遁,往來五峰,講學不輟。受業門人遍鄰邑。遺稿存《讀史偶錄》。

程引祚

號東壁。性嚴毅,刻苦力學,下帷五峰,諸子百家靡不貫通。四方執徑受業者,多所成就。尤嚴於課子。子七人,游庠者五,懋修、懋昭以明經登仕籍,人服其家教云。

呂之奇

字正卿。性穎悟,工書法,諸史百家,皆手自評錄。明末,將貢于鄉,埋名不出。

徐裳吉

性孝謹,喜讀書,守己待人,足爲師法。值甲申之變,棄舉子業,潛心理學,視世味泊如也。著有《儀禮纂集》。

李長春

字方華。幼穎悟好學,由明經授松溪令,未赴退隱。早失怙,事母三十年,色養慎終,孝行備至。好賑貧乏,竭力爲之,凡族人構爭,一言令之冰釋,族中免至訟庭者約二十餘年。

盧元參

字若魯。邑庠恩薦。一介不苟。嘗助修學宮,造永濟橋。遇貧乏,多方周恤,鄉人德之。年九十卒。

徐士儀

字徵淑。沉潛刻學,有聲庠序。鼎革後,潔身潛隱,自號遯迯。晚好《周易》,釋解多所創獲,年八十餘卒。

徐浩

字徵巖。潛心經史,至忘寢食。明末棄恩薦,絕意仕進,與金華姜公應甲講求性命之學,往來問難,多發人所未發。尤博通天官曆法,每言一行歲差未確。著有《尚書貢象敷言》八卷,抉微析要,足備靈臺採擇云。

徐士雷

號惕庵。幼聰敏。鼎革初,退隱樂志。年七十餘,手不釋卷。著有《蜩唫》二卷、《小丘逸志》二十卷。

呂一美

字伯輝。幼失怙,母壽至九十四歲,竭力奉養。蚤歲游庠,刻志讀書。孜孜樂善,遇歲飢,煮粥賑濟,瘞埋白骨,建九里橋。年七十九。

徐紹源

字于清。以明經授訓導。生平質直端方,務實學,執經者數百人,多成名。當事甚器重之,未嘗一干以私。赤貧堅苦,一介不苟。至今邑人言清操者,必首推其爲人云。

徐若瓊

字鳧雙。以明經授訓導。少負才名,受知當事,不肯妄有干求。家壁立,瀟然自得。學者從游,多所造就。所著有《十字吟》、《自鳴草》。

王世琮

邑庠生。親病刲股得愈。常仿朱子社倉,春貸秋歛,不取其息,以濟荒歉。行之數十年,衆受實惠。

王世鍵

字有摳。性至孝,父師禹年九十卒,廬墓三年。遇歲飢,出穀賑濟。人衆,益以白鏹,全活甚多。

王同庚

邑庠生。講學五峰書院,助田爲先賢祭資,受業者常數百人,遺有《惜分齊吟》。

陳廷珙

字君瑞。郡增生。珙父候選京都,疾卒。珙年十五,扶櫬歸里。善事孀母,撫育弱弟,稱孝友。苦志力學。著有《讀古彙編》。崇禎間歲祲,傾資賑濟,縣府道司旌表其門。

徐元乘

字惟登。閉戶讀書,講求實學,人罕見其面。順治初,土寇竊發,邑令吳公延之爲城守計,乘慨然應命,倡率守禦,勞苦成疾而卒。著有《書經集解》。

已上採錄《學志》并續入。

宋

陳慎

宣和中,納粟賑飢,授中州助教。寇亂積骸平野,躬率二子良臣、良能收瘞之。紹興中,二子並登第授官。乾道間,歲大歉,爲粥以食飢者。鄰有逋稅,代償之。復建橋三處,曰上降,曰下降,曰東濟,甃道以便行役。孫五人,亦相繼貴顯。人以爲施德之報云。

元

李叔安

大德丁未中,遭時大歉,發粟萬斛賑飢,鄰邑扶杖襁負就食者以數萬計，置大釜煮粥食之，多賴以全。有司表其所居坊曰由義。

胡嘉祐

字元祚。至正乙亥，縉雲萬溪賊杜仲光，率衆剽掠。嘉祐不忍鄉里罹害，乃散家財，集丁壯，立保伍，大書其幟爲"義兵"。賊偵之，不敢輒犯。會官兵至，嘉祐率衆助討之，賊退去。兵駐邑中，頗恣睢。嘉祐白主將，出旗樹於鄉，約曰："敢擾吾民，殺無赦！"士卒皆如約，鄉民安堵。尹嘉其能，白憲府，署曰義士，俾與方允中合而拒賊。賊畏之，不敢越李溪而西。時大平呂元明，軍屯方岩，致書嘉祐求援。祐曰："吾衆以義合，將以排難存鄉里耳。委之而去，豈吾志耶！"益勵衆固守。山岩之民受圍者，輒出兵援之。歲丁酉正月，賊寇武平、合德。嘉祐與戰，破之，逐北數十里。二月丙午，戰於前倉，又破之。賊衆復間道出方岩，與呂元明戰岩下。呂不利，其屬孫伯純死于陣。又明日，賊復至，與嘉祐遇於占田。嘉祐盡銳以戰，顧謂允中曰："賊衆我寡，惟死鬥耳，不可退也。"自辰至午，嘉祐戰益力，厲聲罵賊，死之。士民莫不感泣。

明

田子貞

名貞，以字行。至正丁酉，寇起縉雲。民多奔竄岩穴，且飢饉相仍，道殣相望，貞出窖中粟賑之，皆羅拜於庭，曰："我等已在鬼錄，賴公生我。倘有役使，蹈水火無恨。"子貞因結爲義旅，使捍鄉井，賊不敢犯。廉訪司檄授以巡檢，不受。歲戊戌，明兵下浙東，福建省臣遣使持空名敕，授子貞武義縣尹，欲鉤致之。貞知天命有歸，殺使者，焚其書，其卓識如此。

黃嵐

生平孝友，會兄黃崇上輸課，廷讞重辟繫獄。嵐聞往省，以貌相肖，代繫赴京，遇宥獲免。

程堅

字世剛。慷慨好施，嘗於雪中以囊貯粟戶給之。母吳氏病篤，醫禱弗效，乃割股作糜以進。堅行第十二，中年無子，母吳感而祝曰："十二官如許純孝，願天賜賢子十二，亦如十二官之孝。"後果生子十二人。第八子銈，登弘治己未進士。時年八旬，封大理評事。孫文德，嘉靖己丑進士第二人及第，加贈吏部侍郎。

應杰

字尚道。雅志好古，著家範，立祠堂，制深衣幅巾，行古冠婚喪祭之禮。事祖及父母，克盡孝敬。與諸弟析產，輒自取其薄者。他如葺明倫堂，造梁風橋，代完鄉民逋稅諸義事，如此類者甚多。

俞統

成化十九年大水，家被衝沒，妻女皆淹死。先是有商人市苧者，寓白金數十兩其家而去。及水退，商人泣而至。統曰："無憂也。家雖破，銀幸尚存。"挈而還之，毫釐勿爽云。

倪大海

祖病，侍奉湯藥不離側，焚香告天，願減己齡以延祖壽。後祖年逾九十方終，大海哀毀逾禮，及葬，廬墓三年。繼母李患癘，吮其瘍出之而愈。父歿，又廬墓三年。值歲旱，飢者施粥，死者捨棺，仍割田儲廩，以賙其族人之貧者。有司具奏，旗其門曰孝義。

已上應志列民德。

徐寶

字伯珍。事親孝。式穀四子，皆有古人風，且好周急，如家貧親老，與喪不能舉、壯不能婚者，多被其惠。正統十四年，部起運數千金於家。值括寇，邑城焚掠殆盡。有司議重徵諸民。寶避寇晚歸，悉挈以還，議遂寢。鄉人咸德寶，歲首三夕，戶設香燈祝之，因相沿成俗。其孫恫以隱德著。孫昭暨文卿、文通、可期、之駿輩，蟬聯科第。而學顏以忠烈膺特典。父老咸羨寶食報云。

王孟俊

性孝敦行。念父永昌曾捐百金建府學兩廡，乃繼志，出粟千石賑飢，有璽書羊酒之褒。後孫洙楷、世德、世鈁、世衡聯登科第，人咸謂累德之報云。

俞柏

賑窮周乏，好行其德，建胡塘橋，鬭冒認聖裔，辦湖州官糧。方伯姚公表其閭曰"義士"。

徐文景

字汝憲。孝友性成。以母瞽，同卧食至老。兄弟五十年不分爨。喜放生，濟人危急，爲黨族推重。年逾九十，赴賓筵。巡方胡按郡，乘傳引見，給冠帶銀兩，扁其廬曰"百歲善良"。署儒學教諭包世杰有傳。

盧珮

性孝友。伯氏蚤喪，撫遺孤如己子。仝盧琳助修公所，出穀賑飢。邑侯旌其堂曰"樂善"。

國　朝

呂應光

力行節儉，不侵然諾。歲大飢，捐穀千餘斛賑濟。捐己田爲祖鄉賢文燧春秋祀，又捐己田立義塾以教四方。年九十八終。

徐惟啓

出粟賑貧。順治十七年，巡按楊公特表其閭，引見親酌酒。年八十餘卒。

已上徐志續民德。

徐惟明

樂善敦倫，嘗建西津石橋，出粟賑飢，貧人負貸者，焚其券。年九十。

徐元贊

仗義好施，見有貧欲出妻者，罄囊爲之全，凡數家。前令徐聞而旌其間,曰"縈潤碩人"。

應光賢

性孝,家壁立,必委曲奉甘旨,不使父母見其難。順治戊子年,土寇焚掠,火近父柩,入室抱柩號,忽反風,獲免,人謂孝感所致云。

盧汝翰

性豪爽,建義倉,濟賑飢民,多所全活。嘗立觀善堂,衍析六言,使知性善宗旨。

盧仲傅

仗義輕財,每歲於冬至前後,躬拾義冢遺骨埋之。萬曆間歲歉,煮粥以食飢者,鄉人稱之。

應本際

樂善好德,族之娣修苦節者,歲恒周給。人以緩急告,輒應之,至爲折券,不悔也。嘗得遺金,訪其人還之。

翁文正

出粟賑飢,捐造橋梁,早輸國課,嘗拾舟人遺金三十兩,守還之。

王汝忠

從父遊學河南,負骸歸葬,廬墓終身。

宋

徐綱

字邦常。少從范仲淹游,登皇祐己丑進士,累遷御史中丞。不避權勢,常劾呂惠卿、韓絳阿附王安石之非。弟紀,字邦振,同科進士,亦拜侍御史。有司旌其里曰"雙錦"。

元

李弘道

博極群書,以書魁至正甲午省試。時海內方亂,索居約處,橫經講道,學者雲集。號盤谷先生。

明

呂德務

當明太祖下婺,駐驆赤松宮,與東陽陳顯道、括蒼章三益詣行在,陳濟世安民之略。上悦,列置左右。

馬文韶

以吏辦事陽武侯府。適永康歲祲,飢民競挾富家粟。或張大其事以聞。命侯剿之。文韶哀告曰:"永康之變,實飢窘所迫,無它也。請勘實而後行。"侯如其言,兵止不發,民保無患。

張宗禧

娶厲氏,有淑德,生三子:旻、昴、昺。厲卒,宗禧感其賢,誓不再娶。家故裕,賙貧起仆,爲人舉喪葬婚嫁,嘗捐資募傭,築下黃官堰,溉民田萬餘畒。造舟楫,修輿梁,以便官道。鄉人稱之。

林宗署

宋樞密大中十世孫。性朴古。早失父,事母以孝聞。正統間,寇亂,嘗上民情三策于鎮守都憲。晚築土室,圭寳巾服儼然,不妄交,不入城市。學問之功,至老不倦。

章希膏

侍郎服之裔。端莊謹飭,修己行義。永嘉周豈傳其事。

應勝

字尚志。隱德不仕。性孝友,敦睦宗族,有構争者,片言輒服。尤善醫,所全活甚衆,而不責報。令尹杜公爲作《世德傳》。

徐鸞

字廷揚。少爲邑諸生。任俠不覊,一日忽自悔悟,閉門静養,言動率師古人。事母以孝聞。

周桐

字鳳鳴。以貢歷任撫州教授。身先作人,士咸歸之。聞母疾,即日棄官歸。

陳泗

由歲貢授福安知縣。鋤强摘奸，民甚德之。每食惟薯一豆，人呼曰薯公。及改漳平，廉謹愈勵。甫五月，卒於官，民爲立碑志思云。

應本泉

安遠主簿，歷永新丞，陞兵部典牧所提領。所至皆稱其官。在安遠凡多功績，民祀之。

應召

璋之子。嘗從父宦遊新安，受業於甘泉湛公。母疾，侍湯藥，不解衣帶。比終返襯，値洪水泛漲，柩爲激流所漂，召抱柩呼天，已而風息水平，柩免漂沒，人以爲孝感云。

俞聞

好古博學，築廬青山之下，學者稱爲青山先生。尤精乾象。見方伎。

已上應志列遺德。

明

徐淇

字湛之。爲邑諸生，從楓山先生遊。好古博文。所著有《學》、《庸解》。

周瑩

字德純。受學陽明先生之門。先生爲文贈之。鄉人高其行誼。

朱世遠

貲甲於鄉，歉歲輒濟貧乏，鄉里稱之。元季，處寇侵縣。散資募衆，同呂元明禦之方岩下，與官兵夾擊殱之，境賴以安。

王京

恬淡朴茂，深自韜晦，歷有善行。

姚守仲

割股救父，廬墓三載，歷經旌表。

徐士洪

性至孝，髫歲父病危，爲文籲天願代，號呼七日，父甦，洪死。包世杰爲之傳。

陳明光

邑庠生。事親愛敬備至，當抱病，事之愈謹。人無間言。

國　朝

呂邦俊

歲飢，命孫正先捐穀濟貧，年至九十九。

周惟忠

性醇赴義，曾於蘇州客邸還金。常捐米賑飢，善行孚衆。

胡希洪

年二十，父母病疫，晝夜哀籲，刲左右股，一和藥奉父，一和粥奉母，二人立愈。府縣具詳旌其門。

徐懋簡

性至孝，孩年喪母，家貧。父思聖，狂疾不識水火，行坐持護，起溺必俱，垂三十餘年。父病劇，乃自墮危樓以乞代。公舉轉詳，載入憲綱。

胡以澄

事親孝，感愈沉痾，瑞延壽考，至行可風。

徐于祥

性本孝義，父晚邁厲疾，躬親糜粥，十有餘年。父歿，祭葬不遺餘力。捐資重修聖廟，并十哲、四配、厨几等項，助建明倫堂梁柱，砌造橋路，還金瘞骨，賑飢濟貧，以樂善好施稱。

已上徐志續遺德。

應曇

字仕濂。孝友傳家，輕財好義，建文廟明倫堂，架橋梁，捨義田，施穀濟飢，還金甦命。普利寺圮，曇爲新之。寺產侵失，曇爲贖之。僧構祠以報德。御史黃公立碑記焉。

金盛宗

敦行好施，捐建欞星門。洪武間，出粟一千四百餘石賑荒，璽諭褒美。其餘造橋梁、修道路，種種可風。

應枌

字尚端。早失父母，每遇忌日，哀痛如初喪時。其於弟枋，友愛曲至。文廟圮，□□□□然捐修。以季子典貴，贈兵部主事。

林槐

出粟濟貧，捐資修學。

應希聖

字崇學。邑東鬼溪孔氏，明嘉靖間，冒認聖裔，蠲免九十六户。邑令毛公察其僞，欲正之。衆推崇學。毅然身任，往西安、曲阜，詳稽孔氏世譜，並無斯傳，鳴於當道，絕其優免，邑人賴之。

應崇正

正德間，嘉、湖歲凶，駕賦于婺、衢、嚴三郡，後遂派爲常額，民不堪命。崇正揮其家資，偕弟廷彰挺身上控，而賦賴以均，民賴以息。方伯姚公有獎語云："十載不思家，可愧守錢之子；一心惟尚義，益彰崇正之名。"義烏知縣胡櫸作義士序贈之。

王世忠

捐粟賑飢，助田入祠，修宗譜，創追遠祠，建聖廟東廡。

徐應顯

字子祐。業儒，精醫術，多所全活。歲大侵，倡行糜粥。有以逋賦告者，爲貸錢焚券，人德之。御史牟公按部，廉其行，酌酒表廬以風之。

王同晉

字康生。性孝友。以伯父中丞迴溪公世荷國恩，隱居耕讀，絕意榮名,遺命助建學宮講堂三間。孫丙褒克承先志,竭力營之。丙褒能文工書,録先賢格言一册,曰《景行集》。

已上《學志》續遺德。

應守誠

性孝友。父元吉好施。誠善承志,以身任之。兄守謙,仕汝寧經歷,欠糧千餘,誠破産代償。嘗建橋濟涉,捐穀賑飢。一日偶至坟山,遇有人盜砍樹木,慰諭速去,不令從人逼之,盜亦感化。孫際聘,有祖風。幼失怙,事母盡孝。兄弟五人,敦友愛。嘗架石梁,置家塾,能紹祖德云。

陳惟章

慷慨仗義,嘗以己田易爲堰基,使一方利賴。順治辛卯,鄰遭强寇,衆皆閉户,章獨挺身往救,提戈衝先,中利矢,傷胸而卒。族義之,爲立昭義祠祀焉。

應永禎

性誠樸,事父母以孝聞。家素封,好行其惠。人有以緩急告者,應之不責其償。訓課子孫,遊黌序者七八人。

應瑞璉

有孝行,父早亡,事母委曲承順,朝夕問視不暫違。人或非理相加,不以爲意,類學道人。

應一鋠

性質樸。幼失怙恃,事兄嫂如事父母。急公尚義,矜孤憐貧。年八十餘卒。

王世琨

孝友樂施。歲飢,倒廩千餘石賑濟。邑侯吴公獎曰"家賢慕義"。弟世相,並好義,捐資全貧人夫婦,贖遠鄉母子。里多稱之。

王世昌

少孤,事母盡孝,濟貧恤族,以樂善稱。

永康縣志卷十一

知縣事華亭沈藻琳峰重修
儒學余瀘潛亭參閱
崑山朱謹雪鴻編纂
邑人應本初元生校訂

仕　進

　　取士之法，毋論其爲辟署、爲孝廉、爲中正、爲詩賦、爲經義，總以試之有成績，乃爲實效耳。今自童子科以至奏對大廷，皆曰試，蓋其所由以進身者在試言，而其所簡練以成其才者實在試事也。國朝崇儒尚文，天下士咸知肆力於古，由是文風丕變，科名稱極盛焉。永之科名，唐以前無考。自宋迄今，不甚遺失，其可傳者，載諸人物；其無甚表見者，則載其歷官，而行迹略見焉。自進士而下，曰鄉舉，曰歲貢，曰例貢，曰辟薦，皆進途也。而又有年分、科分進途無考者，亦皆存之。循其名，則仕籍也。按其實，則德業之所從出也。夫既爲德業之所從出，則功名之士詎可忽乎哉！牢之言曰："吾不試，故藝。"今則藝精而就試□□之者歟！按志求之，聲華爛然矣！

宋進士

　　進士之名，見於《王制》。而科則始於隋唐。進士舊志無載，斷自宋起，各以代叙爲名表，而因以歷官綴焉。有行迹者亦附書之。其顯著者，別入人物志。

端拱二年己丑科陳堯叟榜

　　胡則　見人物。弟胡賑，咸平三年辛丑科陳堯咨榜。舊志失載。附錄備考。

慶曆二年壬午科楊寘榜

　　樓閱　閩縣令。

六年丙戌科賈黯榜

　　樓定國　職方員外郎，贈少保。

皇祐元年己丑科馮京榜

　　樓觀　漳州判官。

　　徐綱　御史中丞。

　　徐紀　侍御史。

五年癸巳科鄭獬榜

　　徐無黨　初名光。五崗塘人。見人物。

嘉祐二年丁酉科章衡榜

　　徐無欲　無黨弟，幼名明。郡博士。

治平四年丁未科許安世榜

　　陳愷　江西提刑。

熙寧三年庚戌科葉祖洽榜

　　徐思安　郡博士。

　　章甫　壽春令。

元豐五年壬戌科黃裳榜

　　陳治中

八年乙丑科焦蹈榜

　　陳汝功　縣令。

元符三年庚辰科李釜榜

　　陳次中　愷子。郡倅。

崇寧二年癸未科霍端友榜

陳樂天　侍御史。

嚴挺民　縣令。

政和五年乙未科何桌榜

樓炤　見人物。

八年戊戌科王昂榜

何同　郡博士。

建炎二年戊申科李易榜

胡邦直　忠佐。龍山人。知封州。見人物。

湯思退　吏部尚書。

紹興二年壬子科張九成榜

章服　見人物。

施儞　縣令。

徐若納　吉水縣令。屢斷疑獄，人稱神明。

陳良臣　吉川助教。

五年乙卯科汪應辰榜

盧燦　縣丞。

十二年壬戌科陳誠之榜

應汝礪　郡守。胡志作仕礪。

何紳　縣令。胡志作縣丞。

十八年戊辰科王佐榜

周邵　樂清縣尉。碧湍里人。

二十一年辛未科趙逵榜

劉大辨　知興化軍，仕至寺丞。

二十七年丁丑科王十朋榜

周懋　邵武教授。諸生不嚴而勸。王十朋稱其溫厚長者。

應材　靈岩山北人。太子春坊。封安國公。

趙公丑　宗室魏王後。縣丞。

三十年庚辰科梁克家榜

林大中　見人物。

章渭　字孟容。服子。從政郎。

葉秀實　字廷宗。縣令。

陳公亮　治中從子。右司郎中。

隆興元年癸未科木待問榜

應孟明　見人物。

乾道二年丙戌科蕭國梁榜

胡達可　字行仲。黃州錄事。

徐木　見人物。

方晟　祭酒。

徐若睦

五年己丑科鄭僑榜

徐總　字必用。無黨子。郡守。

淳熙二年乙未科詹騤榜

陳志同　澄江倅。

章程　郡博士。

俞厚　知州。

應子和　觀察使。

八年辛丑科黃由榜

陳之純　知臨安縣事。治中曾孫。

范九疇　郡博士。

李翺　通判。

李寀　縣丞。

陳之綱　臨安府錄事。治中曾孫。

十一年甲辰科衛涇榜

章俠　渭子。字敬則。見人物。

應雄飛　材子。袁州教授，從學東萊先生。

劉景修　大辦子。總戎儲屬。

紹熙元年庚戌科余復榜

應謙之　孟明子。江西提刑。

胡粲　德載。邦直子。吏部郎中。

王碩　主簿。

四年癸丑科陳狀元榜

陳亮　見人物。

慶元二年丙辰科鄒應龍榜

應淡　材子。郡教授。忤韓史致仕。

方璿　禮部郎中。

五年己未科曾從龍榜

胡儼　字子溫。邦直從孫。知金谿縣事。

林愷　字仲顧。羅源主簿。

潘有開　郡教授。

潘子高　秘書，擢郡守。

趙傅霖　字澤民。德清主簿。

應茂之　孟明子。四川都大茶馬。

嘉泰三年壬戌科傅行簡榜

陳殊　無爲軍教授。

陳振　樂清縣主簿。

應純之　見人物。

章時可　服子。知鄱陽縣。

陳登　字幼度，號介湖。仕至湖南轉運使。

嘉定元年戊辰科鄭自誠榜

呂殊　字愚仲。皓從子。通判。

七年甲戌科袁甫榜

胡巖起　字伯岩。邦直孫。詳見人物。

李衛　朝奉郎。

胡似　字子有。邦直孫。隆興軍通判，仕至國子通典軍事。

洪毅　字立之。桂陽軍教授。

十年丁丑科吳潛榜

胡鳴鳳　字仲儀。華亭縣令。

李采　字伯清。縉雲縣令。

寶慶二年丙戌科王會龍榜

胡侁　字子先。邦直孫。見人物。

章大醇　字景孟。服之孫。集英殿修撰。

應松鑑　謙子。翰林權院。

盧子安　德州判官。

嘉熙二年戊戌科周恒榜

趙時範　字西用。魏王後。湖南運幹。胡志作湖州。

方嘉錫　將仕郎。

邵忱　字君實。沿江制置司參議官。

呂撫　資政殿大學士，封永康縣開國男。

淳祐元年辛丑科徐儼夫榜

陳謙亨　字謹獨。江西提刑。胡志作浙江。

趙亮夫　太宗之後。知常州府，仕至司徒寺丞。胡志作良夫。必适從子。

七年丁未科張淵微榜

胡居仁　字孟博。邦直曾孫，巖起子。仕至朝散郎。

何子舉　號寬居。朝散大夫倫子。樞密院都承旨，知贛州。諡文直。清渭人。

　　盧時中

　　李恃　字敦慈。累官秘書監。歸而講學，從遊者甚衆。新店人。

寶祐元年癸丑科姚勉榜

　　胡雲龍　字若遇。邦直曾孫。臨安推官。號梅心先生。

　　趙時嘉　時範弟。魏王之後。福州安撫司參議。

　　黃燦文　授福建羅源主簿。

　　呂圭　字禹錫。撫從子。仕至侍班。

四年丙辰科文天祥榜

　　趙必偊　太宗之後。宗正寺丞。

　　盧深夫　子安子。翰林院孔目。

　　趙酉泰　太宗之後。

開慶二年己未科周震炎榜

　　章坴　字文甫。徠之孫。信州教授。

景定三年壬戌科方山京榜

　　章光謙　服孫。郡教授。

　　李應符　古田縣丞。

　　方權　翰林修撰。

咸淳元年乙丑科阮登炳榜

　　陳文杰　登之姪。處州司理。

　　何逢年　清渭人。恭州刺史。

　　章天昇　晉卿。服玄孫。臨安司理。

　　趙孟墩　字孟虎。鍏從子。太祖之後。江州司戶。胡志作瑕。

　　章桂　字玄卿。服玄孫。安吉縣尉。

四年戊辰科陳文龍榜

　　趙孟瓊　字孟善。鍏子。太祖之後。秦州司戶。

　　胡能　國史院檢書，贈朝議大夫。

七年辛未科張鎮孫榜

章如玉　字子温。大有子。建德縣尉。

趙若淼　逢原。西街人。魏王之後。新喻縣尉。

趙孟琛　孟玉。與鐸子。太祖之後。全州教授。

十年甲戌科王龍澤榜

呂榮孫　字志父。松陽縣尉。

胡與權　字正仲。邦直玄孫。有《性理指南》五十卷。

胡之純　字穆仲。邦直玄孫。附見人物。

方三讓　河南府通判。

周夢桂　縣尉。

陳合　除教授，不赴。

年分無考科

黃琰

萬世顯　廣東提舉。

趙必遃　太宗之後。融州知州。

趙若褵　號田牧。時範從子。主簿。著《雲外集》。

應文鼐　茂之子。和州知府。

章大有　服玄孫。太平州教授。

徐仲景

陳彥修　治中子。

陳大猷　國子司業。

潘墀　號介巖。太子侍講。

徐一龍

章之邵　郡博士。

宋武進士

寶祐癸丑科

呂圭　侍班。撫子。

科分無考

周登　太尉。

吕渭　翰林幹辦。

吕鼎亨

元進士

至正戊子科王宗哲榜

俞拱　翰林司輦。博洽羣書。

明進士

永樂十年壬辰科馬鐸榜

謝忱　見人物。

正統十年乙丑科商輅榜

樓澤　刑部主事。扈從北征，死于土木。

景泰五年甲戌科孫賢榜

周琦　監察御史，陞福建按察司僉事。

天順元年丁丑科黎淳榜

吴寧　字文靖。四十都人。刑部觀政，未授官卒。

四年庚辰科王一夔榜

童燧　字思振。信子。翰林庶吉士。

成化五年己丑科張昇榜

趙艮　見人物。

二十一年甲辰科李旻榜

胡瑛　字德光。一都人。山東副使。

弘治六年癸丑科毛澄榜

徐沂　見人物。

十二年己未科倫文叙榜

程銈　字瑞卿，號十峰。性孝友，律身謹嚴。登弘治己未進士，授大理評事。以忤逆瑾，十年不調。瑾敗，擢四川僉事，晉威茂備兵道經略，尋移備建昌。薦章凡十八上，乃以子文德及第致仕。買舟渡江，適江濤洶溢，舟幾覆，人盡愴惶。公仰天祝曰："某生平行誼有虧，身即陷溺。否則天宜鑒予。"已而風寧浪息。歸林下數十年。著《十峰集》。

十八年乙丑科顧鼎臣榜

俞敬　永昌知府。

徐讚　見人物。

正德三年戊辰科吕柟榜

李滄　見人物。

九年甲戌科唐皋榜

周文光　字寔夫。城東人。監察御史，陞江西參議。值宸濠亂後，撫綏有勞。以御史時巡按貴州，紀功失實，謫漳州推官，再起兵部主事，歷陞思州知府。

應典　天彝。兵部主事。芝英人。見人物。

朱方　字良矩。金城人。見人物。

十二年丁丑科舒芬榜

葉式　見登科考。

十六年辛巳科楊維聰榜

徐昭　字德新。先任上海縣知縣，以強直忤中璫，陞肇慶府通判。

嘉靖二年癸未科姚淶榜

應廷育　仁卿。芝英人。見人物。

五年丙戌科龔用卿榜

胡大經　初授合肥知縣，有惠政，善聽訟，民至今思之。在任六年，召至京。會有忌者，出爲太平府同知，再補汝寧。卒于官。不究厥施，人咸惜之。前令黃公道年表其墓。

八年己丑科羅洪先榜

程文德　銈之子。見人物。

趙鑾　順慶知府。

王崇　見人物。

十四年乙未科韓應龍榜

吳九經　工部主事。

二十一年甲辰科秦鳴雷榜

徐文通　字汝思。累官山東德州兵備副使。早年見知於覺山洪尹垣，又嘗受學於甘泉湛公。及恤刑四川，多所平反。提兵鎮守馬蘭二峪，克收安戢之功，具見疏稿。所至題咏，以詩才名。吳郡王世貞爲刊《徐汝思集》，行于世。

二十九年庚戌科唐汝楫榜

周秀　臨安府同知。

三十五年丙辰科諸大綬榜

王楷　見人物。

姚汝循　刑部郎中，大名知府。

三十八年己未科丁士美榜

周聚星　貴州參議。居鄉以孝友稱。

隆慶五年辛未科張元忭榜

程正誼　歷官順天府尹。見人物。

萬曆二年甲戌科孫繼皐榜

徐師張　花園人。福建副使。

五年丁丑科沈懋學榜

黃卷　見人物。

十二年癸未科唐文獻榜

周九皋　真定推官。

二十四年乙未科朱之藩榜

倪承課　桐城知縣,陞刑部郎中。

三十年辛丑科張以誠榜

王世德　見人物。

三十六年丁未科黃士俊榜

周光爕　江西右參政湖西道。

四十八年己未科錢士升榜

周鳳岐　見人物。

天啓五年乙丑科文震孟榜

周光夏　江西巡撫。

崇禎元年戊辰科劉若宰榜

徐可期　見人物。

七年甲戌科劉理順榜

王世鈁　無爲州知州。居官廉慎。時流氛猖獗,增城浚濠。州人至今思之。

國　朝

順治十八年辛丑科馬世俊榜

俞有斐　任瑞金縣令。

宋鄉舉

鄉舉在宋爲漕試,謂之發解,第階之解送南宮會試耳,未階以入仕也。試弗第者,仍須再試。及累舉勿第,然後有推恩焉,則又賜同進士出身,謂之特奏名,不復舊諸鄉舉矣。元時亦然。至明朝鄉舉,始爲入仕之途。然人材亦往往由是出焉,蓋又一代之制也。夫既試之三場,糊名易書,公較閲之,亦已密矣。下舉復令再試,不已煩乎？是故不若明制之爲得也。第宋、元既不階以入仕,則舊志所錄鄉舉諸人，似違其實。或者別由辟薦，而以曾經漕試爲榮，故墓銘家譜，牽連書之，修志者遂信而弗考耳。雖然，均疑也，與其過而廢之，不若過而存之。今仍其舊錄焉，而併著其疑如此，續以明朝鄉舉暨國朝鄉舉，各爲名表，一如進士之例云。

宋鄉舉存疑者

天禧五年辛酉科

胡楷　則之子。知睦州，進都官員外郎，改杭州通判。范仲淹稱其政能有先君風度。

端平元年甲午科

呂黯　剛父。太平人。掌機宜文字。

淳熙十三年丙午科

夏師尹　泉州教授。通判開孫。

嘉熙四年庚子科

呂櫄　字儀父。武舉渭幼子。

淳祐三年癸卯科

陳攀　字從龍。任提刑。

呂烈　光父黯從弟。鹽官主簿。

淳祐九年己酉科

呂櫄　及甫。渭次子。仕至國子編修。

淳祐十二年壬子科

陳僧祐　字有大。江西漕試。仕元本縣教諭，陞獨峰書院山長。

景定五年甲子科

呂在　字識之，號靜見。太平人。應志入戊子科。

寶祐己卯科

趙與鍏　處州司户。西街人。

戊子科

呂坤叟　梁縣主簿。

咸淳三年丁卯科

呂之邵　渭之子。

呂鑰　字景開,舊名懋。仕元,本縣尹。

咸淳十年甲戌科

陳幾先　字初阜。仕元,本縣學錄,陞教諭。

年分無考

周蘭　大理評事。胡志:副使。

應仕珪　副使。胡志:大理評事。

呂潭　字道深。太平人。所著有《黃班傳》。

元鄉舉

至正十一年辛卯科

潘湛然　字伯泉。十六都人。溫州教授。歸隱松石山。

十四年甲午科

李弘道　字公茂。染塘人。元至正甲午省元。著《盤谷集》。與宋景濂為友。有祭文,別載。詳見人物。

二十三年癸卯科

應顯中　六都人。明授宣課使司大使。

年分無考

周灝　縉雲縣尉。

胡一龍　字國華。睦州知府。

明鄉舉

洪武十七年甲子科

徐琅　字仲琅。花園人。

二十六年癸酉科

杜友　字仕文。河南道監察御史。

徐堂　監察御史。

二十九年丙子科

胡康　字克寧。山西胡氏。黟縣訓導。

洪武三十二年己卯科即建文元年。

牟倫　字彥政。六都人。荊、福、柳三府知府。

建文四年壬午科

田洞　湖州通判。

永樂元年癸未科

李寧　字文靖。染塘人。授泗州知州。悃愊恬静，士民信愛。秩滿，保留復任九載。陞福建市舶提舉。正統丙辰致仕。

三年乙酉科

徐彬　見登科考。

胡傑　十三都人。

六年戊子科

馬亨　字光濟。清渭人。建平教諭。

盧甫　字周佐。知縣鑑之子。河南中護衛經歷。

九年辛卯科

章安　字李静。李溪人。崑山縣丞。

謝忱　應天鄉試。見進士。

林性安　見登科考。

十二年甲午科

潘田　天與。湛然孫。

十五年丁酉科

黃焕　彥章。

項義　子宣。金環橋人。

顏濰　字永清。二十一都人。柏鄉教諭。

陳成　字伯振。前黃人。溧水知縣。

曹豫　十二都人。江西布政司照磨。

朱勝　南園人。由湯溪學中式。歷任江西左布政。

十八年庚子科

汪吉　字文昌。六都人。滁、和州學正。

王存　字性善。上市人。鄭府伴讀。

薛堅　十四都人。尤溪訓導。胡志入癸卯科。

二十一年癸卯科

葉玹　世隆。中市人。

胡偉　字大奇。下溪人。長揚教授，陞宜城知縣。

王沄　子淵。睦坦人。

正統六年辛酉科

樓澤　見進士。

九年甲子科

童信　字以誠。十二都人。順天鄉試，漳州知府。

十二年丁卯科

周琦　見進士。

景泰元年庚午科

吳寧　厚吳人。見進士。

李悅　見登科考。

四年癸酉科

童璲　信之子。見進士。

胡良　字原善。十三都人。郡庠生。上津知縣。

周亮　字廷相。十八都人。郡庠生。應天鄉試。寧陵訓導。

胡廉　西溪人。郡庠生。

天順六年壬午科

趙艮　見進士。

成化元年乙酉科

吳潭　字文淵。寧之從弟。厚吳人。

四年戊子科

章嵩　字豫山。安之孫。順天鄉試,仕光祿署丞。蒞官清謹,催江浙派辦物料,饋遺一無所取。陞署正。

七年辛卯科

童珪　字邦瑞。信之孫。

十年甲午科

孫明　字誠之。厚莘人。郡庠生。邵武推官。

十三年丁酉科

胡瑛　見進士。

吳璘　字崇節。寧之從子。衛輝同知。

弘治二年己酉科

程銈　見進士。

五年壬子科

徐沂　見進士。

八年乙卯科

應恩　字天錫。芝英人。高安知縣。從王公守仁征宸濠,忠義奮發,未序功而卒。

十一年戊午科

李滄　見進士。

周正　字直夫。琦之孫。授楚府審理正。

十四年辛酉科

徐讚　見進士。

應康　字克濟。二十八都人。衡府紀善。

應奎　字天啓。廣信教授。嘗典兩廣鄉試,甄錄多名士。居家,建祖廟,創家譜,族人則之。

十七年甲子科

俞敬　見進士。

正德二年丁卯科

周文光　見進士。

李釗　字侯度。染塘人。

徐文卿　字良相。中市人。睢寧知縣。

朱方　見進士。

趙懋德　字孟立。艮之子。辰州通判。雅志崇古,留心文學,士林稱之。

五年庚午科

應照　字天監。恩之弟。海寧知縣。三苗犯境,推誠撫綏,苗人悅服。由宿州陞思明府同知。

范震　字時亨。江溪人。兗州通判。胡志:廣宗教諭。

八年癸酉科

周雍　字仁夫。琦之孫。達州知州。有惠政,祀名宦。

應典　字天彝。芝英人。見進士。

李鴻　字于磐。厚仁人。順昌知縣,陞南昌同知。兩任清慎如一日。致仕歸,民有餘思。居鄉益謹厚,士論雅重焉。

十一年丙子科

徐昭　見進士。

葉式　見進士。

曹贊　朝卿勝之子。任繁昌知縣,有惠政,民立祠祀之。陞邵武同知,以清白著聲。

俞玘　字養中。敬之從弟。應天鄉試,賓州知州。雅好吟咏。所著有《仕學編》、《雲窩近稿》。

十四年己卯科

程文德　字舜夫。見進士。銈之子。

胡大經　見進士。字德庸。相之從子。胡志作胡經。

嘉靖元年壬午科

應廷育　字晉菴。芝英人。見進士。

金銈　字瑞夫。銅擎人。順天鄉試，黃州、濟南通判，河池知州。

四年乙酉科

王崇　字仲德。見己丑進士。

七年戊子科

趙鑾　見己丑進士。

呂鑾　字廷和。鎮江通判。

十三年甲午科

徐文通　見甲辰進士。

呂銳　字儀□。由選貢中式順天鄉試，授江西崇仁訓導，講誦經史不輟。遷泰州學正。丁內艱。補徐州。擢蒙城知縣，頓剔宿蠹，案無留牘。時守需索非分，面叱其吏，被中傷，去官。

吳九經　見乙未進士。順天鄉試。

十九年庚子科

周秀　見庚戌進士。

周徵　文光子。

童如衍　信曾孫。應天鄉試。蒙城知縣。府志作巴陵知縣。

王錚　見登科考。

二十二年癸卯科

呂欽　應天鄉試，昌樂知縣，有政聲，民懷之。累官思恩府知府。

童如淹　如衍弟。應天鄉試，膠州知府。府志作武崗知州。

二十五年丙午科

應熙　順天鄉試。與程文德、王崇、姪廷育文藝相頡頏，稱四先生。

二十八年己酉科

王洙　字伯顔。順天鄉試,初授滁州學正。當事者以才薦,陞岳州府推官。未赴,補邵武。弭盜賊,理鹽政,屢讞疑獄,多所平反。商民祀之。陞南京工部主事。

三十一年壬子科

樓文林　唐縣教諭,陞完縣知縣。

周聚星　見己未進士。

三十四年乙卯科

葉祥　字仲吉。

姚汝循　見丙辰進士。錦衣衛籍。

王楷　順天鄉試。見丙辰進士。

三十七年戊午科

徐師張　見甲戌進士。

林宗教　見登科考。

隆慶元年丁卯科

徐顯臣　字惟孝。讚之孫,文璣之子。初名師陳。任沙縣知縣,有惠政,民思之。歷任廣州同知。府志：任延平同知。

程正誼　見辛未進士。

四年庚午科

黃卷　見進士。

應成賢　廷育孫。

朱大章　南園人。由湯溪學中式。

萬曆元年癸酉科

徐啓昌　字元文。讚曾孫,師夔之子。

應廷良　熙子。任湖廣景縣,有惠政。

十年壬午科

周九皐　河南中式解元。見丙戌進士。

十九年辛卯科

倪承課　見乙未進士。

二十八年庚子科

王世德　見辛丑進士。

周光爕　九皋子。見丁未進士。

四十年壬子科

程榮名

四十三年乙卯科

徐可期　見戊辰進士。

四十七年戊午科

周鳳岐　見乙未進士。

天啓四年甲子科

楊惟中　初名繼聖。鹽城知縣，有惠政。

周光夏　九皋子。見乙丑進士。

七年丁卯科

曹成模　字國範。授江西星子縣。值邑疲困，模爲請蠲宿逋，民賴以甦。時高、黃二寇數萬圍城，捍禦獲安。出署日，行李蕭然。士民感泣，崇祀府縣鄉賢。

王世鈁　見甲戌進士。

十二年己卯科

王世衡　應天中式。楷曾孫。

國　朝

順治八年辛卯科

徐之駿　字亦神。學顏孫。任山東嘉祥縣知縣，讞獄稱神明。調任山西襄陵知縣，治行尤著，分校山右，所得多名士。歸築綠漪園，吟嘯其中。兩邑俱入名宦。

俞有斐　順天中式。見進士。

康熙十一年壬子科

林徵徽　字君慎。

俞玉韜　字六如。

康熙十七年戊午科

徐琮　可期孫。字瑞九，號完石。同修邑志。

徐友基　明勳子。字麗長。博聞強記，下筆數千言立就。倡建嫡祖特祠。著有《盤北詩草》、《書經衍注》。有志未竟而卒。士論惜之。

康熙二十年辛酉科

周永錫　字鼎臣。

明武舉

崇禎九年丙子科

單時敏　廣東中式。

國朝武舉

康熙二十三年甲子科

朱友善

歲　貢

明洪武年

徐堂　字允中。御史。

朱艮　饒州同知。

陳顔　御史。

邵嵩　同安知縣。

吕堅　字德美。高唐州學正。

朱濟　邳州知州。

李安　江西理問正。

徐禮　字伯儀。

王仕榮　松江照磨。

陳定　字叔静。交州知州。

王道崇　武昌同知。

章良　字履善。御史。

楊倫　字弘道。吉安同知。

項愈　御史。

王禮　字子會。春坊贊善，調雲南府學教授。

邵端　字俊德。仁和知縣。

陳德中　荆州通判。

葉琥　字存敬。郎中。

建文年

楊安　楊州鹽運司吏目。

周安　新建典史。

潘立　秦寧主簿。

牟倫　見舉人。

永樂年

盧逵　古田主簿。

孫羅　字克文。建寧同知。

李天祐　湖口縣丞。

吕鍾　字德器。宜興縣丞。

應碧　字仕澄。

陳吉　定襄知縣。

李芳　字子芳。安慶經歷。

王愷　原武知縣。

徐光　字輝宗。南河縣丞。

施信　字尚文。工部主事。

謝忱　見進士。

陳恭

錢葵　順德同知。

葉恭　字敬忠。鉛山知縣。

韓勸　字茂修。晉江知縣。

程洋　字孟洪。黟縣知縣。

葉戀　饒陽知縣。

褚宗　泰州判官。

胡旺

陳蕃　字戀德。教諭。

陳祥　主簿。

孫泰　閩縣主簿。

陳良　字鎮疇。順天治中。

洪熙年

陳勉　曹縣知縣。

宣德年

高源　字伯淵。德州衛經歷。

胡舜　信陽訓導。

施良　字上賢。營膳所正。

陳勝　字克仁。樂安主簿。

王渭　字子明。

汪宏　字器洪。見人物。

高行　興化同知。

胡澤

應通　字克達。濱州同知。

趙塤　字時和，□□經歷。

何汾　字士源。四川都司經歷。

正統年

何珦　閩縣主簿。胡志作胡珦。

徐福　字天祥。

柴育　字致和。

胡玻　字希賢。泰寧知縣。

孫福　字景祥。常州通判。

童信　見舉人。

馬乾　字光清。雲南檢校。

呂鏴　字文和。

胡玉　字廷珪。光祿署丞。

徐善　字原性。豹韜衛經歷。

周亮　見舉人。

潘貴　寧清縣丞。

景泰年

姚盛　字景茂。鹽運司判官。

徐旻　字以仁。石埭知縣。

郭綱　字廷紀。福安知縣。

李啟　字自明。孝感教諭。

錢勝　字大昌。桐城主簿。

天順年

應興　字時起。

何澄　字士清。

楊洪　字克寬。寧府奉祀。

徐祐　字天錫。

黃彰　字世顯。河泊所官。

胡錤　字以時。錦衣衛經歷。

趙彰　字文明。思明經歷。

楊廉　字惟正。永明知縣。

徐璞　字琢之。邵武推官。

徐葵　字德陽。太平照磨。

李悌　字順之。衡州推官。

章忠　無爲州判官。

徐通　字時亨。晉江知縣，有愛民父母碑。

胡銘　字日新。通道知縣。

章嵩　見舉人。

陳廉　運司經歷。

潘惠　字克順。鳳陽主簿。

陳志　字有成。武昌經歷。

成化年

陳善　字嘉祥。鄱陽縣丞。

方崇　字宗岳。建寧知縣。

施能　字廷才。

顏宏　改洪經歷。

李俊　字廷傑。龍岩知縣。

王吉　字元吉。建平知縣。

陳震　字思德。文登縣丞。

呂聰　字伯敏。六安州吏目。

王佐　字汝弼。典史。

陳禮　字天秩。龍岩教諭。

馬佐　字良弼。德安教諭。

應宸　字時亨。星子訓導。

林鏘　字世和。陽江主簿。

弘治年

陳瓊　字廷器。河陽衛經歷。

徐麟　字天祥。

朱楷　字克正。

呂淵　字原本。

應綱　字弘道。見人物。

徐琛　字良玉。徐州訓導。

周玹　字師舜。貴溪訓導。

曹勝　字天申。金山衛訓導。

胡沂　字崇魯。長汀主簿。

童珍　字君聘。淮府審理。

孫滔　字東之。寧陽訓導。

章茂　字德盛。

徐銳　字柳夫。

馬鑾　字大用。善化教諭。

王琳　字舜卿。徐州判官。

正德年

葉鑾　字時英。杞縣訓導。

趙思　字希魯。

朱善　字良進。應天訓導。

俞玘　見舉人。

胡相　字秉鈞。松江訓導。有文行，士林重之。

陳良謨　字用嘉。汶上訓導。

林釗　字利之。霍丘訓導。

徐檜　字廷用。浮梁教諭。

陳嘉靖　字景寧。贛榆訓導。

童鎮　字邦寧。湘鄉知縣。

嘉靖年

李琪　見人物。

應麟　字天祥。典史。

郭惠　字天與。和平知縣。

陳泗　字道源。漳平知縣。

周桐　撫州教諭。祀名宦。見遺德。

馬廷弼　撫州訓導。

應璋　羅源教諭。見人物。

朱邦弼　孝感知縣。

俞希聲　梓潼知縣。見人物。

呂銳　見舉人。

童如淹　見舉人。

吳九經　見進士。

俞申　南安訓導。

王玉　長沙訓導。

王鑑　雩縣訓導。

李星

周昇

應戩

朱天啓　黃陂訓導。陞周府教授。

胡大韶　長樂訓導。

應熙　見舉人。

金端　袁州訓導。

章溥　永新訓導。

應珏

童鐔　安平訓導。

章堂

應鍾　吳縣訓導。課諸生，極賞申文定，人服藻鑑。

周光

周勳　字克成。從學陽明先生。授和州學正，署州事，惠澤及民。見鄉賢。

周良翰　河陽教諭。

倪桂　教諭。

呂輝　教諭。

樓希誠　訓導。

童采

隆慶年

呂誠　教諭。

應一治　星子知縣。

曹文儒　嵊縣訓導，陞荆府教授。

呂端性　太平教諭。

萬曆年

朱時敏　常州訓導。

徐文玉　滎陽訓導。

應綏來　趙州判官。

應世道

呂可久　太平通判。

李培　訓導。

應綏福

胡子熙　湖州訓導。

黃華　博極群書。割股救母。晚歲歸隱龍泉。

王恩　訓導。

應兼　孝友備至，有焚券事。

應明德　嘉興府教授。

王廷望　閩清知縣，有廉名。

陳希騰　維摩知州。

盧應試

金希曾

朱天嗣　博興知縣。

周應參

應明毅　惠安教諭。

馬應圖　知縣。

王用賓　南雄通判，有惠政。

馬應羲　訓導。

李國珍

應逢原　處州府教授。

應明時　臨江府教授。

朱天繼　桂東知縣。

李思聖　淳安訓導。

泰昌年

童文元

天啓年

李子寳

吳希皋　溫州府教授。

應嗣美　有文行。

黃一鶚　威縣知縣，陞延平同知。著有《性理發輝》、《小空同詩集》、《譚記》若干卷。學者稱爲陬山先生。

徐昇騰　江津訓導，陞福州經歷。

王宗海

崇禎年

應嗣功　蘇州府經歷。

應祥

徐學顏　見人物。

周于德

應樹功　松溪縣丞，陞郾陽經歷。

王之幹

胡用賓　太平訓導。初名用明。

施守官　訓導。

吳士騏　嵊縣教諭。

應綏寧　武岡州教。

應綏邦　潯州教授。

郎益

潘崇仁

王世衡　乙亥拔貢。見舉人。

王世銖　乙亥拔貢。見士行。

李天成

林之翰　訓導。

朱允治　山陰訓導。

朱葳　遂安教諭。

應公允

徐懋問　見耆壽。

李應錫　字若敷。

李芳春

徐明勳　福州推官。見人物。

已上照徐志。

徐士潏　恩例。天性剛介。

徐浩　恩例。見人物。

徐懋文　義烏縣訓導。著有《性理答問》二卷。

盧元參　恩例。見人物。

盧元始　恩例。食貧好古。福建延平推官。

朱光遠

盧一鵬　恩例。學敦。

李祥華　以淳厚推重。

已上採錄《學志》。

國朝順治年

徐光時　見人物。

俞有斐　見進士。

應明　字遠公。零陵知縣，特簡陞梧州知府。嘗捐俸助修文廟及宗祠。

倪德遠

徐化時　桐鄉訓導。

徐得寵　靖州判。

童士秀　台州府訓導。

黃延潘　初任慈谿訓導，嘗浚闞湖。調常山，輯修典禮，士類德之。

李爲梁　拔貢。

呂從簡　定邊知縣。

田一泰　開化訓導。

呂惟瑞

程懋修

朱家棟

金俊聲　拔貢。

徐得宙　授訓導。

金調燮　武康訓導。

陳啓章　考選縣丞。

王世鑪　汾水訓導。

吳康先　授訓導。

康熙年

胡永祚

盧恒春

楊光斗　松陽訓導。

程懋昭　現任壽昌訓導，同修郡邑志。

徐悦　現任定海訓導。

陳雲鍾

樓惟駟　拔貢。

程晟初　壬子副榜。

徐紹源

林鍾鰲

李先甲

李士奇

徐若瓊

徐紹鍾　授訓導。

王同召　恩例。授訓導。

徐士宗　恩例。授訓導。

李佽　授訓導。

顏聞義

童璵　恩例。

朱紹廕

徐之驌　恩例。授訓導。

應始偉　授訓導。

徐位　拔貢。授教諭。

胡鈺　授訓導。

徐煥然　授訓導。

徐偉　恩例。

王同廱　授訓導。著有《明儒理學編》、《周易管窺》等書。

王同傑　授訓導。

王同曾

應芝玡　授訓導。

王風淳

徐友范　授訓導,同修郡邑志。

曹際熙　授訓導。

徐瑄　恩例。

盧瀾　授訓。

盧泮　恩貢。

李日升　拔貢。

徐喜銘　拔貢。

歲貢自府縣學選升國學,積分及數,而後入官。此漢博士弟子與宋舍選之遺意也。周室鄉舉里選本亦如此,但論德較藝爲不同耳。明初科目未設,而歲貢先行,多躋顯仕。及其後也,或循資,或較藝,總以收科目之遺才,遂並行而不廢,蓋均之爲選士之正途也。今據舊志,錄爲名表,併以近貢續焉。其有行迹者,別入人物志。

永康縣志卷十二

知縣事華亭沈藻琳峰重修
儒學教諭余瀍潛亭參閱
崑山朱謹雪鴻編纂
邑人徐琮完石、徐友范念仲校訂

例　貢

宋

陳良能　劍浦主簿。

吕皓　見人物。

吕沂　西安主簿。

吕約　判司。

明

徐隆　銅陵知縣。居官廉能。調廣西永康知縣，陞左州知州，致仕。

施澄　餘干縣丞。

施源　清平主簿。

童存禮　古田縣丞。

朱俊　宜黄縣丞。

朱傑　都昌主簿。

朱格　彝陵州判。

李暕　光澤主簿。

李澡

周賢　甌寧縣丞。

章端　寧德縣丞。

童欽

賈伯璩　江浦縣丞。

趙懋功　華亭縣丞。

金銈　見舉人。

徐訪　福州府通判。築連江縣城。民建祠祀之。

徐暕　連城縣丞。

呂録　旌德主簿。

盧夔　曲江縣丞。

應賢　雲南按察司知事。

應琮　裕州判官。

陳全　瀏陽主簿。

徐時　商丘縣丞。見恩封。

馬一龍

董文鏊　泗州判官。

徐稻　鎮遠衛經歷。

童鏴

周文奎　縣丞。

葉祚　普安州判官。

呂欽　見舉人。

周徽　宛平縣丞。

童如衍　見舉人。

應昇　瀘州吏目。

應鑌　泗州同知。

應珙　南安主簿。

應臺

應珩

周亮

應景陽

馬國本　楚府典寶。

周微　汀州照磨。巡撫疏其績，欲大用之。不果。

徐暉　利津主簿。

應秋暘

呂瑞卿

童汸

徐文璽　福州府檢校。

徐文璿

朱銓

章光宙　吉安府經歷。

徐應賢

童淑　兩淮鹽運司經歷。

徐文璣　有文行。以子顯臣貴，贈文林郎。

趙潤　古田主簿。

徐師稷　忠州通判。

徐文訓　徐州判。河堤孔棘，乃教土人用江南畚插，堤成獨固，有徐堤之稱。

趙淵　廣東按察司經歷。

李琛　福建按察司經歷。

徐文安　漢陽府照磨。

徐文亮　江西布政司理問。

曹文燦　南昌府經歷。

曹文玠

葉元吉　文水縣丞。

徐暎　延平府經歷。

章光宗　縣丞。

應玠　號竹泉。少有抱負，事親孝。芝英人。

徐一心

盧周

應朝陽

王應潮

應桂

王彬

陳彬

金應用

金應巽

俞汎

程文謨

程文訓

曹相

王洪

周俊　四川行都司經歷。

王洙　見舉人。

王楷　見舉人。

李明　撫州府照磨。

徐文科

俞良德

徐師夒　貴州布政司經歷，先倅臨川，判汈陽。以政聞，亦能詩，著有《仕學編》。

陳球　吳江主簿。

王秉綱　布政司照磨。

童如泌

童朴　主簿。

黃仕鴻　主簿。

王一鳳

董惟湑　神武衛經歷。

章光寀　縣丞。

朱恩　淮王府紀善。

朱誥　主簿。

應元吉　湖口主簿。

林奇　西華主簿。

童桓　遂溪縣丞。

童冲　州吏目。

呂應乾

呂坦　按察司知事。

趙濂　懷寧主簿。

趙滋　阜城縣丞。

程章冕

徐啓陽

呂應祥

朱天德

周應辰　京衛經歷。

童汝耨

童汝耕

徐文炤　句容主簿，陞黃岡縣丞。

池俊

章宗仁

吕鹤

吕惟和

吕恒德　兵马副指挥。

林高

周涓　福建顺昌县丞。

周应乾

周应朝

程章服

程章绅

程光祖

应志臣　初授序班，转华亭主簿，陞荆藩典宝。太仆卿林景旸作序送别。

徐文议　光禄寺丞。

徐文述　敦行古道。

徐文珠

李大韶　兰州判官。

徐文珪

徐文瑛

徐文熊　兵马司指挥。

徐文荐　东昌通判。

徐一阳

徐文耀

徐文炳

徐一桂　中城正兵马。

徐一兰　江西都事，陞蜀府长史。

徐一谦

徐世芳　北城副兵馬，陞西城正兵馬，擒巨盜，敕褒紀錄。時廠衛羅織冤獄，多所平反，爲忌者所排，都人惜之。趙相國、李臨淮並有贈行文述其事。

徐啓成　歸州二守。

徐應寧

王邦模　主簿。

王宗勳　序班。

王宗燿　見封贈。

王宗華

徐一楷　長淮經歷。

徐一楠　陝西都司經歷。官以清勤著，鄉以孝友聞。見封贈。

應昌焕　安寧州同。

朱尚醇

姚湘

徐學顔　以三科副榜准貢。見人物。

徐學曾　潮州衛經歷。

李國贊　保定府照磨。

徐啓芳　彭縣縣丞。

林明理　貴池縣丞。

徐應熙

徐希正　開平衛經歷。

程明允　廣州同知。

徐守綸

呂師臯

徐守經

程明試　見人物。

呂師岐　湘潭縣丞。居家捐資贖祀田，明約衛閭里。

徐廷相

吕宗仁　廣東鹽法提舉。

陳德新　福建都司經歷。

吕斌

應孝思　慶陽衛經歷。

應忠思　沛縣主簿。

朱應睿　瞿塘經歷。

朱應徵　南京西城兵馬。

陳應典

徐一鯉

徐一龍　都事。

徐萬遂

徐萬愛

徐守緯　大庾主簿,陞南海衛經歷。

徐一相

徐一椿　泉州經歷。

徐衛時　山陽主簿。

徐際時

徐一倫　鎮撫。

胡維　宜興縣丞,總理五司稅務。

陳士進

周思敬

陳士遠

朱世盛　博興主簿。

應守謙　汝寧府經歷。

王宗炤

王宗默　潞府工正。

應守訥

王宗煥　瀏陽主簿。

王師召

徐宗禮

陳鴻典

王師賢

葉宗亮

徐宗銓

吳一勳　上海縣丞。

王世錫

王世悌

徐宗頤

徐宗順

徐九華　光州吏目。

胡友泉　建康府教授。

黃一鷗　濟寧州同，陞東昌通判。見人物。

胡椿　光祿署丞。

胡士性　常府典簿。

童有容　曲靖江經歷。

童淳　簡州吏目。

童策　鷹揚衛經歷。

黃兆麟

李國聘

呂良時　湖廣景陵縣丞，禦寇有功，陞本縣知縣。

朱爲綬

李長春　見士行。

李三璨

倪汝揚　開平經歷,陞知灤州。

周銓　考授推官。本朝義寧訓。

倪光復

國　朝

徐懋韶　考授縣丞。

應雲從　考授州同。

徐鐀　考授州同。

王希曾

應康先

翁繼忏　考授州同。

應景皓

王同友

呂宣夔　考授州同。

徐之騋

胡克備

徐銓

徐珪

李惟選

陳元士

周君彝

呂吉　考授州判。

李明峰

胡宜疇

周之成

王所程

黃日隆

陳旭　考授州同。

應鼎鰲

陳疇

呂旌

呂啓升

李球

徐洪夏　考授州同。

應景儀

呂熙　考授州同。

王端立

金珉

潘文達

林昌熹

金兆位

徐大鰲

王侯

陳應兆

高仕

陳應光

楊光初

賈永銘

陳昺

李兆元

施爾文

陳伯彛

應聞

施顯謨

徐瑄

吕启泰

徐璞

陈秉义　考授州同。

陈希益

辟　薦

宋

賢良

李束　四川都事。

徐文德　字居厚。對策切直。仕至觀察使。

徐誼　郎中，進國子祭酒。

明經

應孟堅　仕至提宮。

樓演　山陰縣知縣。

軍功

章堉　見人物。

章暨　堉弟。

呂然　懷遠通判。

陳廷俊　永平縣丞。

進途無考

呂杰　字後甫。平江監務。

呂燃　字和甫。定遠知縣。

呂志學　梁縣主簿。

呂志道　將仕郎。

呂之才　下班祗侯。

厲廋　仕迪功郎。自東陽遷居永康,係宋寶祐進士文翁派,明洪武甲子舉人宗義後裔,嘉靖戊戌進士汝進孫。

徐德　國子教諭,遷崇文殿直講。

黃大圭　閣門宣贊,復建邊功,拜武經郎。卒諡武翼。

呂樵

陳逮　字新班。

陳仕筠　高安主簿。

徐仁　宣議郎。

徐璪　新恩令。

胡廷直　信州通判。

葛昌時　中散大夫。

何綸　子舉之父。朝散大夫。

吳明弼　登仕郎。

呂株　監南岳廟。

夏會龍　登仕郎。

何師道　修職郎。

王太初　撫州司戶參軍。

陳還　監臨安排岸。

林子勳　福安知縣。

樓子晏　監酒。

劉森　承節郎。

胡光祖　處州監酒。

周廉　保定知縣。

林恢　撫州教授。

樓泳　松陽縣丞。

方琮　鎮江知府。

徐盛　建寧判官,遷侍御史。

方坤

方庫　運幹。

方森　史院檢教。

方羨　嵊縣丞。

方序　編修官。

吳邃　安撫參議。

林子顯　文林郎。

呂羔　機直文字。

呂元　教諭。

周貴義　岑縣知縣。

徐輔　平陽知縣。

胡日嚴　兩浙兵馬都監。

胡日順　太學學錄。

胡培　將仕郎。

徐素　柳州知府。

李璋　鹽課司大使。

胡垣元　本縣主簿。

陳繡　從仕郎。

陳良能　劍浦主簿。

呂沂　西安主簿。

呂鼎亨　器遠,乞恩補文林郎。

呂渭　贈通直大夫。

呂坤叟　登仕郎。

徐琨　汴梁副使。

丁茂實　南昌府同知。

元

賢良

胡長孺　見人物。

胡俞　徽州同知。

明經

吳守道　松陽教諭。

孔克英　丹陽書院山長。

徐咸　潁州判官。

陳璪　杜溪人。本縣訓導。

胡仲勉　本縣訓導。

胡鈞　袁州教授。

徐德泓　建德教諭。

李繼孫　本縣教諭。

甘霖　翰林講書。

吳雲川　贛州教授。

胡崖孫　瑞昌縣尹。

童養蒙

徐忠　總轄。

軍功

徐德廉　中山人。任本縣知縣。葬于花園，因世家焉。

呂叔茂　武義縣尉。

進途無考

呂紹遲　石洞書院山長。

胡應辰　義烏監。

胡應申　平準庫使。

胡應庚　常州路平準庫使。

徐鵬　興安縣丞。

呂濟　西安教諭。

呂宗道　婺州學錄。

方撫　永嘉縣尹。

胡祐　稅課副使。

陳崖　鹽運使。

方鍾　福建廉訪副使。

方逢　岑溪縣尹。

胡義　饒州知府。

馬文翁　資縣尹。

戚象祖　道一書院山長。

戚崇仁　龍門巡檢。

薛居仁　本縣教諭。

曹順睦　東陽教諭。

周時文　市舶提舉。

陳安可　龍門巡檢。嘗修本縣志書。

胡宗忠　上林縣尹。

明

賢良

李華　見遺德。

明經

呂濴　歷官刑部郎中。見人物。

盧鑑　永豐知縣。

李滋　弋陽知縣。有惠政。

李轅　宜倫縣丞。

孔仕安　本縣訓導。

池裯　溫州教授。

胡僖　理定知縣。

陳從善　信豐知縣。

儒士

唐以仁　本縣訓導。

王嶽　戶部主事。

盧惟善　修武知縣。

盧琦　茌平教諭。

胡復　本縣訓導。

姚彥仁　本縣訓導。

胡輝　貴州經歷。

文學

陳茂和

秀才

應用忠　仙遊巡檢。

呂津　金川巡檢。

呂懺　龍游教諭。

孝弟力田

呂基　臨洮同知。

胡善寶　弘治間授衛經歷。

人材

朱思堯　南安、廣信知府。

朱仲智　吉安知府。見人物。

楊德仁　字澤民。洪武間御史、湖廣巡按。

張希昌　淮安知府。

金秉修　瑞州知府。

徐桂　太醫院官。

胡增　霍州知州。

王興　東莞知縣。

徐和　岳州同知。

應子高　廣德同知。

樓仲和　武昌知府。

呂南澤　陽穀知縣。

王善　黟縣主簿。有詩名。

胡伯弘　彭澤令。興學育賢，土習爲變。

柴義方　浮梁縣丞。

趙履泰　泰州知州。

夏思維　內鄉知縣。

趙彥威　寧德主簿。

朱思全　字良玉。以文學薦入文淵閣，與修《永樂大典》。應制上聖孝感瑞及白鹿詩。歷官三十年，多惠政。刑部主事致仕。

呂璧　永寧縣丞。

呂祈　新建典史。

徐廣　訓術。

葉然　陝西鹽運使。

吳思義　巡檢。

吳德欽　主簿。

徐遷　吉安知府。

陳儀　經歷。

徐天賜　吉安推官。

董景祐　河泊所官。

呂自明　河陽知縣。

顏思誠　餘姚典史。

黃伯洪　沅陵知縣。

應思立　戶部主事。

周均實　營膳所丞。

傅彥威　句容縣丞。

曹彰　江浦知縣。

呂廉　監察御史。

軍功

呂文燧　見人物。

呂兼明　附見人物。

盧得　安陸衛經歷。

胡天輔　松江守備。

胡之清　泉州守備。

武途入仕

姚守虞　授杭州前衛指揮僉事，轉正巡揮使。

胡之亮　福州水營都司。

李懷唐　密營遊擊。崇禎末，死難京師。

老人

陳積安　都察院都事。

王遜英　衡州知府。

胡思得　滋州知州。

周友忠　雷州知府。

何守志　東平吏目。

朱伯基　華亭知縣。

進途無考

呂宏　雷州知府。

呂文燿　本縣訓導。

周濚　太醫院官。

呂成宗　蘄水典史。

甘陵　廣信同知。

任景輝　華亭縣丞。

吕補　典史。

吕佛致　高安知縣。

王名臣　淮府典寶。

黄敏

宋

選尚

翁應龍　尚理宗景陽公主,贈金紫光祿大夫、正治卿。葬邑南黄霧山。

翁應麒　尚理宗永嘉郡王郡主,贈樞密都督。墓在三都大夫山。

邵賜　宋駙馬。崇寧元年,敕贈吏部尚書,立廟下邵,墓存,土名石馬山。

陳瑾　金紫光祿大夫、上柱國。尚滕王第二女金堂郡主。

明

徐共學　儀賓。尚遼王府泉陵郡主。

宋

恩廕

胡湘

胡湴

胡淮　並則子。都指揮使。

胡穆　則孫。雍州推官。

樓垍　金紫光祿大夫。

樓城　並炤子。湖南參議。

林篪　大中從子。迪功郎。

林楷　迪功郎。

林樅　江南運司。主管文事。

林栻　歸安主簿。俱大中孫。

林子熙　將仕郎。

林子點　監鼓院。俱大中曾孫。

應巽之　機宜。

應服之　丹徒知縣。俱孟明孫。

應文鼎　純之子。從事郎。

章渙　服子。

應紹祖　松鑑子。江陰縣尉。

章大任　廣東提刑。

章大忠　沿海制置內機。俱服孫。

吳思齊　見人物。

李文鎮　衛子。安撫僉事。

呂燾　澤父。節制軍馬。以外祖厲仲方廕。

胡桌　之綱子。欽州司法參軍。

樓珆　官運屬。炤弟。

樓塡　淳安令。

明

文廕

徐師皋　讚孫。太平知府，進階中憲大夫致仕。

王秉銓　崇子。上林苑監丞。

王秉鑑　崇子。金華所指揮使。

王秉鑰　崇子。淮府長史。

程光裕　文德孫。南京前府都事。

徐宗書　學顏子。由增廣生。見人物。

武廕

方瑛　天順間累功封南和侯,諡忠襄。

盧瓊　鎮撫得子。襲安陸衛鎮撫,調蘭州衛。

盧本　得孫。陞甘州左指揮僉事,調肅州衛。

盧貴　本子。

盧政　本孫。繼襲。

宋

封贈

胡承師　則父。贈吏部郎中。

應氏　則母。贈永寧郡太君。

陳氏　則妻。封潁川郡君。

林祿　大中曾祖。贈太子少保。

陳氏　大中曾祖妣。贈咸寧郡夫人。

林邦　大中祖。贈太子少傅。

姚氏　大中祖妣。贈高平郡夫人。

林茂臣　大中父。贈太子少師。

李氏　大中母。贈信安郡夫人。

趙氏　大中妻。贈永嘉郡夫人。

樓洙　炤父。贈太師。

姚氏　炤母。贈越國太君。

章氏　炤妻。贈安國夫人。

章侯　服父。贈朝散大夫。

陳氏　服母。贈宜人。

應氏　服母。贈宜人。

陳氏　服妻。

鄭氏　服妻。並贈宜人。
應立　孟明祖。贈正奉大夫。
陸、邵氏　孟明祖妣。贈碩人。
應濤　孟明父。贈朝請大夫。
周氏　孟明母。贈令人。
林氏　孟明妻。贈衛國夫人。
胡惇　邦直父。贈中散大夫。

明

謝仲德　忱父。贈御史。
應氏　忱母。贈太孺人。
方氏　忱母。封太孺人。
王氏　忱妻。封孺人。
施孟善　信父。贈評事。
王氏　信母。贈孺人。
邵氏　信妻。封孺人。
施永縉　良父。贈所正。
呂氏　良母。贈孺人。
胡氏　良妻。封孺人。
童宗盛　信父。封主事。
詹氏　信母。封太安人。
陳氏　信妻。封安人。
章仁　嵩父。封署正。
盧氏　嵩母。封太孺人。
徐氏　嵩妻。封孺人。
趙存祐　艮父。贈給事中。
徐氏　艮母。贈太孺人。

應氏　艮妻。封孺人。
胡永明　錤父。贈經歷。
趙氏　錤母。封太孺人。
趙氏　錤妻。贈孺人。
胡叔盛　瑛父。封評事。
應氏　瑛母。封太孺人。
呂氏　瑛妻。封孺人。
徐仕家　沂父。封給事中。
樓氏　沂母。封太孺人。
應氏　沂妻。贈孺人。
蔣氏　沂妻。封孺人。
程堅　銈父，文德祖。封評事，贈吏部侍郎。
方氏　銈母，文德祖母。贈太孺人，加太淑人。
程銈　見進士。以子文德貴，加贈吏部侍郎。
趙氏　銈妻，文德母。封孺人，加贈太淑人。
潘氏　文德妻。封淑人。
徐朗　讚祖。贈都察院右副都御史。
顏氏　讚祖母。贈太淑人。
徐憲　讚父。贈都察院右副都御史。
程氏　讚母。封太淑人。
黃氏　讚妻。封淑人。
俞文治　敬父。贈主事。
楊氏　敬母。贈太安人。
楊氏　敬妻。封安人。
周儔　文光父。封御史。
陳氏　文光母。封太孺人。
孫氏　文光妻。封孺人。

朱隆　方父。贈郎中。

胡氏　方母。贈太宜人。

王氏　方妻。封宜人。

應尚德　照父。贈文林郎。

呂氏　照母。贈太孺人。

王氏　照母。贈太孺人。

程氏　照妻。贈孺人。

虞氏　照妻。封孺人。

應曙　廷育父。贈主事。

樓氏　廷育母。封太安人。

池氏　廷育妻。封安人。

俞洪　玘父。贈文林郎。

張氏　玘母。贈太孺人。

周氏　玘妻。封孺人。

曹勝　贊父。贈文林郎。

樓氏　贊母。贈太孺人。

董氏　贊妻。封孺人。

王福　崇祖。贈兵部左侍郎。

方氏　崇祖母。贈太淑人。

王科　崇父。封吏科給事中，贈兵部左侍郎。

李氏　崇母。封太孺人，贈太淑人。

謝氏　崇妻。封孺人，贈淑人。

程氏　崇妻。封淑人。

趙機　鑾父。封郎中。

孫氏　鑾母。封太宜人。

朱氏　鑾妻。贈宜人。

童氏　鑾妻。封宜人。

胡機　大經父。贈文林郎。

張氏　大經母。贈太孺人。

程氏　大經妻。封孺人。

李檸　鴻父。贈文林郎。

楊氏　鴻母。贈太孺人。

朱氏　鴻妻。封孺人。

吳海　九經父。贈主事。

李氏　九經母。贈太安人。

王氏　九經妻。封安人。

徐時　文通父。封參議。

孫氏　文通母。封安人,贈恭人。

趙氏　文通妻。封安人,加封恭人。

呂瓚　欽父。封員外郎。

周氏　欽母。封太安人。

朱氏　欽妻。贈安人。

朱氏　欽妻。贈安人。

李氏　欽妻。封安人。

周鍾　聚星父。封郎中。

王氏　聚星母。封太宜人。

王氏　聚星妻。封宜人。

徐文璧　師臯、師稷、師夔父。有文行,嘗著《師古訓言》。以師臯貴,贈太平知府。

應氏　師臯母。贈恭人。

俞氏　師稷母。贈孺人。

葉氏　師臯妻。贈恭人。

盧氏　師臯妻。封恭人。

曹氏　師稷妻。封孺人。

程麟　正誼祖。贈四川左布政。

楊氏　正誼祖母。贈太夫人。

程梓　正誼父。贈四川左布政。

孫氏　正誼母。贈太夫人。

吳氏　正誼妻。封夫人。

徐文燦　師張父。封知縣。

陳氏　師張母。贈孺人。

呂氏　師張妻。贈孺人。

黃珪　卷父。封中書舍人。見耆壽。

胡氏　卷母。封太孺人。

孫氏　卷妻。封孺人。

郝氏　卷妻。以子一鶚貴，封太孺人。

徐氏　一鶚妻。封孺人。撫庶子，克有容德。

徐文沛　世芳父。贈文林郎。多善行。

俞氏　世芳母。贈太孺人。

潘氏　世芳妻。贈孺人。

王氏　世芳妻。封孺人。侍郎王崇弟。

李氏　贈僉事徐學顏妻。贈宜人。

應尚端　典父。贈兵部主事。

李氏　典母。封太安人。

朱氏　典妻。封安人。

周氏　王秉銓妻。贈孺人。

朱氏　王秉鏗妻。封宜人。

黃氏　王秉鑰妻。封安人。

程章袞　光裕父。封南京太常寺典簿。

徐氏　光裕母。封太孺人。

趙氏　光裕妻。封孺人。

盧氏　光裕妻。封孺人。

徐文郁　一本父。移封南京石城門千户所吏目。

應昱　本泉父。封南京兵部典牧所提領。

朱思道　仲智父。贈中憲大夫。

陳氏　仲智母。贈太恭人。

胡氏　仲智妻。贈恭人。

周勳　鳳岐父。贈屯田司主事。

徐氏　鳳岐母。贈太安人。

孫氏　鳳岐母。贈太安人。

徐氏　鳳岐妻。贈恭人。

楊氏　鳳岐妻。贈恭人。

徐一楠　可期父。贈徵仕郎、行人司行人。

應氏　可期母。贈太孺人。

施氏　可期妻。封孺人，進宜人。

王宗燿　世德祖。贈湖廣右布政。

應氏　世德祖母。贈太夫人。

王師周　世德父。贈湖廣右布政。

杜氏　世德母。贈太夫人。

周氏　世德妻。贈夫人。

邵氏　世德妻。贈夫人。

汪氏　世德妻。贈夫人。

周濚　九皋父。贈江西參政。

吳氏　九皋母。封太安人。

孫氏　九皋妻。封孺人。

邊氏　光巒妻。封安人。

侯氏　光夏妻。封安人。

徐文訓　一桂父。贈文林郎。

王氏　一桂母。贈太孺人。
周㳅　懋良父。贈徵仕郎。
吕氏　懋良母。贈太孺人。
應氏　懋良妻。封孺人。
吕九疇　應兆父。贈將仕郎。
薛氏　應兆母。贈孺人。
周廷奇　思敬父。贈徵仕郎。
應氏　思敬母。贈太孺人。
應氏　思敬妻。封孺人。
盧仲傅　元始父。贈文林郎。
王氏　元始母。封太孺人。
周氏　元始妻。封孺人。
徐懋學　明勳父。贈文林郎。
李氏　明勳母。封太孺人。
朱氏　明勳妻。封孺人。
周氏　汪弘海妻。封孺人。
徐德泰　隆父。封文林郎。
胡氏　隆母。封孺人。
馬氏　隆妻。封孺人。

掾　史

漢時，掾史與孝廉、文學俱入仕，並至公卿。自後漸以衰矣。然其中豈無事業有可觀者，如明之況鍾、徐稀輩，載在史册，事功政迹，斑斑可考者乎！

宋 舊志無載

元 舊志亦略

俞翼之　應志作巽之。市舶提舉。

徐養賢　安城巡檢。

陳顔　字景淵。本縣典史。

柴興　樂清主簿。

明

馬文韶　韶州通判。見人物。

陳格　字致方。新泰典史。

戚廷玉　百順巡檢。

朱彥本　伯基。中堂巡檢。

朱暉　倉大使。

胡宗朗　靳水典史。

金世昌　河泊所官。

胡著　經歷。

王希賢　典史。胡志作顔。

胡叔寶　見人物。

應華　伯先。典史。

吳瓊　茂玉。巡檢。

應萬春　松江知事。

應希忠　巡檢。

應仕政　知事。

施忠　驛丞。

魏仲成　主簿。

胡清　知事。

應紀　同安倉官。

陳寧　仲志。巡檢。

章洪　驛丞。

王子直　倉大使。

項孟善　典史。

項文鑑　倉官。

項田　無錫縣丞。

項思敬　倉大使。

胡艮　倉大使。

趙文忠　局官。

呂林　倉大使。

薛旺　主簿。

薛文玉　倉大使。

薛孟造　典史。胡志作遠。

胡雙　主簿。

陳鎰　縣丞。

樓文賢　倉大使。

胡魁　倉大使。

朱彰　經歷。

盧泉　巡檢。

徐達　孟周。主簿。

應開　巡檢。

胡華　廷華。巡檢。

呂義　草場副使。

施奇　巡檢。

葉陞　永高。倉大使。

287

周存勗　縣丞。

林茂盛　主簿。

王寶　典史。

胡海　伯川。巡檢。

葉泰　倉大使。

馬興　南平主簿。

李廷相　主簿。

林讚　巡檢。

應權　倉大使。

牟德正　巡檢。

林完　經歷。

樓鳴鳳　湖廣黃梅主簿。

王賢　典史。

陳忠厚　巡檢。

李世良　倉大使。

陳良用　局官。

徐顯　典史。

吕鳳翔　縣丞。

應本泉　見遺事。

葉良佐　巡檢。

應惟德　典史。

吕大成　南容稅使。

王仕龍　巡檢。

陳克明　永寧典史。

吕德立　獄官。

吕思齊　吏目。

周邦惠　典史。

黄伯隆　廣東巡檢。

吕希明　巡檢。

吕考祥　巡檢。

章子榮　典史。

陳思明　巡檢。

王伯潤　婺源典史。

林邦文　巡檢。

林邦彩　欽獎督浚有功，吏目陞主簿。

童國敦　巡檢。

章汝科　巡檢。

林樹德　巡檢。

應用明　倉大使。

童國任　巡檢。

徐文學　倉副使。

徐文棣　驛丞。

徐一本　沂州吏目。

徐一憲　巡檢。

徐應奇　巡檢。

應聯芳　巡檢。

王榛　丹徒主簿。

王桁　成安主簿。

蔡廷寬　吏目。

葉惟新　庫官。

吕文欽　典史。

倪光輝　典史。

章福紹　主簿。

胡鳳翔　主簿。

胡鳳成　番禺典史，陞江南壽州經歷。

應懷德　兩淮批驗所大使。

應禧　倉大使。

黃景賢

應琦　淮府引禮。

童勳　吏目。

葉文標

鄭顯之　縣丞。

徐德英　省祭。

鄭文佐　倉大使。

應文寧　倉大使。

徐文逵　樂平典史。

鄭充之　主簿。

趙文逵　巡檢。

張仲和　主簿。

曹文瑷　巡檢。

章一清　岷府工政。

章弘德　倉大使。

呂忠　倉大使。

童滋　邵陽主簿。

程光祥　巡檢。

池渟　巡檢。

池濆　巡檢。

田文用　州吏目。

俞用光　主簿。

應聯璋　西安衛經歷。

趙汝誠　巡檢。

林文悌　大同衛經歷。

湯應龍　沛縣縣丞。

應志通　太醫院吏目。

朱文炤　永川主簿。

王師　　章平巡檢。

樓文正　金壇主簿。

王宗文　歙縣主簿。

應明用　開縣主簿。

孫世儀　沔池主簿。

周汝康　通州巡檢。

陳廷玉　延平桃源巡捻。

周廷讓　典儀。

應舜寀　太醫院吏目。

徐文遠　四川大竹典史。

徐一鏜　嘉定典史。

徐一夔　吏目。

徐士姬　巡檢。

周一鳳　主簿。

周一鸑　吏目。

章文煥　太倉衛經歷。

應時習　興化巡檢。

應承洙　韶州巡檢。

章邦周　巴陵典史。

樓時叙　漢口巡檢。

徐應元　隆灣巡檢。

應重祥　丹陽巡檢。

施應魁　淶水典史。

王師曾　沔陽吏目。
王師經　東莞吏目。
林國賓　草市巡檢。
徐應堂　懷集巡檢。
葉宗江　太原吏目。
葉宗夏　福寧巡檢。
盧仲奇　寧國知事。
盧應誥　桃樹巡檢。
周士華　白椒巡檢。
吳鳴雷　俄嶺巡檢。
盧朝忠　惠州倉官。
汪應龍　潞府典簿。
呂文珍　龍門巡檢。
呂師堯　寧羌經歷。
呂應龍　寧府照磨。
呂一榮　揭陽主簿。
呂應遇　河陽主簿。
單必瑞　長沙府典儀。
單希臬　吳江巡司。
呂應兆　饒平縣丞。
應和中　南昌巡檢。
應志和　長沙典史。
應雲悌　永平司獄。
應鳴岐　興化巡檢。
周懋良　山海經歷。
周汝仁　銅梁典史。
周材　四川巡司。

周應隆　金沙大使。
周聚奎　韶州巡司。
周聚精　鉛山典史。
周思敬　平凉經歷。
周思信　翼城典史。
胡國卿　桂林典史。
王文賢　沈丘典史。
曹一躍　梟尾巡檢。
牟惟忠　淥口巡檢。
牟瑞奇　驗封令使。
馬仲理　浦城巡司。
馬宗謙　馬兜巡司。
朱尚質　濟河主簿。
朱璋　安撫經歷。
朱廷澄　河泊所官。
朱大堯　河間府知事。
朱廷瀾　谷水巡司。
朱守進　羅源典史。
朱守正　廣豐大使。
朱潤身　河泊所官。
曹夢麒　崇府典儀。
陳用中　漳州照磨。
陳日升　胡樂巡檢。
楊大恭　東流縣典史。
陳良修　孝感典史。
王文贊　溧水主簿。
周德順　蕭縣典史。

周大益　高平丞,陞經歷。
章大默　宜陽主簿。
章德安　烏潯巡檢。
呂宣齡　東筦主簿。
朱大校　閬中主簿。
朱家英　盧陵巡司。
朱家棟　三水巡司。
邵仲升　藤縣典史。
章廷桂　苑馬監正。
陳國華　楚府典儀。
陳天相　上猶典史。
陳應憨　稅課大使。
應世永　南陵主簿。
應時聘　武進主簿。
應明聘　臨清經歷。
應曰元　重慶府經歷。
王師旦　黟縣主簿。
王世紀　睢寧主簿。
陳惟勤　吳縣巡司。
陳端中　潞安贊政。
陳三材　平安倉大使。
李應霈　平海經歷。
李星　淮安司獄。
吳從周　永嘉大使。
徐一鳳　監利典史。
程引孝　岳陽主簿。
姚天禄　唐邑典史。

樓文通　廣東藥逕巡檢。
樓文皋　左屯湖廣都司經歷。
陳應時　福清典史。
陳應祥　河南大使。
施守璽　安仁典史。
徐一桂　武陽典史。
徐大紳　新會主簿。
徐大經　泉州司獄。
徐大綸　仙鄉巡司。
徐大有　平河巡司。
徐鳳珪　河澗知事。
徐一璋　廣東巡檢。
呂應占　龍潭巡檢。
王文祐　寧鄉巡檢。
王大德　建寧照磨。
徐廷玉　嘉山巡檢。
章文勝　長墩巡檢。
徐士成　大冶縣丞。
胡子傑　揚州經歷。
林茂春　刑部司獄。
程大禮　石門巡檢。
方錂　鰲山衛經歷。
李允遷　牛肚巡檢。
汪若海　陳墓巡檢。
應明達　葛口巡檢。
章士奇　縣丞。
應明敬　岑縣巡檢。

應俞賢　漳縣典史。

應紹　　海門典史。

應明修　石門巡檢。

曹汝美　福州經歷。

汪守臣　南津巡簡。

程國寶　清澗典史。

黄一誥　仁化主簿。

黄應春　池河驛丞。

顔文淳　三水巡檢。

童祖昂　臨湘縣丞。

胡應化　主簿。

俞應綬　潭口司巡檢。

童明時　清溝巡檢。

李可久　經歷。

童汝稑　廣德所吏目。

李汝元　楚府典儀。

汪弘海　富州吏目。校《梓縣志》。

陳應高　吴川巡檢。

汪宜孝　大倉嶺巡檢。

黄應文　埌坪巡檢。

吕應元　縣丞。

徐逢熙　主簿。

樓文曙　主簿。

陳皋謨　濟陽典史。

應三選　主簿。

徐應豪　應天衛經歷。

胡鳴鳳　經歷。

胡鳴鷟　經歷。

武

周一麟　南錦衣衛指揮。

王世愷　鎮撫。

牟士龍　溫州府鎮下關守備。海寇犯境，拒敵力追，陣亡。民感其功，爲請立祠。

黃舉

王安邦　溫州都司。功陞福建漳泉興總兵。

國朝各途入仕

應明　生員。廣西梧州知府。

杜廣　黃平知州。

李鐘課　永定衛經歷。

陳文學　儒士。閩縣縣丞。

林先春　大名府經歷。

李國纓　鎮安典史。

林芝輪　建寧教諭。

徐士行　由貢監，龍巖縣丞。

周士貴　生員。福青典史。

徐大統　生員。三水縣訓導。

楊光龍　海陽縣丞。

王同禧　高平馹丞。

葉日藍　廣東布政司經歷。

朱吉人　生員。松陽教諭。

趙循毅　廣東布政司照磨。

周啓商　丘縣典史。

呂際明　南陽主簿。

王同玉　玉田典史。

王公詡　江南司獄。

王起鴻　新喻典史。

金元　綏德州吏目。

金守起　新化典史。

林正台　興安州吏目。

周立志　安遠典史。

林士文　贛榆典史。

李邦樞　浮梁縣丞。

杜子延　平定倉官。

李邦斿　如皋典史。

李正曉　長洲主簿。

金貴　台州水師僉事。

徐晟　四川鳳縣巡檢。

陳良椿　泌陽典史。

徐觀垣　山東沂水典史。

翁遇榮　江西鉛山典史。

王自昌　山東海豐典史。

李應儀　含山典史。

李昊　太和典史。

李策　陽春巡檢。

李邦模　河西典史。

李初騰

應庚　江西新淦巡檢。

周爾屏　廣東曲江典史。

李震升　湘潭縣丞。

呂文超　進賢縣巡檢。
周立應　江寧府司獄。
周立恩
汪時沛　考授典史。
胡宗銘　考授經歷。
胡宗銓
陳鴻道
胡嘉謨
陳兆珂
徐懋咸
潘呂賢
夏正中
周若英
方聖起
徐恂
李應疇
徐蕙昌
徐宗襜
馬永錫
胡琮　考授經歷。
陳名世
俞士㳺
王文炎
鄧珪
邵道齡
應毓蘭
徐鼎

徐錦

丁耀

牟聯璧

吕惟楠

陳岳

王文焯

馮啓宗

吕起化

吕懋寬

陳有高

俞大全

夏蕙

俞秉謙

夏霈

周永明

吕文奎

張元

耆　壽

邑志之有人物傳也，尚德也。有仕進表也，貴貴也。而復序耆壽者，尚齒也。三尚備而邑乘光矣。此三者，兩係于天，一係于人。壽、貴非可力致，德則可以自修，齒而兼德，尤足尚矣！故凡簡編所載者，必其齒德俱優者也。先聖曰"仁者壽"，則是壽以德致，亦非盡由于天者也。志耆壽，仍不外乎尚德也！

明

徐伯敦,嘉靖癸卯年一百有三歲。有司爲建百歲坊。郡守朱公禮致之,問曰:"何爲得此上壽?"對曰:"無他,只寡慾而已。"

周琮,嘉靖間百歲,有坊。

徐時,舊遊甘泉先生門時,年八十九,遨遊西湖天竺間,年至九十九卒。有司爲建百歲坊。

俞希聲,年八十五,讀書談道,家貧晏如也。

黃珪,年八十四,褆身教子,卓有古風,能作蠅頭小楷。

汪大滿,年十六,獨往福建奔父喪,常還遺金于中市火中。三赴郡邑賓筵,年九十一歲,值子浩七旬介眉,邑飲而卒。

王師禹,邑庠生。怡情古學,樂善好施。年九十三。子登甲第,屢請賓筵。

國　朝

徐宗書,字廣生。痛父武昌殉難,覓骸歸里,隨請卹典,教子成名。倡族中,拓祠產,興文會,創蒙六祖祠,建聖廟大門,敦本急公。年九十。

徐宗瑞,敦鄰睦族。年八十七。

徐懋問,歲貢。年八十,事繼母,以孝聞。

胡文明,嫺習禮法,年九十,尚康強,洵耆碩可風。

李正言,性孝友,助學建橋,創修祖祠。康熙壬戌,歲荒賑穀五百石。年九十。

徐銓,秉性忠直,急公仗義,常出粟賑荒,周人之急,遇貧者輒焚其券。年七十餘,屢請賓筵。

盧懷玉,輕財好義,常於客邸拾遺金百兩,還之。年八十一。

呂惟禎　年九十五。

翁廷鶴　年九十。

應秉華

應穎懷

應憲賓

應憲正　年八十餘。

呂文良　年百三歲。能細楷書。

王宗烇

方仲教　年九十五。

方應佐　年九十八。

方仲啓　年八十三。

金伯可　年九十三。

胡仲浩

李芬春　年八十。

李以壽　年八十三。

賈可卿

徐隆

馮國道

馮子祥

潘惟盛　年九十六。

潘積　年九十五。

陳文用　年八十六。

胡良煙

施思靈　年八十。

高惟思

周元修　孝友質誠，義方教子。

胡汝秀　年九十。

徐嘉達

胡廷彩
施思美
應昌文　年八十。
李君茂　年八十一。
金守善　年九十五。
傅惟才
陳仲芳
李啟成　年八十。
應明光　年九十。
金仲彩　業儒敦行。
李惟順
金邦佳
李國序　修祠建堰。年九十九。
謝思達
胡廷卓
陳希位
陳君理
王公敬
王公彝

永康縣志卷十三

知縣事華亭沈藻琳峰重修
崑山朱謹雪鴻編纂
邑人林徵徽、徐琮校訂

流　寓

地產名賢，地之靈也。其有他邦之彥、德星之聚，則非地靈使然也，以有同心同理爲之招也。中壘有云："行合趣同，千里相從。"蓋必有鳴琴者在堂，斯褰裳者在塗，停驂者在户。倘此中無人，則惟有山鬼木客，吟嘯于風林月落之際耳，焉得有伊人君子與之盤桓永夕哉！永雖僻隅，向有大儒往來遊息於此：晦菴、東萊，五峰高會，頓令瀑泉洞壑，一時生色。而聞人、韓、李諸賢，卜築於魁山岡谷。山靈何幸，賁此文明，要必地有賢人，故針磁相合耳。噫！古人往矣！水流雲散，乃有後日。生居輓近，思古之人，有不翠然興慕者乎！後之君子，俯仰于山高水長之際，風物猶是，林泉猶是。有客信信耶，其爲寓公之主；足音絕響耶，我即爲古賢之主。誠如是，則五峰一脉，傳之彌遠。永之學士大夫，掃室布席以俟之可矣！

宋

朱熹

字仲晦。婺源人。淳熙八年，以提舉浙東常平茶鹽舉行荒政，按台，過婺州，題孝友二申君墓。至永康，與陳同甫上下其議論。晚又與吕東萊、陳同甫三人講學於壽山石洞,石上有朱書"兜率臺"三字,可丈許,乃先生手迹也。先生於乾道間,再至東陽,訪吕敬夫,有《留別》詩,中有云:"泥行復幾程?今夕宿麗州。"又于淳熙十一年訪陳同父于永康。慶元四年,又以時禁避居石洞,改定《大學章句》草本,存歌山郭家。按《東陽志》詳載之如此,則先生之往來于永康非一次,亦非一時,誠溪山之幸也。

元

聞人夢吉

字應之。金華人。父詵嘗遊王魯齋之門。夢吉生有異質,受學家庭,父子自爲師友。手抄七經傳疏,深究義理,凡訓詁家說有紛雜者皆爲別白是非,使歸於一。閉户十年,學者雲集。泰定中,因薦者起,爲校官,累遷泉州教授。其教先道德而後文藝。前後學徒著籍者毋慮二千人,隨其資質裁補之,多爲成材。至正戊戌,治書侍御史李國鳳經略江南,承制授福建等處儒學提舉,不上。晚避地依其婿胡伯弘、唐以仁,僑居邑之魁山下。卒年七十五。平生信道甚篤,涵養益純,識與不識,莫不稱之爲有德君子。門人宋濂等謂其執醇而弗變,含和而有耀,私諡曰凝熙先生。

韓循仁

字進之。金華人。明經潔行,隱居授徒。一時名士如宋濂、吳履皆爲深交。元末避兵,居邑之岡谷,專以山水文籍自娛,貧窶不以介意。濂嘗爲作《菊軒銘》,稱之曰:"進之耆年碩德,爲後進矜式。濂四十年老友也。"所著有《南山集》。

李曄

字宗表。其先汴人。元季徙家錢塘。少從永嘉胡僖游。僖奇其才,以女妻之。學成,結草閣北關門外以居,人稱草閣先生。後避兵金華,翺翔永康、東陽二邑間。入明朝,有司薦上上考功,奏補國子助教。未幾，以病免歸，卜築邑之魁山下，講學授徒，與諸人士酬唱爲樂，不以貧窮介意。其詩清新圓熟，一出李、杜二家機軸，天台徐一夔稱其"緣情指事，機動籟鳴，無窮搜苦索之態，而語皆天出，不渝盛唐家法"，識者以爲確論。門人唐仲暹編其詩文爲《草閣集》，凡七卷。子轅，字公載，亦能詩，嘗被薦爲宜倫縣丞，所著有《筠谷集》。

已上照應志。

唐以仁

金華人。說齋先生裔也。悃愊無華，從聞人夢吉先生學，與景濂宋公相友善，學行爲夢吉所重，妻以女。元季兵亂，因奉夢吉避地，卜築邑之東鄙魁山下。不求勢利，恬然自得。洪武初，邑令吳弘道薦爲本學教諭，嘗以身率先諸生。善吟咏性情，有《耕餘稿》若干卷。

已上照胡志。

列　女

詩人之稱閨德也，曰女士。夫士者通一貫十之謂，女以士稱，以其行有類于士行，故可稱之曰女士。然其道不離于婦道，故仍目之爲列女。永志以列女之已旌者列爲女貞，係之人物，以未旌者列爲節婦。夫節婦與女貞奚別？而以旌與未旌分之，亦異矣！今則以女貞與節婦合之爲一，以列女與人物分之爲二。其合也以德，其分也以迹。迹其志行，貞珉勒之，石不泐；青史彰之，簡不蠹。以是爲無窮，下可稱列女，上可配列星。婺地上應婺星，焉知其非列女所化也哉！

宋

杜氏女

宣和庚子，方臘倡亂，所在嘯聚，有悍賊輩，謁杜氏門，大言："爾以女遺我,否則滅汝宗。"舉家驚泣。女曰:"無恐。以一女易一宗,奚不可!"賊歡笑以俟。女乃沐浴盛飾,既而潛縻帛於梁,而圈其下,度不容冠,抽去之,籠其首,整髮復冠,乃死。家人惶遽號泣。賊聞之,亦驚去。陳龍川爲作傳贊曰:"方杜氏之不屈於賊以死,猶未足難也。獨其從容整冠,無異於子路之結纓,是其難也。雖古烈女,何以加焉!"

陳氏長女

宣和辛丑,官軍討賊,所過乘勢剽掠。邑富室陳氏有二女,併爲賊執。植白刃于傍,脅之曰:"從我妻之,否且死。"其長女神色自若,掠髮伸頸,厲聲曰:"請受刃。"被砍而死。陳龍川爲傳其事,贊曰:"世之人斥人者必曰兒女態。陳氏之態,亦兒女乎?"

章侯妻應氏,其姒周氏。方臘之亂,村莊咸走避。應病足,與十歲兒居。其姒亦歔欷不忍去。應曰:"吾以足病,死,命耳。姒宜急避。"周曰:"生死同之,何避焉!"未幾,賊入。應、周俱遇害。當殺應時,兒泣,謂賊曰:"殺我,無殺我二母。"賊併殺之。宋太史濂爲傳其事,贊曰:"婦姑勃蹊者有矣,況娣姒乎!娣姒不相能者有矣,況與之同死乎!永康二婦,何其賢也!"

元

何顧妻呂氏,年十九,顧亡,一子甫三月。至元丙子,盜剽村庄,呂囊篋一空,輾轉劬勞,以鞠其子,竟無二志。至治二年,旌表其門。壽至九十乃終。

明

胡蓋妻陳氏。正統己巳,括寇掠境,陳氏携子自外家歸,道遇寇。以刃加其頸曰:"從我,不死。"陳紿之曰從,拽之前行,至塘濱,棄子於岸,投水死。

李淳妻盧氏,嫁二載而淳亡,一男一女相繼夭。李宗咸迫其再嫁。歸依母家，弟亦迫之。盧度不免，乃紿之曰："吾所以不從者，夫子亡未薦，服飾未備耳。"衆以爲然。乃潛治自己衣衾喪具。及期，置夫神主，哭祭之，夜自縊而死。

周二三女，幼許嫁鮑勤。鮑家日替，父二三欲改嫁之。不從。有陳姓者，恃勢脅娶。女投水，救，不死。脅者愈急，乃縊而死。

朱氏，年十八，歸程浪。未一月，浪游學南都，遘疾亡。朱日夜號慟，誓不再適。有黃某者，欲求之。朱泣告舅姑曰："烈女不更二夫。願終吾志。必欲嫁我，惟有一死。"舅姑不聽，潛許黃矣。朱聞，大哭，沐浴更衣，自縊死。郡以其事奏聞，旌之。

呂氏，名主奴，閨諱淑，適李汀。汀溺死，呂慟哭仆地，水漿不入口者數日。舅姑憐其少寡，強之更適，呂聞，乃密縫白衣裙，撿其手足，夜分，秉燭赴汀溺所死。是夜風雨，燈光不滅。後督學張公蒞婺郡，夜坐假寐，恍見白衣女子遍體淋漓，作聲曰："淑。"行查八邑，至永得之。會按臺上疏，奉旨建坊，立祠山川壇側，有司歲時致祭。

程章甫妻黃氏，歸三年，章甫卒。即剪髮繫夫手，誓同死，遂絕飲食，蓬首垢面，依夫像號泣，淚盡，繼之以血而死。

葛吉甫妻徐氏，年二十七，吉甫亡，二子穉。徐養姑教子。聞有欲奪其志者，乃自誓曰："修短有命，而離姑棄子，無仁義也。寧死不易吾志。"竟全節壽終。洪武十年，旌表其門。

王和欽妻陳氏，年二十九，夫亡，遺孤德中僅歲餘。刻苦守節，治女紅自給。德中性孝，嘗因母病，籲天求代，遂獲痊。一日，東鄰失火，將延及，德中向火稽首，火遂西轉，人皆謂王氏母子節孝所感。洪武十六年，有司奏而旌之。

徐與道妻葉氏，年二十六，夫亡，一子三歲。姑憐其少且貧，間風之。葉曰："飢苦事小，失節事大。棄姑與子，而自圖安飽，異日何以見夫于地下！"仰天誓死，守志不貳。養姑育子，孝慈兼至。洪武十六年，旌表其門。

吕堪妻何氏，堪父元明，聚義兵討賊，爲臺官所殺。堪往視，亦遇害，時何年十九，無所出，以姪三錫爲嗣。矢心守節，年至六十八而終。洪武辛巳旌之。

楊汶妻謝氏。楊以役卒於京，時謝年二十五，聞訃痛哭幾斃。或憐其少無子，諷以改適。謝曰：“夫兄子可繼，安可失節！”卒不易志。

王士濂妻曹氏，年二十九，夫逝，哀毀幾斃，截髮置棺曰：“妾不即死以從君於地下，以有遺孤在也。”躬織紝以訓子，年幾九十。父老欲上其事，曹曰：“此女職常耳，毋庸是也。”識者義之。

李軻妻俞氏，子禄妻吳氏，孫齊妻陳氏。俞年二十五而寡，吳年二十九而寡，陳年十九而寡，相繼守節。台郡王一寧題其堂曰：“一門三節婦。”其後，吕氏年二十二，而夫李榮卒。章氏年二十九，而夫李相卒，並守節終身，蓋一門五節婦云。

應永和妻胡氏，年二十六，夫亡，剪髮自誓，撫子綱成立，以克孝稱。成化十一年，旌表其門。

盧弘三妻曹氏，年二十九，夫亡，誓不改醮。姪任三妻章氏，年二十七，亦寡。或諷其無嗣改適，章答曰：“獨不能效曹節婦耶！”苦節以終。時稱盧氏雙節云。

應敬妻周氏，生一女。敬卒，年方二十四，以死自誓，撫姒子茂爲嗣。家替而守益堅。逾七十而卒。

進士吳寧妻葉氏，生二女。年二十九，寧亡，撫二女以居。每遇忌辰，輒哀泣不自勝。年八十二而終。

徐仕妻李氏，年二十五，仕亡。家貧甚，一子在抱，未幾亦亡。舅憐其孤苦，命之適人。徐曰：“與其失節，寧飢餓而死。”叔伯受富室賂，逼之，李哭罵，欲自殺。衆知其志不可奪，乃已。年八十而終。

孫叔高妻李氏，年二十九，夫亡，一子甫三歲。父母強其再適，因收回義田以困之，卒不從。靜居一室，不輕出閫外，全節而終。

徐季順妻陳氏，年二十四，夫亡，生一女。父母憐其年少無子，諷令再適,乃以死自誓。常獨處一室,雖貧窘日甚,處之裕如。弘治十八年,有司奉詔優恤。年逾八十而終。

俞淮妻陳氏,年二十六,淮亡。哀毀幾不自保。一子三歲。勤于紡績,足不出門限,雖至親兄弟,鮮與交接。鄉里稱之。

董璁妻陳氏,年十九,璁亡,一男方逾月,甘守無二志。有求娶者,堅執不從。人咸嘉之。

徐澄妻應氏,年二十四,夫亡,遺孤在抱,家甚窘,終無異志。富室欲強娶之,潛避得免,剪髮自誓。有司嘉之,爲復其家。

黃二一妻徐氏,夫亡,年二十七,貌美無子。有巨姓欲娶之,乃剪髮自誓,家貧志節愈勵。年逾七十而終。

趙鎬六妻呂氏,年二十,夫亡,遺腹一子。誓不改節,子亦蚤世,撫二孫以居。年九十餘而終。

王謙二妻樓氏,年二十四而寡,一子甫三歲。多有求之者,堅執不從,紡績自給,備嘗辛苦,終無二志。

王珏妻童氏,知府信之女孫,年二十四,夫亡,守志不二。嘉靖六年,旌表其門。

金疊妻陳氏、疊弟和妻周氏,俱年二十而寡,同心一節。嘉靖十二年,旌表其門。

程縉妻呂氏,年二十五,夫亡,遺孤在褓,冰蘗自甘。子孫相繼先没,三世一身,年及百歲。巡按傅公以"貞節上壽"額表其門。

樓偉妻朱氏,參政方之女也。年十九,夫亡。或擁兵欲奪之,自没於水,救得不死。撫姪文昇爲嗣。有司奏旌其門。

胡鈇妻徐氏,年二十,夫亡,無子。矢志苦操,坐臥傍夫柩,足迹不越户外。鄰火延及寢室,衆勸其出,則堅抱其柩呼曰:"得同爐矣!"須臾遂反風以免,人咸異之。年八十二,無疾而終。都御史谷公表其家曰"貞節之門"。

呂實妻胡氏,年二十二,夫亡,止一女。勵志守節,足不出門,雖近鄰莫見其面。

葉行十妻吕氏,年二十四,夫亡,一子繼殀。居貧守志。年逾七十而終。

何三九妻徐氏,年二十二,夫亡。或議欲改嫁之。輒引刀自刎,自是人莫敢復言。

已上應志列爲女貞。

明

貞女章氏

名韞奴。幼嫻《内則》,寡言笑。年十六,夫患痘症,將危,女欲往視,父母許之,入門拜舅姑,詣夫室,侍湯藥三日。永訣之夕,誓死無二,毀容斷髮,不復歸寧,爲夫治喪事成禮。逾年,立叔子從海嗣。撫養勤閔,四十餘年。朝廷旌其門曰"故童馬",世稱未婚妻章氏貞烈之門。傳載藝文。

國　朝

雙節二虞氏

庠生徐士霽妻虞氏,名登。二十二歲,夫亡。矢志貞守。繼叔子璜爲嗣,聘女姪枝淑爲媳。育一女。淑年十九,璜又亡。號慟絕食,誓以身殉。姑以婦有遺腹,力勸之。逾月生男。兩孀零丁孤苦,歷十有二年,男女又相繼亡。淑遂自縊,年三十。姑亦卒,年六十三。撫院陳疏請于朝,部文以節婦虞氏登合格,而烈婦枝淑與會典不符。總督李題云"虞氏枝淑,初爲遺孤,忍死以全。嗣後爲子殤捐身以殉夫。節烈之志,始終不渝。均堪矜尚"等語。奉特旨依議,康熙十七年建雙節坊于邑西門。

已上徐志續女貞。

陳嘉謨妻朱氏,年二十四,夫殁于京師。矢志苦守,事姑孝,撫孤子成立。年七十而卒。郡守李詳請，康熙十二年奉旨旌表建坊於陳氏祠前。

已上今續照府志。

明

呂元明妻朱氏。元明舉兵討賊有功，時臺官受賊賂，令宣差召而殺之，子堪亦被害。朱乃借助於東陽陳顯道，追至途中，擒宣差還，就夫靈生取其心以祭。

吳珪妻徐氏，同知和之女。年二十二，珪亡。嚙指自誓，守節終身。

李實妻陳氏，年二十四，夫亡守節，七十而終。

周傑妻陳氏，歸七年，傑亡。居貧守節。年逾八十而終。

呂培妻王氏，年二十七，夫亡。矢志守節終身。

朱桓妻林氏，年二十七，夫亡守節。年逾八十而終。

胡璽妻丁氏，年二十三，夫亡守節，年逾七十而終。

王廷璉妻應氏，年二十三，夫亡守節，家厄於火，居貧自給，終不易志。

施昂妻胡氏，年二十六，夫亡，守節終身。

趙勝妻李氏，歸五年，夫亡，守節終身。

陳秀妻李氏，年二十五，夫亡守節，年逾八十終。

朱良存妻陳氏，年二十四，夫亡守節，至八十六而終。

姚世玉妻方氏，年二十六，夫亡，守節終身。

李璁妻王氏，年二十七，夫亡守節，至八十而終。

應鎮妻馬氏，年二十四，夫亡，一子甫三月。撫孤成立，守節無改。應石門典傳其事。

朱曄妻童氏，年二十四，夫亡，而姑亦寡。朝夕同寢，守節而終。

李泰妻應氏，年二十八，夫亡，守節終身。

應實妻胡氏，年二十八，夫亡守節，年逾八十終。

李蘠妻陳氏，年十七，夫亡。常欲死殉，家人防之甚密。有潘姓者欲娶之，乃大會族人，自矢不二，遂引刀斷髮，守節終身。

呂克堅妻丁氏，年二十三，夫亡，一子甫五月。勵志撫養，終不改節。

應大恩妻李氏，年二十一，夫亡。紡績自給，守節終身。

徐鳳富妻趙氏，年二十二，夫亡，遺腹生一子。家貧紡績而食，終不易心。六十三卒。

王洪範妻潘氏，按察使潘徽女。夫亡，無子，剪髮毀容，操刃臥內，死不可奪。

樓思妻金氏，年二十二，夫亡，嘗抱一子臥棺側，蔬食三十年，終無二志。

徐秩妻程氏，年一十九，夫亡守節，雖家貧子愚，終不易志。

倪瑄妻陳氏，年十九，夫亡守節，誓不再適。有司旌其門貞節。

徐啓陽妻斯氏，年十九適啓陽。未幾，啓陽病。或云人肉可療，遂割股食之。夫亡，誓不再嫁。前令張公表其閭。

童芝妻盛氏，年二十四而寡，遺腹生一子。伯叔逼之改適，終不易志。

胡塞妻李氏，年二十三，塞死，一子甫十月，守節不改。

應八十五妻徐氏，年二十一，夫亡。勵志守節，七十而終。

呂文鰲妻周氏，甫嫁三月，姑病，割左股食之，姑疾竟愈。人稱其孝。

已上應志列遺事。

俞培妻池氏，年二十六歲，夫亡守節，壽八十五卒。

徐戀學妻李氏，年二十歲，夫亡，號慟，誓以身殉。舅姑慰諭。洒淚撫孤。未幾，舅姑皆亡，零丁孤苦，勤於紡績，四十餘年，六十一卒。

王世慶妻應氏，年二十，寡居避寇青山口，聞警赴水沒。女覓其屍，衣袴皆結不可開。

王宗琰妻胡氏，年十九，夫亡無子，苦節七十年，至八十六歲卒。

徐勗妻陳氏，二十一歲，夫亡，一子週歲，遺腹一子。耄年見曾孫，孀節矯然。

徐宗晝妻應氏，年二十四歲，夫亡，家貧，無子。矢志稱苦節。年六十三卒。

葉大秦妻黃氏，年十九，夫亡，無子，守節。七十九歲終。

廩生呂應相妻孫氏，笄年適應相。相死，年十八，遺孤崇簡。姑嫜諷之他適，氏剪髮自矢。戊子，崇簡以明經授垣曲令，奉養於署。年七十五卒。

徐守良妻陳氏，年二十四歲，夫亡，守遺腹一子，七十五歲終。

馬崇儀妻施氏，年十八，無子守節，七十歲終。

朱以武妻程氏，二十歲，夫亡，家貧，無子。其父生員程國棟給田膳養，終身母家四十餘年。

呂國正妻朱氏，年十六，夫亡，守志。胞弟朱以卓妻徐氏，年二十六，夫故，亦不易其操。

應一進妻陳氏，年二十六，夫亡，家貧，矢志守節，五十年如一日，操節可嘉。

應子聖妻周氏，年二十三，夫亡，撫子惟介，娶妻朱氏，年十九歲，惟介亡，遺腹子君發，娶妻朱氏。君發殀亡，時朱氏年二十一歲。姑媳三代守節，壽俱九十餘。邑人周鳳岐爲之作《三節婦傳》。

應明理妻李氏，年二十，夫亡，守節。抱伯子一貞成人，年逾八十。金華姜應甲爲之傳。

庠生王師憲妻周氏，年二十四歲，夫亡，守柩前，目不窺牖。性至孝，舅宗烇患病，割股療之，延壽三紀。猶子王世德欲陳乞旌表，涕泣以辭，後爲立傳。

庠生徐起相妻王氏，年二十六歲，夫亡，抱遺腹子苦守。府縣給扁旌獎。年八十七歲。

翁仲道妻陳氏，年九十八歲卒。

已上徐志續遺事。

貢士程懋修妻盧氏，二十六歲，修以廷試，卒京師。苦節撫孤。未幾，子又亡。赤貧堅守。年六十五。有司旌其門曰"苦節幽貞"。

程國瓚妻應氏，年二十四，夫亡。艱苦撫孤。年六十，病篤，其子旭燦割股救療。瓚兄國化妻李氏，年十九，夫亡，無子，剪髮自誓，立應氏子旭煐爲嗣。姒娌雙節，兄弟篤孝。邑令徐公表曰"節孝聯芳"云。

已上照府志。

應彥官妻李氏，年二十四，夫亡，撫二孤。紡績訓課，垂四十年，未嘗見齒。冢孫本初，髫年入泮，氏之教也。年七旬，不染疾，沐浴更衣而逝。

盧一鵬妻池氏，年二十六，夫赴試身殞。聞訃慟哭，矢志生殉。不二年，翁亡。奉事耄姑，艱苦萬狀，課子成人。康熙二十五年，奉學院王表曰"孤標峻節"。年七十八卒。

已上採錄《學志》。

孝婦俞氏，胡國麟妻，性仁孝，年二十三，夫商久外，姑黃氏病危，延醫不起，婦乃稽顙籲天，豁股肉進之，病遂痊。有司以聞，于萬曆三十三年撫憲給額曰"旌孝"。後于康熙癸酉六月，鄰居遇火，時夏盛旱，風勢莫可撲滅。忽聞中堂聲墜如雷。衆驚視之，乃婦扁也，遂挾以出，廬舍皆灾，孝扁獨存。人皆歎異。

孝女方福妊，方豫卿庶出女，康熙三十三年，甫十歲，嫡母馮氏病臥，服藥不瘥①。福妊日夜涕泣，百計思救，夢白衣女人手持剃刀，驚醒。次早，見母昏暈垂危，乃登樓暗設香燈禱祝，割左臂肉煎糜以進，母病立甦。遠近驚異，合詞具報。邑侯沈驗實給賞，通詳各憲。撫院王頒發紬布、銀兩、匾額，優獎備至。

---

① 校記："瘥"，疑爲"痊"。

生員方震暘妻楊氏，年二十，夫亡，矢志守節，紡績奉姑。姑病久，時刻不離。康熙甲戌年，孫女福姐以奇孝聞。撫院王批云："童孝由家訓所致。祖孫節孝，尤屬罕遇。"由是同時給匾，一曰"志節凌霜"，一曰"閨英異孝"。現今年九十七歲。

生員徐彥泓妻陳氏，年二十四，夫亡，矢死以殉。姑以遺孤在襁慰勸。撫養訓二子肇基、肇麟，並遊黌序。現年七十四歲。

拔貢生樓惟馴妻陳氏，馴負才名入國學，大司成徐立齋器重之，久客燕都。氏年二十五，馴亡，家徒四壁。誓死靡他，教子秉韜成立，苦節最著云。

徐國時妻吳氏，年二十四，夫亡，家貧無倚，忍死保孤，紡績覓食，始終不渝。年八十三歲卒。府憲張表曰"操比松貞"。

盧國釗妻周氏，年二十五，夫亡，備歷艱苦，撫孤成立。府憲王表曰"柏舟冰操"。

周俊初妻應氏，一十八歲，夫亡，子三歲。矢志堅貞，紡績度日。學院周表曰"節勵冰霜"。今八十七歲。

庠生呂一森妻周氏，年二十一，夫亡，痛欲殉死。因姑老子幼，封髮自矢，堅苦最著。今七十三歲。

應可綸妻朱氏，年二十四，夫亡，家貧，携子依母家堅守，撫養成人，復返故土。年八十卒。

姚國仁妻俞氏，年二十四，夫亡，遺腹生男，刻苦保孤。親見曾孫。年九十一卒。本府張表曰"節壽永貞"。姚君恩妻傅氏，年二十六，夫亡，誓死靡他，守遺腹成立，子姓繁衍。年八十三卒。前司理李公諱之芳表曰"柏舟貞操"。

胡兆通妻應氏，年二十六，夫亡，生一女。力貧苦守。年八十卒。

朱振生妻呂氏，年二十八，夫亡，無子，繼姪爲嗣，四壁蕭然，刻苦守節。宗黨稱之。

生員周鴻謨妻徐氏，年二十二，夫亡，家甚貧。事姑立嗣，貞操五十餘年，內外肅然。

生員李瓊達妻金氏，年二十三，夫故，誓死守志，孝養寡姑王氏，始終盡禮。年七十卒。

應堯卿妻葉氏，年二十一，夫亡，矢志苦守。年七十七卒。邑侯謝表曰"松節永年"。

庠生胡之龍妻應氏，年二十二，夫亡，苦撫遺孤。又亡媳程氏，兩孀並守。應年八十一卒，程年六十有二，稱雙節云。

河樂巡檢陳日升妻王氏，年二十八，夫亡苦節，孝事寡姑，撫孤娶媳。未幾，復亡，時媳章氏方娠，遺腹生嗣彥。三載，媳又亡。王氏念兩世一孫，教育成立。年七十終。

應鳳虞妻包氏，年二十四，夫亡，苦守，教子成立，事後姑克盡孝敬。今七十七歲。

盧子謙妻俞氏，年二十一，夫亡，無子，繼姪榮秋，媳胡氏。未幾，榮秋又亡。窮愁變態，姑媳相依堅守。俞年九十卒，胡氏亦年七十卒，稱雙節云。

金邦泰妻張氏，年二十六，夫亡，苦志守節，五十載如一日云。

庠生應時起妻朱氏，年二十二，夫亡，誓志堅守，紡織度日，撫子婚嫁。年七十二卒。

生員李爲棟妻林氏，年二十，夫亡，矢死靡他，紡績撫孤。現年八十歲。

傅泰禎妻翁氏，年二十，夫亡，事姑至孝，貞白勤儉，撫子成立，四十餘年如一日。

胡良盛妻盧氏，年二十一，夫亡，撫孤貞守。遇寇至，以投水獲免。五十餘年完節。其孫胡明睢，妻黃氏。配二載，夫亡，遺孕得子，又亡。或勸令改適，黃泣曰："我前不死，爲此孤耳。今孤亡，何生爲？"遂密縫遍體衣，夜自經死。一門節烈。奉學院張給匾特獎。

庠生程懋銓妻徐氏，年二十，乙酉，寇至，聞有被污者，閉戶自刎死。有司旌其門曰"幽貞奇烈"。

廩生李正珙妻徐氏，年二十，夫故，誓以身殉，後叔子藝，撫養承祧。現今七十九。有扁旌獎。

李幽侯妻徐氏。

李以成妻倪氏。

義　民

民不患貧而有財以裕其家，難矣。民不嗜利而能散財以襄公事，抑又難矣！此固民之好義哉，亦由上之人有以富之教之耳。蓋貧則不能爲義，不知教則莫肯爲義。司馬氏曰："淵深而魚生之，山深而獸往之，士富而仁義附焉。"然有富而不爲義者矣，則教之尤亟也。永邑舊多義民，能出粟助賑捐貲修建者不下三四十人。義哉！是可以附于人物之後矣！有是義舉，朝廷旌之，邑乘志之，父老傳之，後世頌之。人亦何憚而不爲義哉！至今流風綿邈，久而弗替。凡前人所修之學校、所築之橋梁，其後世子孫猶能引爲己任而不他諉。此其相傳之有素與，而感化之道亦可見矣！

明正統四年，出粟一千石助賑。敕旌爲義民者六人：

王孟俊見人物。　陳公署　陳積安　徐伯良　葉宗盛復金姓，名盛宗。施茂盛

正統十四年，處寇猖獗。兵部尚書孫原貞奉敕勸諭出粟三百石者賜冠帶，凡一十三人：

樓永達　周養中　施坦然　方大成　施孟高　吕仲玉　陳琦　黃季龍　黃養浩　胡伯中　朱仲南　朱叔文　陳孟昇

成化元年，奉詔勸民出粟二百五十石者授七品散官，凡七名：

王良政　李希俊　朱以禮　朱孟積　徐孟達　施仲華　吕仲通

趙　鉞

捐資造福梁橋，築溪壩，嘗於歉歲施粥食飢人。

王思退

家裕，急於濟人，所周急不可勝紀，嘗輸粟於官，朝廷璽書褒焉。

方叔和

捐資造朱鑑石橋二座，歲歉出粟賑濟。

王　綸

同弟綉綵山建縣廳，子淮汾建譙樓總鋪，又捐千金賑濟，有乃祖之遺風。

施孟達

捐資建修仁政橋，後圮，孟通、孟進、孟安、孟綱重修。

應　恩

出粟濟貧善，孚鄉族。

徐德美

捐資築後清堰併郭坦塘壩，院司獎焉。

應崇德

與應佩之捐資修府館。

朱　山

參政方之兄，嘗因水旱代納一都鹽糧，鄉人德之。

已上照應志。

李世翱

尚義好施,柏臺屢獎,耆年考終,子姓蕃衍。人多稱之。

呂國元

樂善尚義,建王坟橋二渡。遇荒,同男庠生一森計口散穀。

黃一正

急公趨義,鄉評推重。

周邦義

生平好善,克己周急。年八十餘卒。
已上照徐志。

盧元奎

天啓間,門外拾遺金四十兩,有蘭谿姓諸葛者來覓,還之,了無德色。又嘗捨棺。

謝景銘

周貧賑乏,而不責報,鄉閭德之。

應洵乾

獨力捐資,重造鎮興橋。

徐宗諫

敦倫樂善。康熙二十二年麥荒,捐穀賑飢。

徐思程

好義樂施，宣明十六條，剴切動人。

胡啓桂

事後母孝，捐資立義會，捐田送祠。族人稱之。

李承芳

康熙十三年、十五年，捐囊買米賑飢，全活甚眾。

胡惟敏

敦古道，好施予。

呂一麟

辛亥歲飢，捐粟賑濟。

倪　禧

有尚義坊。

義　勇

天之生才，畀德則均，畀勇則鮮。四境無事則已，如其寇盜竊發，倉卒不備，當爾時也有能挽弓持矛鼓勇而前者，是則一方之所倚重也，其有功于民社豈淺哉！有如永之胡元祚、呂用明、朱世遠三君，皆能奮不顧身，爲州里捍患，而胡獨捐軀殉難，尤爲慘烈。之三君者，豈非生有益于時、歿可祭于社者歟！舊志列之義勇，書其慷慨赴義，凛凛乎猶有生氣。夫勇之與義，未必兼有。操觚之士，非義之難，而勇之難,蓋治功則可任而武事則不能也。勇悍之夫,非勇之難,而義之難,蓋其力可以彌亂而亦能致亂也。若三君者,出其死力,以爲國爲民,目之爲志士仁人不爲過,即稱之爲義勇亦不爲泛。力出于身,而不爲一身,重民之死,而己不畏死,難矣哉!又非古之俠烈所得而擬者也。彼荊軻、聶政之流,輕其生以酬一知己,原其心爲己也,非爲民社也,是亦不可以已乎!以視永之三君,瞠乎其後矣!

胡嘉祐

字元祚。至正間,集義兵,與縉雲箬溪賊應君輔戰於占田,厲聲罵賊而死。縣令野速達兒以其事聞。未報,而明兵下婺城,褒恤無及。士民莫不爲之流涕。詳見人物。

呂文燧、田子貞並見人物。

朱世遠

元季,同呂玄明殲處寇,境賴以安。鄭柏贊曰:"所貴乎士者,謂其能排難解紛見義必爲耳。世遠上助王師,下殲劇寇,可謂一世之雄矣!"詳見人物。

章堉　章壑堉弟。並見人物。
呂然　陳廷俊　徐德廉　呂叔茂　呂兼明並載軍功。

盧　得

初從方谷珍得紹興同知。歸附後,授安陸鎮□。

方　伎

永志不載方伎,郡志止列一人,曰徐應顯,以醫名,其他無聞焉。

今爲蒐訪遺聞,得如干人,以補舊志之缺,非炫奇也,以其爲民用之所需,而王政之所不廢者也。爲此伎者,果能奉先聖王之教,而施之於人,則伎也而進于道矣。若夫姑布子之術、青烏家之言,無切于民生,聽之徒足以惑人心,志即不問,亦可也。

明

應勝

號行素。精醫術,百試百效。人顏其堂曰濟生。

應昌魁

字叔梧。醫本世業,至魁益精。人有請者,不辭寒暑,不責酬報。或病家貧甚,更給以善藥薪米,雖再三往,應之如故。全活甚衆,人多德之,顏其堂曰種德。

俞聞

博通天文地理占數之學,著有《照天寶鑑》、《量地玉尺》、《握奇經注圖釋》等書。

胡墀

號松雲。治病多奇驗,嘗受知邑令張公,由是名重燕趙間。至九十六歲卒。孫文震及煜,亦善醫,又得異傳,治疾能預决,壽殀多奇中。

國　朝

徐應顯

精醫術,多所全活。御史牟公表其廬曰"儒修相業"。八十餘卒。

應克信

性敦厚,精于醫,扣門者無虛日,未嘗責報,且好施予。人德之。

吳辰賜

字克恭。宋少師芾之裔。業儒,精醫理。

盧君鎔

貫徹《內經》，全活多人。子源，潛心窮理，善承父業。

賈以德

精岐黃，鄉邑之貧而疾者咸倚之。

盧潛

字奐若。邑庠生。精醫理，手到疾除，無德色，無倦容，道氣盈襟。

仙　釋

人世甚無藉乎？有，此仙、釋也。然而無害也。王者之政，必先煢獨。釋之自稱曰乞士，釋之所居曰給孤獨園，所謂羽士也者，亦相等耳。以天下之大，出其少，分以給此不家不室之畸民，是亦養老存孤之一端耳。若以爲無補于民而贅旒視之，是豈天地聖人之量哉！況其志行潔清，亦足以醒醉夢而滌塵氛，藥籠中亦不多此一物也。雖其絕類離倫，與儒道相遠，然各行其志，在彼亦自有其所以然之故，亦不必強之使同也。邑志備載人物，主也；人物之外，併載仙、釋，賓也。今有棄其所學而學仙、學釋者，是舍家雞而求野鶩也。又有斥爲異端而拒絕之者，是猶主之于賓不爲之恭敬款洽而反嫚罵訶叱之也，此適足以爲物戾也。故邑志之列仙釋也，是因主及賓，非以主廢賓也。明乎賓主之分，世之紛紛論議者，亦可以少息矣！

馬自然

名湘。有仙術。爲人若風狂狀，能治人病，不用藥，但以竹杖擊病處，或指即愈。唐建中元年八月十五日，自桐霍山回至延真觀，指庭前松曰："此松已三千年矣，當化爲石。"已而果然。

癡鈍穎和尚

少時遍歷叢林，嗣法於或菴體和尚。初住蔣山，道價盛行後移住天童，終於徑山。

淵叟元和尚

法名行元。受業金仙院，住平江萬壽寺。咸淳辛未年七月十六日作偈云："來亦無所從，去亦無所至。來去既一如，春風滿天地。"放筆趺坐而逝。

平州從垣和尚

以詩名，有云："石泉天象轉，花月地痕虛。""習字帶秋收柿葉，吟詩和月咽梅花。""作詩已得池塘句，學《易》獨明天地心。""杜宇一聲蒼樹遠，黃鸝三囀落花深。"皆妙得唐人家法，爲世所稱賞云。

本大真和尚

應純之子也。少有高致，飄然脫世。遊天目、台山，在天目禮和尚座下，作《寒衲頌》，天目奇之。追歸，脫化於里之靈岩洞，作辭世偈云："净智圓妙，體尚空寂。黃面瞿曇，何曾得力。且問得力者是誰？不識。"放筆而逝。

永康縣志卷十四

知縣事華亭沈藻琳峰重修
崑山朱謹雪鴻編纂
邑人林徵徽君慎、徐琮完石、徐友范念仲校訂

坊　表

邑有坊表，所以表厥宅里也。觀于學宮之坊，而民知仰聖；觀于仕宦之坊，而民知貴貴；觀于孝節之坊，而民知盡倫；觀于百歲之坊，而民知尚齒。則是坊之建也，所以教民也，非飾觀已也。《詩》曰："維桑與梓，必恭敬止。"瞻茲坊表，其悚然肅然，又當何如！夫表者，裏之賓也。行善之要務其裏，旌善之制樹之表。人羨其表，無不推究其裏。《詩》曰："民之秉彝，好是彝德。"不知道者，惟榮是羨，此俗尚也，非公好也。《禮》曰："入國不馳，入里必式。"好德之民，當知所尚矣！

仰聖興賢坊　儒學前。

狀元坊　爲陳亮立。

榜眼坊　爲程文德立。並儒學前。

正學名臣坊　爲應孟明立。在可投。

天官坊　爲程文德立。

父子進士坊　爲程銈、程文德立。

太史坊　爲王禮立。

登科坊　爲孫明立。驛門右。

擢桂坊　一爲吕銳立，一爲李溪章安立，一爲十三都胡良立。

鵬搏坊　爲李鴻立。

會試亞元坊　總督三省坊　大司馬坊　俱爲王崇立。

藩伯坊　爲徐時立。

繡衣坊　爲周奇立。

三代都憲坊　奕世郡侯坊　俱爲徐朗、徐文璧立。

侍郎坊　爲徐讚立。

雲衢坊　中市。　繡衣坊　上市。俱爲謝忱立。

清修吉士坊　爲李滄立。

京闈進士坊　彩鳳先鳴坊　俱爲童信立。

大諫議坊　爲王楷立。

瀛州吉士坊　爲童燧立。

橋梓秋官坊　爲徐文燦、徐師張立。

鶴谿祠坊　爲徐昭立。

三世青雲坊　爲童珪立。

四牌坊　都諫坊　俱爲趙艮立。

進士坊　一爲徐讚立，一爲徐沂立，一爲徐昭立，一爲徐文通立，一爲應廷育立，一爲樓澤立，一爲胡瑛立，一爲趙鑾立，一爲俞敬立。

傳芳坊　爲應恩、應奎、應照立。

世美坊　爲李恃、李弘道、李滋、李寧、李釗立。在館頭。

進士坊　在缸窰者，爲胡大經立。在後吳者，爲吳寧立。在麻車者，爲周秀立。在油溪塘者，爲周聚星立。

科第傳芳坊　爲童信、童燧、童如淹、童如衍立。

孝義坊　爲倪大海立。在九都。

旌節坊　一爲樓偉妻朱氏立，一爲王鈺妻童氏立。

旌淑坊　爲節婦胡氏、孝子應綱立。

旌義坊　爲王孟俊立。

雙節坊　爲節婦陳氏、應氏立。

科甲傳芳坊　爲王存、王洙、王楷、王世德、世鈁、世衡立。

鳴岐坊　爲王沄立。

百歲坊　一爲徐時立，一爲徐伯敦立，一爲油溪周琮立，一爲胡英母應氏立。

鳴鳳坊　爲胡傑立。

奎璧坊　爲汪吉立。縣西十五里。

世科坊　爲章安立。

内臺秉憲坊　柱史坊　俱爲黄卷立。

大中丞坊　爲王世德立。

貞烈坊　爲列女章藴奴立。在六都馬宗祠前。

大京兆坊　爲程正誼立。

二虞雙節坊　爲生員徐士霽妻虞氏名登、儒童徐璜妻虞氏名枝淑建。

旌節坊　爲陳嘉謨妻朱氏立。

寺　觀

先王以民之穴居野處也，乃爲之上棟下宇，以蔽風雨，於是乎有宫室之制。若寺觀，則非先王之所作也，然亦天地自然之制度也。如必曰此佛老之宫也，于民人無與，廢之可也。若然，則高岩大壑、拖嵐聳翠之地，亦將剗之使平、盡爲南東其畝乎？造物者不如是也。天地之大，以無所不有爲大。天地之用，以無所不用爲用。日月之光，以無所不照爲光。帝王之權，以無所不區處爲權。寺觀可廢也，則自來之奉敕建造，又曷故哉！若非自然之制度，又何以並存於天地間哉！如曰，人其人，則其人不可人也；廬其居，則其居不可廬也；火其書，則天下可焚之書多矣，火之不勝火也。邑志之載寺觀也，蓋以境内之所有者，存之如舊，弗敢遺也。《詩》曰："普天之下，莫非王土。"寺觀雖非民居，謂非王土乎哉！

上封寺

縣東北一里。舊名光義。晉天福二年建。元至元初，火于兵，僧景傳重建。萬曆十年，奉文廢。花園徐宗祥輸價，仍捨爲寺。

普利寺

縣東八十里。地名桐山。宋開寶九年建，在武平鄉。

法輪寺

縣西二十里，地名慶安。晉開運元年建，在四都。

澄心寺

縣東北五十里，舊名九洩。唐光建三年建，地名太平。

普明寺

縣東北五十里，地名龍窟。唐咸通二年建。陳亮記。

大通寺

縣東北六十里，舊名翠峰。梁大同四年建，地名青山口。李曄有詩。

護法寺

縣東六十里，舊名護國。晉開運二年建，地名黃岩。

真寂寺

縣東六十里，舊名方山。晉天福元年建，地名峽上。

明梵寺

縣東四十五里,舊名甘泉。唐清泰二年建,地名胡庫。

翠峰寺

縣東一百五十里,地名靈山。唐廣明二年建。

慈化寺

縣北十五里,舊名天宮。晉天福二年建,地名樟塘。

精修寺

縣西南四十五里,地名仙居。後唐長興二年建,地名首嶺裡。

普濟寺

縣西北四十五里,舊名清泉。錢氏寶大元年建,地名柳村。

廣慈寺

方岩山,舊名大悲寺。唐大中四年建,宋治平二年改額。

金仙寺

縣東一百十里,舊名仙山。唐咸通二年建,地名鹿蔥。

顯恩寺

林正惠公香火院。
以上現存。

東不二寺

縣東北二十二里。晉天福元年建。洪武十四年,寺僧犯罪,抄沒其田爲廢寺，官田地曰廢寺地，分六則，官田之一也。

興聖寺

儒學後，舊名新建。齊永明二年建。有二鐵塔，峙於殿前，又有大釜，圍一丈五尺，高五尺。明嘉靖十五年，改爲行察院司。

壽山寺

舊名桃岩。梁普通元年建。

洪福寺

石室山。舊名弘福。唐會昌五年建，咸通八年更今額。

興福寺

縣北二十里，舊名普安。漢乾祐二年建，俗名石佛。

净明寺

縣東北二十五里，舊名龍山寺。梁大同二年建，地名清渭。

西不二寺

縣西二十三里，舊名龍回。晉天福元年建，地名廿三里。

妙净寺

縣東北五十里，舊名華釜。晉天福七年建，地名柯楊。

福善寺

靈岩。後唐長興四年建。

崇法寺

縣南二十里,舊名普光。宋乾德中建,地名官山。

崇福寺

東山。後唐長興四年建。

興梵寺

縣東十八里,舊名祇園。晉天福二年建,地名羅樹橋。

饒益寺

縣東南四十里,舊名山門。周廣順元年建,地名石郭。

净嚴寺

縣西七里,舊名華岩。晉天福七年建。五都。

天清寺

縣西十五里,舊名天心。晉天福二年建,地名青龍。

永光寺

縣西十五里,舊名永昌。晉天福二年建,地名華山。

東覺明寺

縣東北十八里,舊名朱明。晉天福八年建。

净土寺

縣東北四十里,舊名鳳山。晉天福七年建,地名箭山下。

明性寺

縣東北四十五里,舊名西禪。周廣順元年建,地名柯楊坑。

净勝寺

縣東二百四十里。唐咸通二年建,地名櫸溪。

勝福寺

縣西二十五里,地名西興。晉天福三年建,地名火爐山。

普澤寺

義豐鄉,地名泉口。

法華寺

縣東二十里,地名李溪。舊在縣東七里,名天福,宋遷今所。

布金寺

縣東十里,原名香城尼院。晉天福八年建,地名長塜。

西覺明寺

縣西北二十里。宋咸淳間建。

安覺寺

縣南十里。地名山後。

齊雲寺

縣東北三十里。唐光啟三年建,地名龍山。

定惠寺

縣東四十五里,地名靖心。後唐天成元年建。

明福寺

縣東七十里,舊名清福。晉天福七年建。

聖安寺

縣東六十里,舊名乾安。晉天福七年建。

永壽寺

縣西二十三里。宋景定二年建。
以上嘉靖間奉例查廢寺官賣除額。

延慶寺

縣北四十五里,舊名偓峰。唐天祐元年建,地名九里坑。

寧國寺

縣東北十八里,舊名普濟。唐天祐元年建,地名朱明。

光慧寺

縣東南三十里,地名上安。周廣順四年建。在三十九都。

法蓮寺

縣南五十里,地名芙蓉。晉天福十年建。

無垢寺

縣東六十五里,舊名乾安。晉天福八年建,地名峽上。

惠日寺

縣東北四十里,舊名觀音。宋乾德二年建,十九都。

澄真寺

縣東北五十里,舊名保安。周顯德二年建,地名石滄岩。

長壽寺

縣北六十里,舊名壽溪。晉天福七年建,地名太平。

寶勝寺

縣東北四十五里,舊名齊雲。唐光啓二年建,天祐三年改名法和,俗名大塢寺。

僊遊寺

縣東北三十里,舊名石門。梁大同二年建。廿九都。

明智寺

縣東一百十里,舊名馬駿。唐咸通三年建,地名黃彈。

延福寺

縣南四十里,地名歷山。周廣順二年建。

安覺寺

縣東四十里。晉天福二年建,舊名龍明,宋大中祥符元年更今名。

東勝福寺

縣南二十里,地名水盛。陳澡記。

西勝福寺

縣南十五里,二都。元至元間請今額。

化成寺

縣東北二十五里,舊名香城。晉天福七年建,宋祥符元年重建,易今名,地名石塘下。

三峰庵

縣北隅。元至順年建,燬於火。

香林庵

縣西三十里。元至元間建,尋廢。洪武六年,僧梵音重建。今併入延慶寺。

以上興廢不常。

延真觀

縣北六十步。舊名寶林。梁大同元年建,宋大中祥符中改今名。有石高三尺許,其狀如松,相傳唐道人馬自然指松而化。宋嘉泰間,於旁立亭,名曰松石館,陳昌年記。元至治壬戌復建,黃溍記,呂溥有詩。

崇道觀

縣南七里,舊名飛霞。梁大同二年建,宋祥符六年重建,治平二年易今名,地名仙溪。

紫霄觀

縣東三十里,舊名招仙。梁大同二年建,宋大中祥符元年易今名,地名芝英。陳亮記。

菩祥觀

縣西二十五里。宋咸淳十年里人方亨建,地名柏山下。

婺宿宮

縣西隅二百二十步。宋咸淳三年建,華光廟當其前。

東嶽行宮

縣西一里,西石山之麓。宋淳熙二年建。

修真道院

縣東北三十里。元延祐四年,道士詹存智捨宅建,地名龍山,今併入延真。

會真道院

縣北五十里。元至大三年施孟正建,今併歸延真觀。

正一道院

在縣治東北百步,爲地方弭火災立。知縣吳安國建,邑人徐庚熙紀事刻石。舊係黃姓鶴鳴柏岩前金三派祖基。

北鎮廟

爲縣治北障。

龍虎塔

在縣治西水口山。邑人徐光時有碑記。康熙十九年,四都民陳子一捐置菓字號民田六畝五分零、民塘七分五厘,助入塔庵施茶,永爲利濟。

鳳凰塔

在縣治水口南,下爲普高庵。僧智和主席,多所建置,次第益田若干,勒碑爲此山恒籍。

祠　墓

前賢遺迹,非不有譜諜可憑,然而子姓之嗣續,未可必也。非不有册籍可稽,然未必不有兵火之患也。非不有碑碣可據,然石有時而泐,土有時而崩也。興廢之不常,大抵然矣!永邑三長官之祠,失其名者二。婺郡何北山之墓,賴郡守爲之修復。然則譜之與册,終不若志乘之家藏户守,不致一時消盡,故邑志中前賢遺迹,不可缺也。凡祠墓所在,何區何圖,何地何號,基址若干,屋舍若干,必詳之于志,則某祠某墓,通邑共知,摧者可葺,侵者可復,名賢之斷碣殘壠,可以考見。家藏之,户守之,不患後之無徵矣。

丘　墓

文孝子應均父墓　縣東二十七里。

少師應孟明墓　縣東三十五里。

二將軍程郭墓　縣東北,地名東庫。

胡邦直墓　縣東三十五里,地名倉口塘。

吕雲溪墓　縣東北五十里,地名密浦山。

侍郎胡則父墓　縣北。碑曰達人之墓。

侍郎胡則墓　履泰鄉。范文正公有銘。

樞密林大中墓　縣西火爐山南。

徐子才墓　縣西三里，地名霞嶺。

陳昌朝墓　縣西北十五里，地名千牛車□。

狀元陳文毅公亮墓　縣北五十里，龍窟山。

胡文質墓　縣北三十里，黃崗裏石山。

秘書監李恃墓　縣南前倉安濟橋東後山。

經略應純之墓　縣南官山。

侍郎章服父墓　縣東四十一都朱坑。

侍郎章服墓　芙蓉山。

章堉章壃義勇墓　縣南官山。

聞人夢吉先生墓　郭公岩下。義烏王禕銘。

樞密樓炤墓　在武義太平鄉。

徐德廉墓　縣東三里，地名大菴山。

侍郎徐讚墓　縣南五里，地名金豚山。

刑科徐沂墓　縣東六里，地名澆塘山。

副使徐師張墓　縣西五里，地名大山。

文恭公程文德墓　縣東南四十里，地名合盤。

侍郎王崇墓　縣西二十三里。

伴讀汪宏墓　縣西五里，七都飛鳳山。

程方峰先生梓墓　離縣五十里，在三十五都方岩上。自千人坑流水爲界至峰門懸崖削壁，俱屬墓地。萬曆年間奉勘合給。

府尹程正誼墓　離縣五十里，三十五都，土名文樓山。

清修吉士李滄墓　縣西五里，土名端頭。康熙三十二年，有盜葬者，孫國靜等控，縣主沈公起扦立碑。

安國公應材墓　靈岩山北。

教授應雄飛墓　距縣四十里，獨坟園。

博士應淡墓　縣東四十里，鳳凰坡。

給事王楷墓　十三都，地名阿羅。

御史黄卷墓　縣西五里霞裏山,地名長塘裡。孫女徐孝廉琮母黄氏墓在右。

侍郎王世德墓　縣西二十五里九都金鼓源。

忠烈徐學顔墓　坐縉雲縣二十一都雞鳴山,今改扦本邑四十三都,土名倉凸山。

參政朱方墓　縣東二十一都後葛山。

員外徐可期墓　縣西二十八里界嶺中,地名秋塘。

僉憲應廷育墓　縣東二十里,地名大安山。

星子令曹成模墓　縣北十里,地名下田園。

鄉賢朱仲智墓　二十五都金釣山大項下。

石門先生應典墓　縣南四十里,地名前倉。

評事李珙墓　縣東北二十里,地名陳廬塘住宅後。

敕旌孝子應綱墓　縣北五里,地名郭坦山。

御史周鳳岐墓　金華府東十五里,地名后鄭。

南和侯方瑛祖墓　縣西顯恩寺側。萬曆間,襲孫協回永謁墓復墓田。

節推徐明勳墓　四都青塘。

同知黄一鶚墓　四十三都厚兆。

通判胡穹墓　太平鄉後樜坑沱塘庵。

朝議大夫胡能墓　太平鄉汪墻衖郭塘裏。

祠　堂 開到隨編,不分先後次序

赫靈祠　在方岩,祀胡則。

三長官祠　在霞裏山,祀縣令梁公、周公、王公。

烏傷侯祠　在城,祀趙炳。

孝忠祠　敕建,在可投,祀應孟明。

在城徐宗祠　邑西門內,始祀徐通。

芝英應宗祠　一在古麓山側,始祀九二。一在方塘北,始祀仕濂。

象珠王宗祠　祀始遷祖以下,立宗法。

三十五都程宗祠　始祀閏二、閏三。

長城林宗祠

花園徐宗祠　始祀德濂。

在城樓宗祠　始祀永貞。

在城盧宗祠　始祀子安。

青龍李宗祠　始祀克賢。

黃霧翁宗祠　始祀應龍。

遊仙盧宗祠　始祀盧曉。

山西胡宗祠　始祀胡廉。

葉花塘姚宗祠　始祀開二。

球溪徐宗祠

九都倪宗祠　始祀汝揚。

六都馬宗祠　始祀文翁。

黃塘下峽源李宗祠　始祀景龍。

桐墩李宗祠　始祀景光。

館頭李宗祠　始祀李信。新店小宗祠　特祀萬五、李恃、李怙。

雅莊長恬李宗祠　始祀景祥。

厚仁李宗祠　始祀端履。

派溪呂宗祠　始祀禧七。

五崗徐宗祠

黃棠姚宗祠　始祀謙鳴。

塘墩張宗祠

厚莘孫宗祠

雲溪范宗祠

胡塘下胡宗祠

八都謝宗祠

篁源章宗祠

清渭何宗祠　始祀中立。

世雅夏宗祠　始祀開。

崶川潘宗祠　始祀迪民。

龍川朱宗祠

官塘下胡宗祠　十六都。始祀德緩。

花街方宗祠　始祀方瑛,其一分祠建四路口,祀方三讓。

柿後陳宗祠　始祀景定。

魁山胡宗祠　始祀志寧。

胡庫胡宗祠　一名紹衣祠,始祀胡闓,一名鳴峰祠,始祀胡雙。

古山胡宗祠　始祀胡泳。

雅恬園曹宗祠　始祀曹豫。

靈岩山應宗祠　始祀應林。

棲田陳宗祠　始祀子理。

桐琴金宗祠　始祀榮七。

青山呂宗祠　二十二都呂南宅。始祀呂閨。

龍川朱宗祠　始祀生二。

山厚周宗祠

白埕董宗祠　始祀廿二。

金城川朱宗祠

杜溪陳宗祠

童宅童宗祠

尚黃橋黃宗祠　始祀黃琰、黃犖、景賢。

十都陳宗祠

高厚馮宗祠

長川施宗祠　始祀文宗。

四十都陳宗祠　始祀陳旺。

游溪周宗祠

後杜應宗祠

道堂黄宗祠

上楊楊宗祠　始祀禮七。

十都董宗祠

高川周宗祠

適遊胡宗祠　在十二都。始祀文質。

鍾山胡宗祠　在十八都。始祀雲龍。

青山俞宗祠

太平高宗祠

六都應宗祠

衍蕃丁宗祠

葉宗祠

夏呂呂宗祠　祀富十二崇九。

衙後顔宗祠　始祀顔復。

青溪顔宗祠　始祀琇八。

永康縣志卷十五

知縣事華亭沈藻琳峰重修
縣丞陳銑吉臣參閱
崑山朱謹雪鴻編纂
邑人林徵徽君慎、徐琮完石、金兆位爾台校訂

古　迹

　　天地一大古迹也，人莫之問矣，則問之一溪一壑一廬一畝之間，曰某水某丘，某某之所棲止也，某軒某亭，某某之所建立也，某樹某石，某某之所玩游也，沾沾焉以爲是古迹也。予以爲今所游歷之我，便是古人，我所游歷之地，便是古迹，又何必舍現在而沾沾求往迹哉！且夫迹之所寄亦幻矣。古已成今，今復爲古，古人之迹，于我何與！雖然，此僅足爲達觀者道耳，非所語于方之内者也。邑之所志，志方輿也，各有其迹，則亦各存其迹可矣。觀於其迹，有凄然憑弔者，有曠然長思者。惟此蛻然陳迹，猶足令人慕義無窮。昔之人，睹河雒而思明德，望南山而思禹甸，蓋亦不惟其迹惟其神，是又不得以幻迹視之矣！

　　縉雲縣廢城址　在縣北。

　　仁政樓　在縣東南偏十步。薛季友有賦。廢。

　　憩堂　在縣西偏。宋大觀初，知縣徐嘉言建。廢。

　　浮花亭　在縣西偏二十步。

　　鶴鳴畈　在縣東北三十里。傳云：梁時望氣者言石翁山有王氣，

鑿之，有雙白鶴飛，化爲眞人，乘霞而去。因名。

松化石　在縣東北延眞觀前。事見仙釋馬自然傳。

敕書樓　有洪清臣記。

安樂堂　近十戶所。

宣明樓　縣治西三十步府公館西偏。燬于火。

道愛堂　廳事後。宋紹興十九年，縣令宋授建。尹穡有記。

清白堂　廳事東。

宣詔亭　譙樓外東偏。

班春亭　譙樓外西偏，與宣詔亭對峙。

防火池　浮花亭西，與亭相近。

菊軒　崗谷韓循仁築，宋濂銘。

縣尉廨　縣北七十六步。

鎮守千戶所　縣治北三十五步，舊縣丞廳址。

鎮守百戶所　一在縣東南四十里，地名和樂營。一在縣東九十里，地名靈山，今爲巡檢司。

尉司　縣西七十六步。元至元十三年，燬于寇。二十三年，尉趙佐重建。元亡，遂廢。

義豐鄉巡檢司　縣南一十里，地名麻車頭。設于元，今革。

合德鄉巡檢司　縣東南一十八里，地名李溪寨，即宋溫處四州都巡檢址。

拱辰驛　縣東北六十里，舊曰尚書堂驛。

行春驛　縣東南二十里，地名李溪。

稅務　縣北二百四十步，續遷市心，又遷叢桂坊左。胡信没入官屋。今廢，基存。

酒務　仁政橋東。

已上參應志、胡志。

祥　異

人之言曰，災則兆凶，祥則徵吉。理固然也，然亦有不盡驗者。必欲測其事應，非涉于荒誕，則流爲術數，聖人之所以不語神、不索隱也。聖人作《春秋》，于災異特書。書祥者，如西狩獲麟，衹傷我道之終窮，未嘗以爲祥也。夫災祥之見，乃一時純駁之氣所感耳。竊以爲祥莫祥于大有屢書，災莫災于旱潦叠見。若夫靈芝甘露之瑞、石言星隕之變，祥固不足爲祥，異亦不足爲異，即不問可也，修德以俟之而已。邑志例載災祥，夫亦曰和氣致祥，乖氣致戾，祥不必喜，災則可懼焉耳。若夫祥異之應，不言及也。蓋以人事之當盡者爲重，而難測者不之測也。此亦《春秋》之旨也夫！

宋宣和三年　邑遭寇火，縣治、廟學、民居皆燼。

　　十八年　八月大水。

龍興七年　旱。

淳熙十二年　大水。

慶元三年　九月水，害稼。是年又多螟。

開禧元年　夏大旱。

嘉定三年　大水。

　　八年　大旱。

　　九年　大水。

　　十四年　蟊螣。

　　十五年　大水。

元至元十三年　火。

明正統十四年　五月，天雨霜，是年處寇焚公署、民舍殆盡。

成化十九年　大水漂溺田廬，不可勝記。冬，大雪，一夕深五尺。

　　二十三年　秋，旱。

弘治四年　大旱,民採蕨食之。

　　五年　大有年。

　　八年　九月十六夜,有星如月,自東南流于西北,有聲如雷。

　　十一年　火焚下市民舍及布政司門、城隍廟門。

　　十三年　雨雹,大如卵,屋瓦多碎。

　　十八年　九月十三日子時,地震。

正德三年　大旱,自五月至十月不雨,民採蕨根、樹皮、野菜以聊生,飢死者甚衆。

　　五年　大水,又旱。

　　八年　三月,城東火,燬民居幾盡。

　　十年　正月,大雪,彌月不止。二月十六日,雹。四月初一,又雹。

　　十六年　正月初一日,彗星見。二月,火從仁政橋起,延及譙樓。

嘉靖三年　大旱。

　　八年　夏,中市火。七月,大水,城中可通舟楫。

　　十八年　大雨浹旬,壞民田舍。

　　二十四年　赤氣見西方。是年大旱,餓殍相枕籍。

隆慶三年　七月,蜃發水溢,山阜多崩,禾稼盡没。

萬曆七年　正月,縣吏舍火,文卷燬盡,民居多火。六月、七月,大旱。

　　八年　穀價平。

　　二十年　大水,城中可通小舟。

　　二十六年　大旱,人多流離。次年春,發預備倉穀一十八廒賑濟。

　　三十九年　中市火。

　　四十七年　九月六日,縣東五里樹頭有甘露。

天啓三年　八月,上市火,北鎮廟前起,至五聖殿上止,兩街燬盡。

七年　五月二十日，地震。越三日，大火。

崇禎三年　二月二十日，大雪，麥皆凍死。越十日，復抽麥苗加盛。

五年　正月，永寧坊火。

七年　正月初二日，雨雪起，隨雨隨消，至二月十五日止。七月，城中水滿過膝。

九年　大旱，斗米千錢，民食白泥。

十年　縉雲街上獲一人，裸體披髮，黑肌深目。問之，言語不通。禁於獄，月餘而死。

十六年　冬，東陽寇亂，連陷東、義、浦三邑。初至永康，十三都民拒之。後從東路入邑城，署縣事教官趙公崇訓誘而殲焉，其大隊敗于金華，悉伏誅。

十七年　長生教煽亂，縣主單公世德密請捕殺之。

乙酉年　方兵肆掠金華，將入永康，縣主朱公名世築城茭道禦之。

丙戌年　夏，田兵過邑，城中男婦悉走，兵屯城中，一日掠捲財帛而去。夏，旱，斗米千錢。

順治三年　六月，國朝兵下金華，初選縣主劉公嘉禎，老成愷悌，民賴以安，始剃頭。

四年　大饑，斗米千錢，民食樹皮。昇平鄉民阿雨產一兒，四手四足，若相抱者，面與腹則渾爲一。

五年　土寇亂，城中作木柵固守。五月，入仁政橋，協鎮陳公武力戰寇，敗走之。離城十里外，悉寇蟠踞，凡六閱月。後上司檄官兵督保甲挨都廓清，投誠者隨給免死牌，然後東、義、永數萬之寇一朝解散，其渠魁皆伏誅。

八年　大饑，斗米千錢，以台鹽場廢，民暫食杭鹽數年，商民俱困。

十一年　四月十四日,雨雹,大如雞卵。夏、秋,大旱,象山有熊。八月,東、義寇從八仙坑入境,大姓民居焚燒殆盡,至長恬。城中恇駭。縣主吳公元襄嚴守木柵,靜以鎮之。

十二年　大饑,米每石銀三兩,民食糠粃。

十三年　正月初五日起雨雪,至二十日止,雪深五尺,樹木盡枯。夏、秋亢旱,民食草根。

十八年　東、義寇又從八仙坑入境,東北居民悉遭焚劫。後府中調兵至,寇皆伏誅。

康熙四年　大澤民坊火。諸暨劇盜嘯聚十二都拓坑,連都四十里內保甲共起逐之,衆駐十三都,縣主李公灝給牛酒勞焉。

五年　亢旱。奉旨蠲租。

六年　豐。十一月,永寧坊火。

七年　豐。

八年　亦豐。

九年　大有。十二月雨雪五日,高與身等。

十年　春雨,麥爛。夏、秋亢旱,稻生青蟲,黎民疑懼不安。縣主徐公同倫嚴點保甲勘踏災傷,隨奉旨蠲租。民掘山粉食之,亦有兼食石粉者。七月,大澤民坊火。是日鄉間火者五處。

十一年　春,大饑,縣主徐公同倫發倉米賑濟。又蒙分守道梁公諱萬禩請米平糶,並捐銀買米施粥,民賴以寧。

十三年　耿逆叛,六月十九日,城破。十二月,康親王率師駐婺進勦,逆兵敗走。十四年正月初四日,邑令徐公單騎回縣,招集殘黎,迎請王師恢復,安堵如故。

十四年　熟。大有年。

十五年　有年。

十六年　旱。

二十年　旱。

二十一年　太白晝見。

二十二年　麥荒。

二十三年　旱。

二十五年　春、夏大水。

二十七年　旱，太白晝見。

二十八年　大有年。邀皇恩，全免錢糧。

二十九年　旱。

三十一年　旱。

三十二年　大旱，上司踏荒。

三十五年　旱。

三十六年　旱。

三十七年　有年。

遺　事

遺事，志之餘也，譬若水之餘波、山之餘靄，低徊其際，偏有餘情，不得目之爲贅也。永志不載遺事，前代胡志則有之。今爲採錄，合之府志所載，補入志卷，俾後之人，鑒往事而知慕，是亦流風之所被也。應志乃以坊巷、祥異、土産、遊寓、遺德、義民、耆壽、仙釋、傳疑編爲遺事，徐志仍之。凡此數條，各有其倫，不知何以謂之遺事。遺者遺剩，亦云遺失。二志之所謂遺事，於二義何從？求其切實允愜，無乖義例，無如府志、胡志之爲當矣！

遇賊不去

樓某，三都人。好讀書，人呼爲腐儒。正統己巳，處寇剽掠，過其家。衆皆奔避，某獨不去。賊以草索繫於樹。賊既去而返，猶立於樹旁。乃引至賊穴,厚以延之。後見賊復出,正之曰:"爾曹當力農以求食,何乃爾!"遂爲賊所害。

爲父報讎

朱海父承宗,與顏永和隙。永和率衆夜入其家殺之,竊其一肢而去。有司捕獲繫獄。海不勝憤憒,乃集家人搗入獄中,殺永和,亦取一肢,以雪父冤。官以法繩之,遇宥獲免。

已上胡志。

徐墓三異

徐蒙六墓土名上向,有別宗某謀佔其穴,訟之官。當事夢老人衣冠甚偉,率英髦分庭抗禮,言曰:"願乞靈一掃門庭之寇。"上堂,果見持訟堂下如夢狀。異一。又仇首謀埋僞志于墓爲勘驗地,皓月中,忽轟雷擊散。異二。及庭訊時,公座上頂格軋軋作欲墜聲,擱筆則止。當事驚訝,遂正奸佔之罪。異三。

元魁異兆

嘉靖八年,學宮前狀元峰,元旦有五色祥雲,竟日不散。是年會試,王崇第二,程文德第八,趙鑾第十四,皆《尚書》卷首,時號"三《書》魁天下"。廷對,文德及第,崇二甲傳臚。

僧田倍租

明祖克婺州,宣諭百姓,曰:"我兵足而食不足,欲加倍借糧。俟克江浙後乃仍舊科徵。"後平張士誠,遂免倍徵之糧,惟僧、道不免。見劉侍郎《明初事跡》。按:今僧田重租,蓋始於此,亦以抑異端之遊食也。

已上府志。

桑龜共語

吳時，縣人入山，遇一大龜，束之歸。龜曰："遊不逢時，爲君所得。"人甚怪之，上之吳王。夜泊越里，繫舟於大桑樹下，忽聞桑謂龜曰："勞乎元緒。"龜曰："我被拘縶，將見脧膧。雖盡南山之樵，不能潰我。"桑曰："諸葛元遜博識，必致相苦。如求我輩，計將安出？"龜曰："子明無多辭，禍將及爾。"寂然而止。既而烹之，柴百車，語猶如故。諸葛恪曰："然以老桑。乃熟。"獻者仍述前語，即令伐桑，烹之立爛。

大鼠捧珠

宋景平中，永康大水。縣人蔡喜夫往南壟避之。夜有大鼠，形如狗子，浮水而來，伏於喜夫奴之床角。奴憫而不犯，每以餘飯與之。水退，喜夫返故居，鼠以前脚捧青囊，囊有珠斤許，置奴前，啾啾欲語狀。自此去來不絕，亦能隱形，又知人禍福。後縣人呂慶祖以獵犬過門，嚙殺之。

已上應志。

賢墓靈異

卧龍山陳龍川墓，康熙十年間，東陽人冒認宗支，發冢竊葬，人莫知之。忽山木號鳴，震動連日。其後裔驚覺，控之督院，邑侯徐公親往勘視，掘起四棺，盜葬者服辜，古墓得安。昔龍川爲母黃夫人墓志銘云："後千百年猶不廢其爲陳氏之墓，則必遇君子長者之人，爲之護持。"蓋成讖兆云。

山羊懷德

康熙三十二年，二都民偶獲山羊，獻諸邑令沈公。沈公不忍，命釋之，繫牌於項下，書曰"放生"，驅而縱之於山。翼日，羊忽入署，盤旋于庭，移時而去。越三日，羊復至，則擾如初。自此不復見。蓋好生感德，異物皆然，戕物者可以鑒矣。

禁鑿山脉

縣北白窖峰，係縣龍祖山。又南山行二十里，名橫山，爲縣治少祖。再南行十里，結縣治。東拍一枝，爲黃青、朱明二山，分結諸姓宅墓數十餘處。西拍一枝，爲西橫山，邑之先賢名墓皆鍾靈於此。歷朝立碑，禁止開鑿。康熙丙午，白窖峰寺僧開掘建造。未逾月，邑中大火。戊申，復大開掘，邑大澤民坊起火，延至由義坊，房屋焚燬幾盡。邑侯徐公禁而止之。近黃青、朱明等山復有開掘取青者，居民驚惶。邑侯沈公申詳府憲，立石永禁。萬民歡祝。

雷焚訟卷

郡有冤獄，李九德作證備極，捶楚幾斃。忽雷震焚卷，得雪。闔郡稱異。九德年八十七而卒。

汝才還金

青龍李汝才，赤貧，賃居武義縣泉溪鎮。子文拾遺金十二兩，于途呈之。汝才見有官票發付里長王某，相距可三里，急命其子還之。時王某之妻以失金故，方欲投繯，而文忽至，出金付之，得免于死。武義令聞之，欲給獎。汝才曰："我不爲利，豈爲名乎！"遷歸青龍。此康熙十六年事。

永康縣志卷十六

知縣事華亭沈藻琳峰重修
儒學教諭余瀘潛亭參閱
崑山朱謹雪鴻編纂
邑人徐琮完石、徐友范念仲校訂

藝　文

地以人重，人以文著。志乘之傳，以文獻足徵故也。永邑諸賢，自唐宋至今，接踵而起，其所著撰，亦已夥矣。爲摘其切要者，登之于帙，有傳，有序，有記，有詩，而異地名流題贈之作，亦備録焉。傳取其合於史法者，序取其精切不浮者，記取其簡勁不冗者，詩取其格律嚴整而又飄然不群者。凡於志乘有關者先之，其闡發理道者亞之，以辭章入選者又亞之。有重其人而選者，不必求疵于文也；有悦其文而選者，不必求全于人也。兼優者上也，求之惟恐不廣；二俱不及者下也，去之惟恐不嚴。舊者仍之，或有所汰者，慮泛鶩也。新者□之，或有所不入者，貴體裁也。擇焉而精，庶免遺議也夫！

詩

二遺詩　　　　　　　　　　　　　　　　陸龜蒙

　　二遺詩者何？石枕材、琴薦也。石者何？松之所化也。永康之地，多名山，中饒古松，往往化而爲石，盤根大柯，文理具析，好事者攻而置於人間，以爲耳目之異。太山羊振文得枕材，趙郡李中秀得琴薦，皆茲石也，咸以遺予。以二遺之奇，聊賦詩以謝。

誰從毫末見參天，又到蒼蒼化石年。萬古清風吹作籟，一條寒溜滌成川。閑追金帶徒勞恨，静格朱絲更可憐。幸與野人俱散誕，不煩良匠更雕鎸。

懷嵩樓晚飲無黨無欲　　　　　　　　　　　　歐陽修

滁山不通車，滁水不載舟。舟車路所窮，嗟誰肯來遊。念非吾在此，二子何來求？不見忽三年，見之忘百憂。問其別後學，初若繭緒抽。縱橫漸組織，文章爛然浮。引伸無窮極，卒斂以軻丘。少進日如此，老退誠可羞。弊邑亦何有？青山遶城樓。冷冷谷中泉，吐溜彼山幽。石醜駭溪怪，天奇瞰龍湫。子初如可樂，久乃嘆以愁。云此譬圖畫，暫看已宜收。荒凉草樹間，暮館城南陬。破屋仰見星，窗風冷如鍭。歸心中夜起，輾轉卧不周。我爲辦酒肴，羅列蛤與蛑。酒酣微探之，仰笑不領頭。曰予非此儂，又不負譴尤。自非世不容，安事此爲囚。幸以主人故，崎嶇幾摧舟。一來勤以多，而況欲久留。我欲頓遭屈，顔慚汗交流。川塗冰已壯，霰雪行將稠。羨子兄弟秀，雙鴻翔高秋。嗈嗈飛且鳴，歲暮憶南州。飲子今日歡，重我明日愁。來貺辱已厚，贈言媿非酬。

有馬示無黨　　　　　　　　　　　　　　　　歐陽修

吾有千里馬，毛骨何蕭森。疾馳眇欹崎，白日無留陰。徐驅當大道，步驟中五音。馬雖有四足，遲速在吾心。六轡應吾手，調和如瑟琴。東西與南北，高下山與林。惟意所欲適，九州可周尋。至哉人與馬，兩樂不相侵。伯樂識其外，徒知價千金。王良得其性，此術困已深。良馬須善馭，吾言可爲箴。

奏免衢婺丁錢　　　　　　　　　　　　　　　胡　則

六十年來見弊由，仰蒙龍敕降南州。丁錢永免無拘束，苗米常宜有限收。青嶂瀑泉呼萬歲，碧天星月照千秋。臣今未恨生身晚，長喜王民紹見休。

別方岩　　　　　　　　　　　　　　　　　　胡　則

端拱元年春，僕與湖湘陳生束書居方岩僧舍。暨命駕求岳牧薦應天子舉，將與僧別，率爲五言十二韻，書于屋壁下。卜商曰："動天地，感鬼神，莫近于詩。"僕罔敢知而復爲，或言之者無罪，庶幾懷矣，知我無所隱焉。仲秋月朔胡則書。

寓居峰頂寺，不覺度炎天。山叟頗爲約，林僧每出禪。虛懷思往事，宴坐息諸緣。照像龕燈暗，通霄磬韵傳。冥心資寂寞，琢句極幽玄。拾菌寒雲下，烹茶翠竹前。遠陰臨岳樹，清響答岩泉。僻徑無來客，新秋足亂蟬。松風生井浪，溪雨長苔錢。自省隨浮世，終難住永年。遍遊曾宛轉，欲去更留連。明日東西路，依依獨黯然。

和佑順侯別方巖原韻　　　　　　　　　　　　沈　藻

昔賢遊息地，門掩一方天。山是仁人宅，心爲儒者禪。林泉爲故業，雲物是良緣。花向澗邊落，香從空際傳。放歌邀太白，結想入重玄。道在先民後，神遊皇古前。仁恩滋蔀屋，明德配清泉。遺愛春池雨，歡聲夏木蟬。建功開甲帳，爲國免丁錢。雲去常留影，松高不記年。像依金地設，身與婺星連。盡簡披清咏，臨風一爽然。

紫霄觀　　　　　　　　　　　　　　　　　　胡　則

綺霞重叠武陵溪，鷲嶺相將路不迷。白石洞中人乍到，碧桃花下馬頻嘶。深傾玉液琴聲細，旋煮胡麻月色低。猶恨此生閑未得，好同劉阮灌芝畦。

贈永康周嘉成詩　　　　　　　　　　樂清 王十朋 梅溪

樂清之東，地名左原，中有古井，深數丈。時冬旱水枯，井僅盈掬。有女子數人，提罌而汲。縆絶罌墮，俄有男子，銳然解衣，入井取之。既而石陷，聲震山谷。井深石重，咸謂壓者必虀粉矣。越三日，事聞於邑。尉周以職事來，環井而視，惻然嗟悼，命役夫具畚鋪扶石取骸，將以葬焉。自旦逮午，猶未及尸。俄而，役者驚相告曰："井底有聲，其鬼物乎？"周曰："此陷者不死，須吾以生。"於是捐資募出之。衆力争奮。頭顱稍露，而語可辨矣。土石撼動，勢將復壓，救者驚潰。周乃整衣焚香，叩井而拜，命工植板，以捍危石。益以緡錢啗役夫，俾蹈死以救。時尚未飯，吏以進，卻之曰："必活人而後食。"日没井昏，繼之以燭，用長綆繫衆挽而出，觀者數百人，歡呼震動。梅溪目擊其事，作詩一篇以紀。周名劭，字嘉成。婺州永康人。

樂清有地名左原，地幽井古知幾年。一朝陷溺誰氏子，萬石壓腦沉黃泉。路隔幽冥生望絕，三宿沉魂豈能活。鬼神莫救功莫施，天遣仁人爲之出。彩斾來臨驅五丁，抉石求屍俄有聲。頭顱半露語未辯，人疑鬼物相視驚。拯溺辛勤功未果，土圮石欹紛欲墮。争言陷者不復生，救者徒遭頹壓禍。梅仙惻然臨井傍，焚香再拜祈彼蒼。散金募衆蹈死救，手植板榦加隄防。土石相銜危不倒，虀粉餘生僅能保。須臾奪命鬼窟中，萬口歡呼喜填道。翕然興論咸奇公，異事行將達帝聰。感物誠居耿恭上，活人手與溫公同。況公才學俱超絕，吏隱那能久淹屈。使君前日飛鶚章，涖事詳明已廉潔。鰍生桑梓居此間，具書目見非妄傳。太史採詩儻見取，願付銀筆書青編。

靈岩　　　　　　　　　　　　　　何子舉 清渭人

靈岩之境最超卓，高隱翠微浸碧落。迢迢一逕倒青松，壁立危門敞虛閣。敞虛閣，見寥廓，萬叠青山連海角。山田疏密布棋文，行看遠近分梟雀。入虛堂，真邃寞，太山以來天所鑿。上如屈曲老龍腰，下似空明巨鰲殼。豁然平鋪如琢削，低不礙人高可摸。洞徹中開隱籟傳，虛通遠映飛光鑠。烟嵐前後如簾幌，洞戶東西迢鎖鑰。明月宵涵兩玉壺，白雲曉度長銀素。壺天春秋長不惡，瓊室夏凉冬燠若。老僧雪夜不親爐，童子炎天尚狐貉。夜静風清冰露薄，天碧境寒河漢爍。冷冷風吹叱斗牛，浩浩清聲生萬壑。我欲飛王喬之鳧，呼丁令之鶴，架羽仗之輕車，奏靈臺之妙樂。披星機繪素以爲衣，舉金莖沆瀣以爲酌。呼群仙以遨遊，休此岩而宴樂。或叱石以爲羊，或指松而化鶴。酒容漁父參，棋許樵夫着。不知鳥之東飛、兔之西躍，相將遠逐無窮濱，逍遥永脱塵緣縛。

清渭八景詩　　　　　　　　　　　　　　　　何子舉

清渭晴嵐

清渭盤旋似太行，嵐光過雨鬱蒼蒼。氤氳如霧凌空起，縹緲隨風到處揚。谷轉孤村芳樹緑，水流雙澗落花香。興來秣馬尋高隱，泉石徜徉樂更長。

箭山晚翠

日落啣山照畫屏，箭山鬱鬱歲寒青。昂霄巨幹成梁棟，裂日盤根長茯苓。風撼碧濤驚鶴夢，雷轟鐵鎖悦龍形。由來秀蔭觀音廟，血食千年顯電靈。

北澗雙流

華溪有水緑如苔，迎會雙溪右澗來。二派合流川兩道，四山環擁翠千堆。尋源未許停漁棹，修禊應堪泛羽盃。夾岸桃花開爛熳，落紅隨浪泛天台。

指崖一覽

指崖屹立鎮山川，萬丈巍巍勢插天。風日雙清時有限，乾坤一覽景無邊。東西兩峴丹青獻，南北群峰紫翠連。我欲凌風登絶頂，一聲鉄笛叫飛仙。

桐畈犁耕

村北村南布穀聲，《豳風》歌罷足關情。携朋日向東園酌，佩犢時從谷口耕。花雨一犁春信早，稼雲萬頃歲功成。君王正此招賢用，胡不當初顯姓名。

派溪釣隱

派溪有水碧無瑕，結屋臨溪釣隱家。穉子敲鍼依柳樹，扁舟罷釣泊蘆花。子陵辭漢千年遠，尚父歸周兩鬢華。祇恐客星難障掩，一竿未足了生涯。

大隴秋雲

迢迢大隴似眠牛,多少村莊築此丘。玄室幽深埋玉樹,曉雲飛遶護松秋。栖遲每入林間緲,變化長從海上浮。正是蒼生多謁望,作爲霖雨濟田疇。

高村夜月

緩步高村納晚凉,徘徊更覺景難忘。一輪月照碧梧影,萬壑風飄丹桂香。蘇子何須遊赤壁,羣仙正好泛瓊觴。洞簫吹徹東方白,玉兔還留不夜光。

及第謝恩和御賜詩韻　　　　　　　　陳　亮 字同甫

雲漢昭回倬錦章,爛然衣被九天光。已將德雨平分布,更把仁風與奉揚。治道修明當正寧,皇威震疊到遐方。報讐自是平生志,勿謂儒臣鬢髮蒼。

壽山　　　　　　　　　　　　　　　黃　溍 義烏人

鑿開混沌是何年?一石垂空一髮懸。飛瀑化爲天下雨,老僧常伴白雲眠。舊遊不改桃源路,化境能同杞國天。回視人間成壞相,無端劫海正茫然。

桃岩　　　　　　　　　　　　　　　黃　溍

立石平如削,飛雲近可梯。莫窮千古勝,但惜衆山低。靈草經年長,珍禽隔樹啼。人言舊朝士,感事有留題。

壽山　　　　　　　　　　　　　　　胡　翰 金華人

一峰橫闢五峰連,岩屋層臺勢絕懸。日月只從空外擲,雲烟渾似洞中眠。泉飛玉雪常清暑,木落軒窗始見天。四十餘年黃太史,足音兩度走跫然。

又　　　　　　　　　　　　　　　　朱　濂 義烏人

講筵陳說記當年,須念蒼生急倒懸。曾奪鴻儒重席坐,却分老衲半床眠。玉堂雲霧真成夢,石室烟霞別有天。明日紛紛塵土裏,可憐回首一凄然。

又　　　　　　　　　　　　　　　　　　　　李　曄

雙澗橋西五老峰，分明朵朵翠芙蓉。半空絕壁開金像，一道飛泉噴玉龍。怪石坐來斜聽鳥，曲欄憑據倒看松。平生自倚凌雲筆，不愧山僧飯後鐘。

登壽山遊五峰書院先儒晦菴公及東萊龍川諸先生講學地也爲賦小詩志感　　　　　　　　　　　　　　　　　　朱　謹

披襟雙洞口，策杖五峰前。天影留岩壑，松聲禁瀑泉。亂雲樵擔出，斜日客心懸。獨立空懷古，回眸一惘然。

其二

禮樂青山在，弦歌白日長。眼前春草意，塵外早梅香。穿洞登儒域，憑樓面聖墻。詠歸循石徑，飛雨欲沾裳。

其三

籃輿岩下去，何事首頻回。惘惘悲遲暮，行行入草萊。忽從岐路轉，別有一天開。田父休相問，桃岩看瀑來。

戊寅新春雪鴻先生遊於壽山方岩值予有太末之行不獲與偕次原韻代柬　　　　　　　　　　　　　　　　　　沈　藻

吏治難乘暇，尋幽足不前。無由眠醉石，遙擬看飛泉。夢逐鳴驪往，心隨顧兔懸。閒雲度遠嶺，相望亦悠然。

其二

開春早行役，極目水雲長。桂櫂帆偏急，蘭谿酒自香。林開松竹徑，門掩薜蘿墻。瞻彼幽人吉，何湏露濕裳。

其三

涉江千里道，仰首睹昭回。曉月流寰宇，春風遍草萊。洞延高士入，山自大儒開。遙擬遲留處，森然萬象來。

留題方岩　　　　　　　　　　　　　　　　　　朱　謹

飛虹亭畔息，賈勇入峰關。岩下無餘地，門中有一山。神明依佛座,雞酒壯僧顏。矯首層霄外,雲車望爾還。

其二

昔日歌吟地,今爲佑順祠。深恩醉鼇赤,神運泯施爲。四面壁如削,千尋路不岐。憑高無限意,都在下山時。

方岩　　　　　　　　　　　　　　　　　　　　沈　藻

絕壁無他徑,懸崖只一關。昔賢從此入,今日未曾還。道在非仙佛,神存亦孔顏。愚民知報祭,信極反成頑。

其二

竹月明初地,松雲覆古祠。並無開士法,今有寓公詩。高步神明接,清吟草木知。塵襟猶未洗,來日願追隨。

過芝英里留題應氏宗祠

永邑多仁族,諸應澤更深。人懷新雨露,世守舊山林。祖德傳青簡,家聲散白金。千秋常勿替,共保歲寒心。

方岩喜雨　　　　　　　　　　　　　　　　　　李　曄

觸熱區區到上方,疏簾小簟夢秋光。片雲忽作千峰暗,一雨能爲五月凉。從此統兵無戰伐,況今多稼免逃亡。天涯野客雖寥落,吟罷新詩喜欲狂。

石室

石室初從混沌分,呀然一竅氣氤氲。山僧常住黿鼉窟,野老能穿虎豹群。行怪帽簷常礙蘚,坐驚衣袖忽生雲。何時更借禪床坐,六月松聲絕頂聞。

大通寺

大通寺裏題詩處,鎮日晴雲繞筆端。蘇晉醉來偏好佛,陶潛老去不求官。紺樓未午鐘聲動,綠樹生秋雨氣寒。因學山僧燒笋法,瓦杯行酒罄交歡。

靈岩　　　　　　　　　　　　　　　　　　　　宋　濂

不到靈岩二十年,重來風景固依然。三光每隔須彌頂,一竅誰穿渾沌先。佛向壺中開净域,僧從井底望青天。玉堂無復金蓮夢,暫借僧床半日眠。

靈岩山　　　　　　　　　　　　　　　　徐文通

歇馬空山裏,蹉跎又隔年。法筵春雁改,梵語客心憐。雨颭瓊花落,經翻貝葉傳。上方聊假寐,明月夜深懸。

又

鐘磬扣禪扉,松蘿鈎客衣。烟霞來復去,車馬是還非。秋色無甘露,泉聲滿翠微。祇應留石室,累月未言歸。

又

客子憩東林,翛然俯北岑。花陰趺座淺,草色卧鐘深。衣着翠微潤,琴虛流水音。平生慕丘壑,從此豁塵襟。

登靈岩同諸君飲洞中　　　　　　　　　　吳安國

危巒千仞白雲隈,玉洞凌空積翠開。怪石却愁羊化去,野花誰遣鹿啣來。題詩顧我憐芳草,載酒勞君掃綠苔。解使山靈容吏隱,可令猿鶴莫相猜。

　　　　　　　　　　　　　　　　　　　范仲淹

都督再臨橫海鎮,集仙遙綴内朝班。清風又振東南美,好夢多親咫尺顏。坐笑樓臺凌皓月,行聽鼓吹入青山。太平天子尊耆舊,八十王祥未賜閑。

山居　　　　　　　　　　　　　　　　　韓循仁

避地來東谷,蹉跎已二年。青山常對面,白髮漸盈顛。釀黍時邀客,餐芝漫學仙。此生通與塞,一笑總由天。

華溪釣隱　　　　　　　　　　　　　　　童　燧

華溪釣隱誠自豪,齊門操瑟非吾曹。綸竿百尺水雲渺,鐵笛一聲山月高。放鶴引尋紫芝洞,得魚醉卧滄江濤。黃塵滿地不歸去,萬里天風吹布袍。

題府館風月臺　　　　　　　　　　　　本府同知潘　珏

兩度華溪驛裏栖，重來移館驛亭西。便誇景勝乾坤別，莫怪年來屋宇低。坐執簿書銷舊案，閑收風月入新題。悠然清興誰能會，正是山前雪漲溪。

送徐汝思參議之山東　　　　　　　　　　王世貞太倉人

散帙明燈至故人，焚魚酌醴坐相親。未論開府諸侯貴，且數遊燕萬事新。說劍寒星高北斗，褰帷春雪滿東秦。憐予莫嘆薪從積，留得朝來爨下身。

集句　　　　　　　　　　　　　　　　　胡長孺邑人

拜掃歸來走鈿車，二年寒食住金華。自憐慣識金蓮燭，奉使虛隨八月槎。

慈母年高鶴髮垂，鄉書無雁到家遲。初過寒食一百六，一日思親十二時。其二。

殘花悵望近人開，不盡長江滾滾來。寒食清明都過了，鷓鴣飛上越王臺。其三。

寒食家家出古城，滿川風雨看潮生。八千里外飄零客，起向朱櫻樹下行。其四。

一百五日寒食雨，風光別我苦吟身。尚書氣與秋天杳，同是天涯淪落人。其五。

方岩五首之一　　　　　　　　　　　　程正誼邑人

東海多名山，處處有奇峰。雁宕與天台，朵朵玉芙蓉。何如方岩奇，壁立訝鬼工。四方如削成，嵯峨陵蒼穹。憶昔上古時，真境閉鴻濛。不孤飛烏去，始與人世通。人世通一隙，奇哉造化功。危橋駕青冥，白日飛長虹。潛蛟倏忽起，雲漢蟠蒼龍。蒼龍抱靈光，晝夜常融融。以此胡生來，煉藥於其中。左熟覆釜丹，右植桃花紅。見我引手招，奇哉有仙風。就之忽不見，縹緲雲山空。

讀沈休文泛永康江詩因賦　　　　　　　　　　　黃一鶚

八詠曾傳沈隱侯，誰知乘興此拏舟。題詩人去風流在，鼓枻聲遲岸影留。水鳥拂波追錦纜，機舂盡日搗寒州。長干髣髴聞桑語，欲挽飛湍抵上遊。

憶上封古刹　　　　　　　　　　　　　　　　徐可期

古寺由來莫記年，碧波翠岫兩依然。輕陰淡淡描秋色，落照溶溶雜野烟。谷鳥倦棲三徑地，禪宗夢入五更天。小山招隱知何日，暫爾潛踪到法筵。

登絕塵山　　　　　　　　　　　　　　　　　俞有斐

絕巘岩嶢萬仞間，森森古木映霞關。捫蘿徑險疑無徑，到塹山深復有山。數畝白雲呼鹿起，一池青靄釣魚還。相逢野老渾閑事，茅屋清風好駐顏。

松化石歌　　　　　　　　　　　　　　　　　俞有斐

當年老松留荒圻，忽然根枯葉不抽。化爲怪石堅如鏐，銕皮嶙峋驚雙眸。棟梁欲選奚雕鎪，此物無用誰之尤。何不俾石化松楸，析之尚可爲薪樞。乃今有用化虛浮，飢不可炊寒難裘。絕無玲瓏似柴頭，米老見之恐貽羞。區區瘠邑當道周，擾擾過客每求搜。松枯石竭索不休，頑然一物誤見收。興裝擔負逐行驟，民夫困苦發吁憂。從來神仙有仁術，奈何化石滋民愁。

鳳凰塔　　　　　　　　　　　　　　　　　　尚登岸

怯試危橋步，烟林遠近青。扣關驚竹夢，倚檻耐花醒。塔靜鐘遙度，雲荒雨不靈。松濤連唄語，留響婦人聽。

方岩　　　　　　　　　　　　　　　　　　　尚登岸

盤岩驚力捲，遙擬就山眠。選樹全遮影，挑雲半壓肩。竹斜清宿澗，松漲碧留天。耐險凌幽勝，斜陽醉晚巓。

松化石　　　　　　　　　　　　　　　　　王喆生 崑山

前身夭矯似龍形，一作雲根喚不醒。應有仙人來指汝，化爲靈物上青冥。

讀繡佛菴老人苦節編年感賦三絕句

繡佛菴老人，予同門孝廉徐瑞九之尊慈。爲兩虞節婦紀事，殊悽惋不能讀。

展卷無端涕自零，雲埋碧月水沉星。可憐宇內無中壘，獨許深閨有汗青。

其二

斑管無勞史筆塵，毫端碧血濺如新。一門風義今誰似，常見松山月照人。

其三

我來嘆息謁高祠，_{曾謁瑞九家祠。}又誦瑤編感母儀。莫怪臨風頻下淚，祇因曾聽《柏舟》詩。

永康道中_{小阜平疇，草堆細冶，全似黃州。} 張希良_{學院}

黃葉蒼松大道邊，寒塘清甽小山前。天交婺女才乖野，地過烏傷始變田。蓑樹草堆籠薄霧，燒畬原火起新烟。細看風物真吾土，移得齊安到越川。

八景詩 徐友范_{邑人}

桃溪錦浪

桃花洞口泛澄波，水底花開古洞多。瀾沁紅衣浮石出，竿移錦樹釣霞過。月明恍入秦源路，春漲疑臨匏子河。漁父當年曾到否，浪華深處有雲窩。

雲峰晴翠

奇嵐磊落叠層雲，聳碧昂青怪石紛。把翠無心時出岫，傍晴有色靚含曛。閒閒煙樹圍丹鼎，藹藹瑤華種錦雯。千仞瓏瑽當泮水，常看釁隷幻成文。

松山化石

羽士何年去此山，猶留幻迹在人間。是松已見松都化，非石偏成石不頑。古觀雲生瑤草碧，荒祠風送雉泉潺。登臨一嘯烟霞外，老丈憑虛好駐顏。

石城羅碧

峭壁凌空蒼翠平，爲山亦復得爲城。雲消石竇重闈啓，風捲松濤成角鳴。倚樹問天搔首近，懸崖避地置身輕。秋來霜葉紅于火，彷彿人從絳縣行。

西津秋月

柳暗楓稀洲渚清，蘆鴻飛傍月初明。光分兩岸沙成玉，影透層波水漾晶。禪磬静敲蒼霧落，漁燈遙點野烟横。臨流試看兼葭白，彼美西方碧一泓。

南浦春烟

芳草迷離綠滿溪，板橋春水碧雲齊。有村皆傍烟波鎖，無石不容苔蘚栖。近岸鐘聲蕭寺午，孤舟釣影夕陽西。遊人行帶韶華去，一路氤氳黄鳥啼。

霞山錦樹

仙霞不羨赤城排，此地分明煉女媧。石上風生龍虎嘯，岫中雲出薜蘿偕。翠嵐入袖朝猶爽，紅葉題詩夕更佳。坐看山樵歌且笑，九光叢裏着芒鞵。

仙壇靈石

轔轔當日駐香車，環珮依稀綴紫霞。仙去曾留靈迹古，客來還見道風賖。杉松吹月聞清籟，猿鶴啼雲放早衙。洞口桃花流過半，笑云機石一乘槎。

文

上孝宗皇帝書 　　　　　　　　　　　呂　皓

臣聞言動之過，而非故爲之，此士君子之所不免，而王法之所宜宥也。父兄之難，而不能以死救，此天地之所不容，而王法之所宜誅也。宜宥而不獲宥，宜誅而不及誅，是雖匹夫之幸不幸，猶螻蟻之自生自死於天地之間，固無損於造化之功也。然一夫之不獲尚足爲至治之累，自昔聖人在上，蓋甚憂之。凡下民之微，有一不平，而義激乎其中，莫不使之朝聞而暮達，不啻如家人之相與以情通焉。嗚呼！父子兄弟之際，天下之至情也。以不獲宥爲不幸，而自幸其不及誅，揆之常情，猶不能以自安，況乎至情所在，渾然一體，無所間斷，庸可以幸不幸爲區別，坐視而弗之救、畏一死之輕、而廢大義之重，不一仰叩天閽，以庶幾一悟，而甘自投於不孝之域也邪！臣，婺之永康人，世修儒業，而未有顯者，于是臣父縱臣之兄與臣宦學于外，以從四方之士游，而求光其先業焉。中間郡縣旱暵相仍，聖意軫念赤子無以爲生也，降詔捐爵，勸諭富室出粟以賑之。臣父慨然動心，令臣首出應命。既而朝廷雖特授臣以一官，臣不佞，自少稍有立志，不忍假父之資以食君之祿，于茲三年矣。去年之冬，獲從群士貢于禮部，未能以遂其志，而讐人怨家所競不滿百錢，至誣臣之兄以叛逆，誣臣之父以殺人。叛逆，天下之大憝也。殺人，天下之元惡也。非至棘寺，終不能自明。一門父子，既械繫而極囹圄之苦。獄告具而無纖芥之實，卒從吏議，以累歲酒後戲言，而重臣兄之罪。搜抉微文，以家人共犯而坐臣父之罪。夫酒後果有一二戲言，而豈有異意！此所謂言動之過，而非故爲之者也。深山窮谷之中，蓽門圭竇之戲言，而至上瀆九重之尊，則幾于失朝廷之體矣！且讐怨告訐之情，累歲不可知之事，所不應治也。有司今獨受而窮究之，則幾于長告訐之風矣！子實有罪，則子受之，固也。搜抉微文以致其父，則忠厚之意，亦少損矣！昔漢女緹縈上書，自乞爲官婢以贖父罪，猶足以感動文帝之聽。臣不佞，亦嘗聞義矣。父兄不幸，誤入于罪，而有司一致之以法，則上以失朝廷之體，下以長告訐之風而損忠厚之意。所關如此其大也，乃不能乘是略出一言以動天聽，寧不愧死於一女子乎！臣重念士之求仕于時也，亦將以行其志云爾。今日閨門踐履之基，即異日朝廷設施之驗也。平居父兄落難，乃庸懦顧惜不能自出死力而哀救之，是無父也。天下豈有無父之子可以受君之爵、食君之禄，而立乎人之本朝者哉！臣願納此一官以贖父兄之罪，而甘以末技自鬻于場屋之間，毋寧冒此一官，以爲無父之子，而無所容于聖明之世。苟以爲國家自有定法，置之不問，是非陛下之聖明有虧于漢之文帝，實臣之不肖有愧于一女子，而不足以盡感動之情也，則臣惟有先乎父兄而死爾。復何所憾哉！

論建儲疏 　　　　　　　　　　　　　　　趙 𡴞

刑科給事中臣趙𡴞謹題，爲陳言端本事。臣聞元良主器，則前星炳耀，而萬國由貞；樹子成桃，則國本滋殖，而庶孽屏息。所以尊宗廟，重社稷，繫四海仰望之心，絶群小覬覦之念。自古帝王創業垂統，莫不以此爲先務，而當時宰臣輔世長民，莫不以此爲令圖。乃古今之通義，天下之達禮也。洪惟皇上，德符穹昊，仁被宫闈，愛及賢妃，篤生皇子，年方二歲，望隆一時。皇上憂深思遠，慨從群臣之請，特允建儲之議。此蓋防微杜漸、慮患于早之意，甚盛舉也。然臣犬馬之心，竊以皇上春秋方富，皇后嫡嗣未生，遽以支庶之弱，使承神器之重，誠恐慮之太早，爲之已速，非所以重伉儷之情，長忠厚之風，將以係天下之心，祇以起天下之議。事體既大，所關匪輕。思昔成周之時，惠王娶于陳，生太子鄭及叔帶。愛叔帶，欲立之。齊威公以其廢長立幼，將啓亂階，遂率天下諸侯會王世子于首止，示天下戴之，以爲天下之貳，以尊國本，絶亂階。説者謂齊威此舉，得禮之變，而孔子予之，所以正天下之大本也。夫世入春秋，王綱解紐，亂臣賊子，接迹當世，而聖人尤嚴于立法，以正大本，而況于清明之時乎！雖曰冢嫡未生而支庶實繁，已足係人心、慰人望矣，而奚俟乎建儲之速乎！且皇上以英妙之年，皇后以貞静之德，此天然之配，萬世之嗣。訖今數載未有所出者，蓋以時未至耳。《傳》曰："君舉必書。"書而不法，後嗣何觀！但[①]一旦

---

① 校記：康熙十一年志作"黨"。

天心仁愛，聖子出於中宮，則今日之議，必將改圖。其舉動煩擾，何以詔天下、遺後世哉！臣又按《春秋》，桓公六年九月丁卯，子同生，孔子特筆書之。而當世大儒胡安國，謂經書"子同生"者，所以正國家之本，防後世配嫡奪正之事。是則國本之定，在于始生之初，而不在于建儲之日也明矣。臣愚伏望皇上繼自今嚴妃匹之分，厚全體之恩，然後推一視同仁之心，遍九宮同體之愛，使本支百世，宜君宜王，遲遲數年之後，徐定建儲之策。倘得立子以嫡，固禮之正，萬世之法也。萬一又如今日，然後擇其長而賢者立之，則人心悅、天意得，而今日聖嗣之可以出就外傅，隆師就學，以培養聖德，講求治理，以慰天下之望。此則天地之義，正大之情，所謂公天下爲心、變而得其中者也，顧不偉歟！《書》曰："圖厥政，莫或不艱，有廢有興，出入自爾師虞，庶言同則繹。"惟皇上萬幾之暇，留神省察，仍與二三執政大臣熟思而審處之，以爲久安長治之計，則宗社幸甚，天下生民幸甚！臣待罪言官，偶有所見，不敢緘默，謹以危言上陳，不勝惓惓爲國之至。

乞宥群臣争大禮被繫杖疏　　　　　　　　　　俞　敬

後軍都督府經歷今陞貴州思州府知府臣俞敬，奏爲乞天恩宥敢言以張大孝事。臣嘗聞孔聖云："天地大德曰生，聖人大寶曰位。"洪惟陛下，德配天地，位等聖人，以不忍人之心，行不忍人之政，凡大小臣工，皆樂有更生之機，而爭奮敢言之氣。邇者翰林院學士豐熙，并部寺科道等，不諒聖心至孝，改"本生"二字，故聯名抗疏，伏闕呼號。言雖狂妄，實激愚衷。冒觸尊嚴，罪固莫逭，已蒙或下獄問罪，或薄示責罰。法網鮮漏，朝署爲空。今聞編修王相、給事中裴紹宗、主事余禎等已故矣，豐熙等在獄者亦垂亡矣，而呻吟袵席恐不能起者又不知幾矣。內外驟聞，驚惶無措。夫天之生才，以供世用。且古者設誹木、諫鼓，以招直言；恕引裾折檻，以彰直臣，誠以人君高拱穆清之上，日應萬幾，一人聰明有限，而天下事變無窮，所以補王闕、保王躬者，實惟弼直之臣是賴焉。恭惟皇考恭穆獻皇帝神主入廟，正宜赦過宥罪，體悉群臣，潤澤萬民，以張大孝于天下。伏望陛下，量恢宇宙，怒霽雷霆，恩鋪雨露，于王相等已故者優恤其後，豐熙等垂亡者宥釋其身，則威福並行，寬嚴有濟，而死者不冤，生者感激，俾凡爲臣子懷有一得之忠者，無復以言爲諱，于凡國家忠孝利病、政事得失、生民休戚，莫不明目張膽，一一敢以上陳寬明之聽，以共讚維新之治，而綿祧祚于無疆也。臣職外官，言非其分，但兔死狐悲，擊目痛心，故昧進狂瞽之說，伏乞垂寬明之聽，亟賜採行，則宗社幸甚，天下幸甚！

乞恩宥積逋疏　　　　　　　　　　　　　　徐文通

爲恤刑事。臣聞王者總一寰宇，司牧黔黎，而薄海稱治，卜世無疆者，此豈有他術哉！良以任德之意溢于任刑，惠澤之施逾于戮辱，寧約己裕人，弛禁捐負，視財輕，視民重，而無罄竭膏血、草菅生靈之心也。是故教化不及，而民作奸，觸死罪，犯贓逋，不得已而有眚災之赦，又不得已而有不孥之罪，無非體天地之大德、弘好生之至治焉。《易》有之，損下益上謂之損，損上益下謂之益。《記》有之，"一張一弛，文武之道"。自昔賢聖履天位、流聲稱、享永年者，皆由此其選也。惟我太祖定律、以贓入罪者，身死勿徵。老幼犯罪者，拷訊有禁。我孝宗定例：追贓年久者，並許奏聞，親屬各居者，不許濫及。仁心仁政，垂法盡善。暨我皇上臨御以來，屢屢詔旨，起解錢糧，係小民拖欠，未徵在官者盡蒙蠲除；監追贓物，係正犯身死，勘無家產者，悉蒙宥免。濊澤渥恩，繼悉惟良，後先一揆，真無愧于古帝王者！又五年一次差官審錄，矜疑之外，凡追贓冤苦，悉得上聞，我皇上又無不稱可而哀此煢獨者，是宜逋負悉完而囹圄空虛也。頃臣奉命慮囚西蜀，睹茲僻遠之地，多觸刑戮之民。苟有生道，無不冒陳，仰體德意，用協刑中。除具題外，竊見追贓人犯，父死子代，兄死弟代，宗死族代，叔死姪代，義男代家長，族婦代戶丁，動千百計，監數十年，號泣悲楚，願訴宸聰。或編髫而觀三木之刑，或垂白而罹桎梏之慘，或煢寡而受械繫之辱，身無完衣，體無完膚，各類鬼幽，無望人世，其爲冤苦，所不忍言。是豈我皇上德不遠邇而澤不旁究哉！但奉行者循故事不燭其情，查勘者責虛文不核其實，是使聖明之世有及孥之刑，欽恤之朝多冤被之命也。且巴蜀之地，惟山石居多，而生計甚微。贓逋之民，亦惟巴蜀爲多，而法度難禁。蓋臣嘗之臨邛。臨邛沃野之地，非山田之比，乃至春乏耕農，田多蔓草，一望無際，百里丘墟。民之流亡，膏腴如此，至于山谷，荒竄可知。此其故何也？山土額于旱虐，派辦廣于戶工，盜賊繁于征役，邊運疲于轉輸。是以田空存而糧不減，人多亡而賦如昨，窮苦無聊，十倍他省。臣嘗閱夔州府追贓文册，有賀登瀛者，內開止有生女一口，堪變還官。臣讀至此，不覺流涕，爲之食不下嚥。賣妻鬻女，恐又不止一賀登瀛者！故臣察其如賀登瀛者，凡在贓不多，遵查節年詔書，用昭大賚徑自釋放召保外，數內袁閣等十一名，俱正德年遠之贓，祖父遺孽，非其自犯之罪。余周生等六十八名口，俱親屬故絕，同姓貽累，非有居釁之素。蔡傑之贓，既戮其身，又監死其子若孫三命，因具故絕，今又監追族姪蔡邠陽。一人之惡，非上二世之逮。孫男之代，猶可說也；戶族之代，不可說也。且查各犯屢報無產，必若照舊監追，是明以瘐死難完之贓，而斬艾無辜之命也，抑豈皇上哀矜元元之德意哉！死罪而下，其身親自犯者，荷蒙矜疑具奏，得從欽減，是于絕生之人，尚求可生之路，況于此輩，止因貽累代追，原非應死之人，而竟置必死之域！宇宙至廣，無陰以憩，豈不痛哉！臣是以謹按律例，除贓數太多、監追未久、正犯尚存、家產未絕者無敢濫開外，今擇其情尤可憫者，并事犯緣由、贓數多寡、監追年月久近，錄其略節，開具奏聞。伏望聖明俯賜憐察，敕下法司，再加詳議，明于損益之道，察于弛張之宜，寬而赦之。棄蠲積逋，始雖憫窮；生齒日繁，終以藏富。無疆之恤，亦無疆惟休焉。且臣聞政寬舒，則民樂其生。天下有樂生之民，而軍旅會朝，國家之需，不誅求而足矣。政迫促，則民輕其生，天下有輕生之民，而土崩瓦解，國家之患不徵令而至矣。況于今日，邊方多事，尤當以寬民爲急，不可使有愁苦無聊之心。

西蜀僻遠，民隱難達，皆陛下之赤子也。臣不勝懇切之至。

上饒州路太守書　　　　　　　　　　　應孟明

某切思古之人成德有大過人者，無他，能受盡言而已。古人之事上也，期無負于上之人者，無他，能盡言不諱而已。今之人聞人之稱善則喜，聞人之諫己則怒，諛言以媚人則能之，忠言以救人則蓄縮而不敢。吁！是焉得為古人歟！某不敢以今人望明公，而敢以古人期明公。某之身不敢以今人自待，庶幾以古人自待。某之所學在是，所行在是。身為下邑之微官，仰視太守之尊，知而不言，言而不盡，則有負于明公，亦有負于所學。明公，古人之徒也，幸一聽之。天子置二千石，為民也，非取民也。龔遂、黃霸之徒，撫摩涵養，使民安，使民富，使民耕鑿有餘力，不徒為是空言而已。使其追求之速、禁令之嚴，督促期辦，州責之縣，縣責之鄉，不容頃刻暇，始號召于外，曰民力果得紓乎？縣令其無橫取乎？是欺民也！令行禁止，非嚴者不能辦。錢流地上，非取民者不能辦。大水失期，失期法斬，秦以是亂。令行禁止之弊，乃至此極，此豈撫民之良法歟！錢流地上，而曰歛不及民，天下寧有是理哉！催科政拙，書考下下，後人之論陽城、劉晏，果如其賢乎！令固不可不嚴，太嚴則酷。財固不可不辦，辦則傷民。明公開府之初，諸邑令尹受約束之始，某則傾耳而聆，曰必有寬徭薄賦、愛利吾民之言乎？乃聞曰：日樁月解，月十五日不到，追坐押之官坐于客位，朝入而暮出，其官之趨走輩則桎縛械繫于客位之傍。某聞之而驚，歸語子弟曰：新使君之言及此，百姓之禍未歇也。既而又聞之：鼎新樓店，聚州人飲酒，日之所獲餘數百緡。當饑民一飯無得之時，招而來之，日之輸酤者數倍，謂之能官可也，謂之善政可乎？行一約束，倉卒倚辦，官吏股慄，不敢後期。使人不敢可也，使人不忍可乎？荒饑之餘，縣邑凋敝，商旅不行，稅入無幾，民饑乏食，酒課不登，尺數解錢不為少矣。一文一縷，不取之民，將焉取之？月十五日，數足于歷，錢足于帑，官吏有賞，縣邑有能辦之稱，此明公之所知也。嬰木索,受箠楚,纍纍監繫者,明公不知也。閭巷細民,賣妻鬻子,明公不知也。中人破產,上戶空匱,明公不知也。其吏之催拘者曰:"新知府之令,汝不聞乎?"其官之行其箠楚禁械者,曰:"非我也,新太守也。"彼民亦曰:"吾知新太守之令嚴也。然饑餓之身,未知死所。令雖嚴,若我何!"嗚呼!明公忍受此名而不知察歟!且以某之身親者一事言之:坊渡拘解,某之職也。遭荒拖歉,坊渡之當前者,非不拘催,量其有無,爲之多寡,計其辦否,爲之遲速。今者不然。慮約束之嚴,憂月十五日之至,枷禁者日有人,鞭箠者日有人,追逮者日有人,猶不足于月十五日之數。某之枷禁箠楚其無從出之人,如己之受枷禁箠楚也,惴惴然不能以朝夕。而七年之拖下以千數,明公又不追索之令矣。以某之不安于追治坊戶,不得已而塞明公之責,諸縣之于百姓,死人甚于某之急諸坊戶也。某之所管坊渡二十一人,其輸官及期者,鄒祉一人而已。有頑猾戶楊璘,欲攘而奪之,某方不從,則厲聲於某之前曰:"州府不過欲多得錢耳。吾當高價以取之于州,以與鄒祉抗,且與縣丞抗。"某遂具稟劄詳告,意者明公灼見小人之情,楊璘者必得重罪。及行下前縣,以某之所稟與彼之所告,較短量長,而爲之先後。則是明公以利計不以義計。某之所忠告于明公,非以坊渡之爲己累也,因丞廳而推縣邑,見坊渡而思百姓,庶幾以某之言不虛,而得于身親耳。今之官賦,上司催州,州催縣。若不加料理,其何以爲政!明公之理財是也。然殺人之中,猶有禮焉。一切不恤,而以嚴取之,睹板榜行下,則徒曰寬民力,無橫取,不知民力果若是寬乎?取民果可不橫乎?先儒謂操其器而諱其事者,或者其似之。《傳》曰:"惟有德者能以寬服民。其次莫如猛。"此非至言也。有德者不偏于寬,惟其中而已。其次莫如猛,其流弊殆如秦法之密乎!子產倡之,子太叔和之。後之爲政者,不知先王仁義之中,其寬也,非懦也,非剛也,非虐也。甘棠蔽芾,其禁之而不伐乎?其愛之而不伐乎!鉻箾鈎距,其禁之而不犯歟?抑長之而不犯歟!前太守以柔弱去,今以剛強代。困窮之民，栖栖無所告訴。邇者漲水爲災，其來也不以漸，沒禾黍，漂廬舍，敗冢墓，激突浩蕩，若甚酷者。不知天意何所因而爲此歟！明公一麾出守，其僚屬之在府與在縣者不知幾人，出言嫵媚，稱道明公之盛德與古無前者，往往皆是。某一介頑鈍，獨抱區區之忠，獻之明公，自謂委曲面諛事上官求爲容悅者，非敬上官也，誤上官也。誤上官者，誤百姓也。誤百姓者，誤所學也。某上不敢負明公天子，下不敢負百姓，內不敢負所學。以明公之高明而可望古人也，某也知而不言，言而不盡，則于門下爲有負。明公知而不行，則于百姓爲有負。漢宣帝有言："庶民所以安其田里，而亡嘆息怨恨之聲者，政平訟理也。與我共此者，其惟良二千石乎！"明公試反覆思之。

經書發題前志刻《上孝宗皇帝書》，今刪。　　　　　　　　　陳　亮

《書經》

昔者聖人以道揆古今之變，取其概于道者百篇，而垂萬世之訓。其文理密察，本末具舉，蓋有待于後之君子。而經生分篇析句之學，其何足以知此哉！亮也何人，而敢議此？蓋將與諸君共舉焉。夫盈宇宙者無非物，日用之間無非事。古之帝王獨明于事物之故，發言立政，順民之心，因時之宜。處其常而不惰，遇其變而天下安之，今載之《書》者皆是也。要之，文理密察之功用，之①于堯而後無慊。諸聖人之心，是以斷諸《堯典》而無疑。由是言之，刪《書》者，非聖人之意也，天下之公也。

《詩經》

道之在天下，平施于日用之間，得其性情之正者，彼固有以知之矣。當先王時，天下之人，其發乎情，止乎禮義，蓋有不知其然而然者。先王既遠，民情之流也久矣，而其所謂平施于日用之間者，與生俱生，固不可得而離也。是以既流之情，易發之言，而天下亦不自知

————————

① 校記："之"，《陳亮集》作"至"。

其何若,而聖人于其間有取焉。抑不獨先王之澤也,聖人之于《詩》,固將使天下復性情之正,而得其平施于日用之間者。乃區區于章句訓詁之末,豈聖人之心也哉?孔子曰:"興于《詩》。"章句訓詁,亦足以興乎?願比諸君求其所以興者。

《春秋》

聖人之于天下也,未嘗作也,而有述焉。近世儒者有言:述之者,天也。作之者,人也。《詩》、《書》、《禮》、《樂》,吾夫子之所以述也。至于《春秋》,其文則魯史之舊,其詳則天子諸侯之行事,其義則天子之所以奉若天道者,而孔子何作焉?孟子之所謂作者,猶曰整齊其文云爾。世儒遂以爲《春秋》孔子所自作,筆則筆,削則削,雖游、夏不能贊一辭于其間,言其義聖人之所獨得也。信斯言也,則《春秋》其孔子之書乎?夫《春秋》,天子之事也,聖人以匹夫而與天子之事,此王法之所當正也。不能自逃于王法,而能正人乎?亂臣賊子,其有辭矣。夫賞,天命;罰,天討也。天子,奉天而行者也。賞罰而一毫不得其當,是慢天也。慢而至于顛倒錯亂,則天道滅矣。滅天道,則爲自絕于天。夫子,周之民也。傷周之自絕于天,而不忍文、武之業遂墜于地也,取魯史之舊文,因天子諸侯之行事,而一正之,賞不違乎天命,罰不違乎天討,猶曰:此周天子之所以奉乎天者也。或去天稱王,或宰以名見,猶曰:此周天子之所以自贖乎天者也。天之道不亡,則周不爲自絕于天;周不爲自絕于天,則天下猶有王也。天下有王,而亂臣賊子安得不懼乎!然則《春秋》者,周天子之書也,而夫子何與焉!或曰:"《春秋》而繫之以魯,何也?"曰:天下有王,凡諸侯之國之所紀載,獨非天子之事乎?而況魯,周之宗國,其事可得而詳也。夫子曰:"如有用我者,吾其爲東周乎?"此夫子之志,《春秋》之所由作也。是以盡事物之情,達時措之宜,正以等之,恕以通之,直而行之,曲而暢之。其名是也,其實非也,則文與而實不與。其心然也,其事異也,則誅其事而達其心。微顯闡幽,謹嚴寬裕,如天之稱物平施,如陰陽之並行不悖。文、武、周公之政所以曲當乎人心者也,而謂《春秋》孔子之所自作,宜非亮之所敢知也。《春秋》所書,無往而非天。學者以人而視《春秋》,而謂有得于聖人之意者,非也。故將與諸君以天下之公而觀之,毋以一人之私而觀之,辭達而義暢,庶乎可以窺天道之全也。

《禮記》

禮者,天則也。禮儀三百,威儀三千,周旋上下,曲折備具,此非聖人之所能爲也。《禮記》一書,或雜出于漢儒之手。今取《曲禮》若《內則》、《少儀》諸篇,群而讀之,其所載不過日用飲食、洒掃應對之事,要聖人之極致安在?然讀之使人心愜意滿,雖欲以意增減,而輒不合。返觀吾一日之間,悚然有隱于中。是孰使之然哉!今而後知三百、三千之儀,無非吾心之所流通也。心不至焉,而禮亦去之。盡吾之心,則動容周旋無往而不中矣。故世之謂繁文末節,聖人之所以窮神知化者也。夫禮者,學之實地也。由敬而後可以學禮,學禮而後有所據。依三百、三千而一毫之不準,皆敬之不至,而吾心之不盡也。一毫之不盡,則其運用變化之際,必有肆而不約者矣。由此言之,禮者,天則也,果非聖人之所能爲也。

《論語》

《論語》一書,無非下學之事也。學者求其上達之說而不得,則取其言之若微妙者,玩而索之,意生見長,又從而爲之辭曰:"此精也,彼特其粗耳。"嗚呼!此其所以終身讀之而墮于榛莽之中,而猶自謂其有得也!夫道之在天下,無本末,無內外。聖人之言,烏有舉其一而遺其一者乎!舉其一而遺其一,則是聖人猶與道爲二也。然則《論語》之書,若之何而讀之?曰:用明于內,汲汲于下學,而求其心之所同然者。功深力到,則他日之上達,無非今日之下學也。于是而讀《論語》之書,必知通體而好之矣。亮于此書,固終身之所願學者,方將與諸君商榷其所向而戒塗焉。

《孟子》

昔先儒有言："公則一，私則萬殊。"人心不同，如其面焉，此私心也。嗚呼，私心一萌，而吾不知其所終窮矣！先王之時，禮達分定，而心有所止。故天下之人，各識其本心，親其親而親人之親，子其子而子人之子，其本心未嘗不同也。周道衰而王澤竭，利害興而人心動，計較作于中，思慮營于外，其始將計其便安，而其終至于爭奪誅殺，毒流四海而未已。孟子生于是時，憫天下之至此極，謂其流不可勝救，惟人心一正，則各循其本，而天下定矣。況其勢已窮而將變，變而通之，何啻反掌之易。孟子知其理之甚速，而時君方以爲迂，吾是以知非斯道之難行，而人心之難正也。故善觀《孟子》之書者，當知其主于正人心；而求正人心之說者，當知其嚴義利之辨于毫釐之際。嘗試與諸君共之。

宋建宣聖殿記　　　　　　　　　　　　　周虎臣

詔復鄉舉里選之法，十有三年矣。党庠術序，應時營繕，無有遠近，咸務極宏麗，以侈上之賜，獨永康循襲卑陋，逮今弗革。虎臣列職之明日，祗故事奉奠，告於學，視其廟貌弗嚴，視制狹冗，因惕然不敢寧於心，大懼不足以本一邑之風化。越明年春，有事于上丁，牲幣既陳，樽俎不得成列，登降執事，周旋不能。退而嘆曰："此豈有司奉承詔旨哉！"乃度地慮庸，力請于提舉學事司，乞錢四十五萬。既得請，即敷告于邑之士民，不待訪山擇木，而巨楹傑棟，文梁勁桷，水運陸馳，合沓四集。於是範金凝土，攻木礱石，塗堊設色之工，爭出其巧。逾月而殿成，結桴增棼，重拱叠楶，煌煌翼翼，視之使人不戒而有肅心。又衰材力之餘，以新外廡，以作重門，階序庰闠，奕奕完密。庖湢器用，纖悉畢具。乃諏吉日，以十月戊辰，奉安宣聖神位，而以配享從祀次焉。越三日辛未，虎臣率諸生齋戒奉籩豆如上丁之禮，諸生咸唯唯懌於心、見於色，且曰不可無志。宋政和四年縣令兼教諭周虎臣撰。

敕書樓記 　　　　　　　　　　　　　　　　　　　洪清臣

藝祖皇帝制詔，郡邑建樓以藏敕書。惟時守令，奉以周旋，罔敢失墜。永康，婺支邑。建樓崇奉敕書，厥惟舊矣。宣和間，睦寇竊發，猖狂入境，官舍民居，蕩爲煨燼，民力日益寠。官吏或牽制不敢爲，或倥傯不暇作，迄二十餘年，未曾復古。紹興辛酉秋，毘陵强公友諒來領是邑，顧其門户迫褊頹圮，而藏敕書于廳事，大懼無以稱國家垂訓之意，乃相舊址，增界而崇，招隘而廣，鳩工度材，經始于季冬之己巳，落成于明年孟春之庚子。役方閱月，而土木之工，丹艧之餚，恍然一變。危梯層簷，翬飛壯麗，前此未有也。清臣備員二令，不欲使無傳，書之以告來者。

重建縣治廳堂記 　　　　　　　　　　　　　　　　　　　洪　垣

永康，嚴邑也。凡令是者，率以嫌疑自避，懦懦然重足不敢有所爲。養濟者，羈繫者，居而肆者，儲備而賑者，善惡之明旌，監司之彌節，與吾一邑之官長僚友所以涖而聽政者，各無其所。予初至，乃考厥治，作而嘆曰："縣事，猶家事也。家之弗飭，爲厥長者已之乎！"維時乃院養濟，乃葺犴獄，乃修學校，乃祠啓聖，乃造預備倉于興聖寺西，教養舉，善惡昭矣，乃悉檢其故址，立申明亭，建布政司。惟縣堂朽腐泡爛，不忍勞民也，乃支以兩木，權坐理于堂廡間，將待倉庫之餘而後舉焉。居閱月，義民趙廷懷輩各自輸所宜有，或以其楹，或以其棟，或以其榱桷，與其灰石瓦磚若干，輦致堂下。予三止之。不可，乃遂成其志。始于甲午年七月，訖于是年十一月，凡五月而完。計其費凡五百一十金。高廠宏壯加于前。是舉也，當時巡按有聞而固止之者，其意以永康舊俗重儉嗇、好强戾，苟一聽其所爲，恐彼得以一日之力要求于令，而令不敢復裁抑，以爲不便。其爲令謀則善矣，實亦有未盡然者。或曰是廳某初造于某年，其財力全出于官，某繼造于某年，其財力復出于民某而督之以官，故民猶以爲官事，弗究其力，工雖速成，壞亦不久。不若即令廷懷輩自成其志，彼將顧身後之義，不爲苟免杜塞計。其爲利一也。或曰：官民之財一也，官不足，不能不取于民。與其取于民，不若從諸富民爲之，事省而衆不擾。其爲利二也。或曰：化民者每因其所向而利導焉。應氏所尚，義也。縣學以創，而應氏子姓至今多良善者。今斯民之倡爲義也，安知其不因而不敢爲不善乎！其爲利三也。或曰：古者君民一體，上下一心，故有興作力役之事，任之農隙，而民不以爲厲。爲之君者，亦直任其力之所供，不以爲勞，而義之名亡。夫自井田學校貢賦之法廢，民心日不如古，故在上者常疑其民之挾詐，在下者每疑其上之貪暴。甚至有倡議于官者，則又疑其以義行詐，始弗之信。是以上下卒于相疑，如頭目與手足不相聯絡。欲教化之入人心，以復三代之治，難矣！今夫諸民者，獨非三代之民乎！乃執疑而固遠之，則已過矣！覺山洪子聞之嘆曰：是吾志也。夫一體之道微而後義彰，尚義之意息而後科索起，科索之毒起而後猜疑生，猜疑之念生，生民之道其不至于滅絕也幾希！故使民科索，不如使之以義。使之以義，又不如使之與吾爲體。與吾爲體，是吾志也。是吾志而未能如斯堂之有成也，吾其安焉！吾嘗清稅糧、興水利以養民矣，猶有不能舉烟火者十常二三，是民之得其養猶未如吾也。嘗立石岩精舍與石門應子倡斯學以教民矣，猶有溺于舉業之習而未能自信者常若安焉，是民之得其教猶未如吾也。嘗立十家牌約以變民俗矣，而健訟好鬥至有殺身破家而不知反者，是民俗之化猶未如吾也。常定淹沒子女之戒以生民矣，猶有婚嫁之慮十不舉一焉，是民之能生生猶未如吾也。亦嘗嚴火葬之禁以厚民矣，猶有陰陽之忌十不能葬其一焉，是民之送死者猶未如吾也。吾不能充一體之心以體斯民，使斯民雖有一體之義，又不能體吾之志達之于其親族鄉里也。居斯堂也，吾其安焉？雖然，吾限以召還去斯民之速也，斯民之于吾，真三代之民之心也。去縣二年，以命按治淮陽，掌教事，可韋李子欲謁記于南山戚子賢而未果。又二年，梅坡甘子翔鵬政績用成，備述斯民之意，求記于余。余直以當創造之義告于來者，且以見余之未嘗一日安于斯堂也。時同義預茲事者二十人，而往來督役者，某也。嘉靖十八年仲冬月。

仁政橋記
李　棠侍郎，縉雲人

永康縣東南三十步，有水滙而爲淵，涵浸汪濊，名曰華溪。溪當處、婺之交，行旅輻輳。舊以木爲橋，隨廢。勝國至元間，改石橋，覆之以屋，揭名"仁政"。國朝洪武中，屋燬于火，知縣張聰新之。永樂戊戌，樗菴葉先生講《易》于華溪之上，予摳衣侍席者期年。講誦之隙，與二三同志散步于溪之南，睹長橋垂虹，萬室鱗次，環溪之傍，列肆張，珍貨山積。黃童白叟，歌舞戲遊。予以承平之久，民被休息，故樂業豐裕如此。堪輿家云：仁政橋跨長流，通四遠，爲邑吭喉。邑之盛衰，于橋之興廢卜之。予既成進士去，官轍東西殆數十年。景泰乙亥春，歸自南嶺，由灉水捨舟即路，薄暮宿苂道，晨望華溪，見滄波浩渺，空濶無際，昔之橋若從而去者，諦視之，則傾覆盡矣。遂刺船而渡。顧市肆，鞠爲瓦礫。訪故老，僅一二在，皆欷歔而言曰：橋壞于水，市井焚蕩于寇，民奔迸未復，故四望寥落如此。予爲之默然，低徊不能去。豈堪輿家之言，果有可徵？抑盛衰相尋，理勢然耶？其年秋，浙江按察僉事馮公誠行部過之，視橋之廢，惻然興嗟。遂以贖刑之金，庀材命工。悉將就緒，而馮彌節他郡，厥功未究。明年春，安成劉君珂以進士來宰是邑，治民事神，動必思古。屬橋未就，乃毅然曰："此有司責也。賢使者作之于前，我可不成之于後哉！"遂殫力竭思，窮日夜經營之，不數月而橋成。其長若干，廣若干，石以方計若干，工以日計若干，屋瓦若干楹。完美壯固，有加于舊。費出自公，不取于下。衆德之，請記其事。嗚呼！有位者心乎愛人而無其政，是爲徒善。故乘輿濟人，君子譏之。今橋之費，不啻數百金，而民不知，其濟人也博，其垂後也遠。一念之發，利澤無窮。"仁政"名橋，豈虛語哉！予嘗以巡撫爲職，每思安民之術無他，在賢守令而已。今永康得劉君，興廢舉墜，幾復承平之舊。他日予重過仁政橋，見溪山改觀，民物阜繁,既以信夫堪輿家之言,而又得賢宰爲邑民慶也！善始而善終,君其勉之！景泰七年,歲在丙子冬十一月望吉。

譙樓記
張元禎 編修,豫章人

邑有麗譙樓,古也。永康,古麗州之域,當婺、括孔道,行旅喧闐,使傳絡繹。公私寄舍者,伺漏鼓晨興趁道,憧憧逐逐無虛日,則永康麗譙,誠非偏州下邑比矣。正統己巳,括寇煽亂,長驅入境,民居焚剽十六七,麗譙亦相隨燼焉。前政扼于勢力,飭堂舍視事,具大較而已,卒未有能弘舉以煥其備也。成化己丑,山陽高侯鑑奉命來令,疏通愷悌,求民利弊建除之。甫再期,政通人和,乃進父老于庭而告之曰："麗譙實司晨昏,警荒惰,以崇一邑瞻望。俾今不圖改觀,則蕪莽瓦礫,擾擾黃埃。若等雖恝然,典守亦寧免過！"衆曰："諾！"于是侯請于郡守李公嗣,捐俸爲倡。貳守雷公霖、節推郝公榮協贊之。邑之富民義士,輸貨獻材。經始于成化辛卯之春月,四易弦晦告成。翼日,侯率僚寀父老登焉,父老咸羅拜致慶。縣貳甌寧劉肇、簿樂亭李傑、幕蓬萊紀能,咸預有力,乃屬邑訓分宜歐陽汶、建安田麟,走書幣豫章,請記于余。永康俗故謹厚,山顏水腹,士民樂業。自經寇變,民始困乏。于此而興作焉,非特不能爲,亦不可爲也。比年來沐朝家清明之澤,省刑薄斂,田野宴然。侯尤能正其本,倡教化以導之,故民不戒而集,有不爲,爲之孰禦其成哉！天下之事難成于不易爲,而恒息于不能爲。若侯誠可謂之能爲而善用民矣！昔有以更鼓分明覘爲政者。侯之政,殆將恢弘遠到,此特其權輿爾。因侯之善,余故喜而志。

李溪橋記
洪 垣

李溪渡,東浙要津也。當衆壑衡流,其地墳沙。舊有橋,不久爲洪波橫擊以去。嘉靖癸巳,予承乏永康。耆民章德昭三走予,論茲渡利害甚悉。遂告諸府大夫,竟以剽悍難知,未得其方,而土人以爲此渡終不可復梁矣。越七年庚子,予自嶺南外補永嘉郡,束裝晨涉,見德昭之子章根致、四明上人德顯,相與經始其事,若指諸塗,不以困意,予頗訝之。上人曰:"無吾異也,吾法則異耳。舊法立垛者以九,黎其石,或衡而乘之,其亘逾丈。其首之經,則僅減亘之半。迎水而與之爭,故不利于水而爲水所勝。若吾之爲法也則不然。視舊垛之疏數而殺其三條,其石相比以屬,銳其首,縱而應之,復深浚以浚其止,其浚一丈,其亘八尺。其首之經,則減亘而漸收之,以致于杪。故其合也如錐,其戢也如謝風之鵰,其洞門之相鬪爲分水也,則如九河之道,各安其故,無所于忤,是自避以避于水也,故水與石不相奪,而吾得以自存。夫何異焉!"予曰:"汝何以知之?"曰:"以吾師之學而知之。吾師之言曰:毋炫爾華,毋燿爾精。炫其華則奪神,燿其精則奪形。不炫不燿,順而與之,以歸于無有,是謂至人。吾因其言,推之兹橋也,是以知之。豈惟有生之道爲然哉?雖我公之治温也,亦莫不然。遂其生,不以我生。復其性,不以我性。糾者理之,梗者達之。公好公惡,以委和其情,則民自歸于正。若曰我能立某事,興某功,善惡由己,自以爲烈,吾日見民之壅腫,而彼不知其甚也,則潰亂四出,欲其無所奪焉不可得也。故曰爲政之道,推之兹橋也亦然也。"予曰:"然。"上人蓋學釋而慕老氏,且知竊附吾儒,故其論如此。既二年,予以科場事出華溪,而兹橋亦成,屹屹然且試以三春之冰矣。乃嘆曰:"天下之性,以利爲本。學道者觀此,其所得也多矣!"庠生章子樹詣予,遂爲之記其説。是役也,所費千金。括郡脉泉李公、永康尹敬齋陳公、寒泉龔公實督成之。若夫盜息民安,刑平俗厚,使一方士庶各樂捐其所資、以成斯舉者,則兵憲冲庵歐陽公舉之德。

覈田記　　　　　　　　　　吳　寬_{長洲人,禮部尚書}

永康縣令王君爲縣三年,廉慎有爲,賦平訟息,縣大稱治。君謂吾所爲至此者,其勞亦甚矣!蓋縣爲里,百二十有奇,田數出糧賦爲石萬八千有奇,皆立之長以司其事。國初至于今日,每十歲一造版籍,司其事者更易數輩。其人良則已,否則轉相爲弊。蓋以田可隱也,則有詭寄之術;糧不可除也,則有洒派之方。豪家鉅室有收穫之利而無征歛之苦,其害悉歸之小民。于是其賦既無所出,往往毀屋廬、鬻男女償之。弱者忍不敢發,稍强而自立者始訴于官,而訟由是起。其事不獨永康,而永康爲甚。君既數爲清治之,嘗曰:"今爭者雖小息,然彼豪且鉅者終賄其長,能保其不更起而訟乎?且弱者獨不能訟,又何忍其終無伸乎,吾將躬視之以究其弊。"則移于上以示其事之不敢專,復誓于神以示其事之不敢慢。至其里,則召其長若書役輩操版籍、緣丘壟從事,悉按圖式,求其主名。有爭辨者,輒復驗之,無不貼服。歷半年而事畢。疆界既分,罔敢逾越,諸弊皆去,而賦始平,而訟始息,人以君公且明,亦無敢怨者。而小民則相與感之,欲生祠君。君不欲,乃止。會縣學生應綱貢于京師,乃請文以述君政迹。予曰:"君之賢,予固知之。然小民感而祝之則已,何事于文哉!文之,恐非君所欲也。"應君曰:"民欲之,奚暇爲君計邪!"乃書以遺之。君名秩,字循伯,蘇州崑山人。成化丁未進士。其美政甚多。巡按御史嘗奏請旌異,朝廷行將召之矣。

重建社學記　　　　　　　　　　　　徐顯臣

牧父挺菴吴侯,由進士高令奉廷命更賢康邑,以興道善俗爲首務,繕學宫,飭俎豆,彬彬改觀,而闡經程藝,所以獎翼士類,意蒸蒸厚,士爭澡濯激昂酧千載一遇矣!侯思盛際,家有塾、黨有庠、術有序、國有學,因地設教,兹賢才彙興,國家稽古,建置社學,而湮墜弗舉,司教化者謂何?乃尋故址,捐俸庀材,建有造堂若干楹,後爲燕息所若干楹,衛以門屋,繚以垣墉。工始于某月某日,閲月告竣。延耆儒王興禮爲師,遴子弟秀穎者居其中,贍之訓之,希潤盛典。伊始自今,邑博士胡君以準、徐君朝陽、夏君景星相與協贊,而樂觀厥成,屬臣記之,以風示永世。臣不佞,敬以侯建學造士之德意,爲多士申之。保奭曰:"若生子,罔不在厥初生,自貽哲命。"故蒙以養正,聖王重焉。夫嬰質沖齡,天真未斲,猶水之不波而木之方蘗,不此之豫閑,而邃責善于他日,是猶水之源未浚而汲其流、木之本未培而擷其實,其不涸而瘁也者幾希！故必先群之小學，示孝悌以惇其本，游六藝以博其文，躬灑掃應對以節其逸性，習升降周旋以消其鄙心，授之絃歌誦讀，俾優而游之，以興動其天趣，則筋骸束，耳目齊，心志一，所以養之者豫且備也。由是而熟之，所謂大學體用全功即此而在，君子之育真才、挽醇俗，端不越是矣！嗟夫！社學之廢興，固人才風化之所繇盛衰也，其攸繫豈淺鮮哉！昔班史傳循吏不及邑令，世恒疑之。設有如侯之學窮本原，政先風化，與文翁教蜀者埒，班詎能遺哉！吾于侯之善政善教而益有感矣。朂哉小子，尚敬體有造之意，以無忝所生可也。是爲記。

遊永康山水記　　　　　　　　黄　綰 黃岩人，侍郎

從剡入永康，與石門子遊壽巖。行見五峰相亞，意即壽巖。石門子曰：此俗呼爲翁嫂巖者，請爲易之。其巉然而出者曰天柱，其覆而左者曰石鍾，其踞而右者曰維摩臺，又左曰石甑，又右曰蟾蜍。行度一舍，沿溪折入，見大石插空，嵬屼不可仰視，群木森茂，雜然其間。又行，從木杪見樓閣在石壁中。梯石而升，弛担而休，倚檻見東南一峰突起，曰雞鳴。少進，一峰竦出而俯，曰覆釜。覆釜之西，一峰尤傑，曰桃花。北一峰稍低，水時時下滴，曰瀑布。瀑布左連大石壁下，梯石望之，高濶數百丈，若晴霞爛然，曰固厚。壁下皆洞，其一即所居樓閣，謂之壽巖。時日欲晡，谷中有雲氣籠木，蓊然蒼碧，日穿木葉，入照洞中，光景甚佳。西上塗堊僅存，煙痕荏苒，皆宋、元人書遊觀詩及歲月姓名，陳龍川、朱晦翁、呂子約嘗同遊，乃龍川親書其上。又有"兜率臺"三字，亦云晦翁親書。石門子設酒茗閣上，飯罷西行。又一洞，中置觀音像，旁設大士像十八，洞口有四檻，檻間有粉壁，屢經塗治，新故數層。見題詩畫竹，皆剝落不全，惟胡彥恭詩及鐵木普化耳會兵識字無恙。洞廣而邃，可居。又西有石峽，飛泉直下，上有龍穴，祈禱輒應。同遊林典卿、周鳳鳴、應抑之、周德純，羅坐其中，周晉明、周仲器後至。石門子欲即此建麗澤祠。日落歸僧廬宿焉。明日，去

方巖山。山口見一峰，昂首北立，曰天馬。下有村塢，石穴中有居民，垣竹茨牖，儼若太古。逾澗南行，谿石窈窕，上有一屏，名青玉。循青玉右行，至一岡，坐望方巖如方城，向夕餘霞隱映，路從削壁升，石階八九轉，未至，見崖端中開一門，既登，如行雉堞樓櫨間。忽而青山蜿蜒，中藏寺宇如平垫，不知爲方岩絶頂。世傳有胡侍郎則嘗讀書其中，歿遂爲神。宋徽宗時，睦賊方臘寇永康，鄉民皆避于此。賊顧絶澗，緣大藤，將至，赤蛇嚙藤中斷，賊皆墮死。澗兩石並起百餘丈，中僅一線，名千人坑。賊乃緣間道登據，夜夢神人騎白馬飲泉，明日泉涸，賊懼，遂降。皆謂胡公靈異，其民至今崇信。寺後有石洞可坐。又陰崖巓絶，有小石洞，爲胡公讀書堂。日已暮，乃下，復至壽岩，擁蒲燃燈，又十餘宿。霜風盈急，木葉盡赤，諸友漸去。應天監、趙孟立、徐子實相繼復來，論各有得。山中小生程梓、周玲、孫桐，皆奮有志。他日，去石鼓寮，程舜敷載酒于路，邀坐其叔父池亭。天欲暮，促行四五里，至山口，風雨至，崖松黝黑，白煙橫飛，窅然不知所入，遂過靈岩。洞在山上，南北通明，可容千餘人。由洞後石嶺登入，黃葉蕭蕭，客皆淒然。倦即洞中草鋪，燒地爐環坐，夜久乃卧。明日天晴，出洞南，仰視洞上，蒼峰矗立，崖端柏枯死，小樹綴石，若藤蔓下垂，掩映屋瓦，丹碧可愛。稍西一門，下出崖半，棧石爲道，曰飛橋。下望陂田，自成村落。東行有井，深可百丈，僧云昔有龍飛去。復由後嶺下，沿溪望北山，崖石數，松林鬱鬱，皆可遊，不暇顧。再至石鼓寮，翠壁參差。入谷中，小洞邃寂，即晦翁欲屋呂東萊讀書處也。西南見瀑布下注，其下有潭，泓深澄黛，斑魚數尾，游揚自得，聞人聲即逝。石門、舜敷、鳳鳴列坐石上，皆喜呼童携酒共酌，久之不忍去。又云東萊嘗買田四十畝，今屬方岩寺，故籍猶存可考。既出，僉謂當紀以竢來者。

遊方岩諸山記　　　　　　　　　吳安國 本縣知縣

永康諸山，方岩其最名者也。予至邑之明年，以公暇，偕二客爲登山之遊。而諸山俱有賢主人，具酒肴以竢，予乃獲畢所遊焉。去邑五十里，未至方岩，曰壽山。予遊自壽山始。山盤旋而上，萬仞壁立如削，而五峰屏列于前，蒼翠蓊鬱：一曰桃花，二曰覆釜，三曰雞鳴，四曰固厚，五曰瀑布。峰之名，或以色，或以形，望之誠然。山之巔有石洞，廣可五六丈，深十餘丈，開朗瑩潤。洞前有臺曰"兜率"。依石爲梁，石上有丹書"兜率臺"三字，相傳爲考亭朱先生書。按志，考亭嘗與東萊、龍川三先生講學于此。洞傍有瀑布，泉自峰頭半空而下，飛珠濺玉，望之若近若遠，渺焉莫可測也。又西，曰三賢堂，危樓層叠，亦依石爲之，即三先生講學之所云。自壽山可三四里，始至方岩。山形益峻峭，駕石橋，凡幾百丈，緣崖縈級，曲折而上，掖而行。既上，則有崔嵬大石，劃然中開，對峙爲關。自關而入，山徑平衍，中爲廣慈寺。寺有佑順侯祠。侯，邑人，胡姓，仕宋爲兵部侍郎，有德于民，嘗讀書于茲岩，歿而爲神，有靈應。祠後爲屏風閣，亦就石洞爲之。洞復幽雅，有井，曰研井，清冽可鑑。有坑，曰千人坑，深幾百丈，俯而瞰，股栗不止。傍有小石穴，曰讀書堂，胡侯所憩也。時春夏始交，萬綠如染，而雲霞落照，與山翠爭色。馮高四顧，塵襟爽然。自方岩十里許，轉而至靈岩。靈岩之高，與方岩等，中亦有洞，廣如壽山，深倍之，坐可容數百人，前後通豁，境益佳勝，宋少師應公墓在焉。自靈岩可二十餘里，曰石室山。山亦秀峻，上有洞，洞差小，舊有洪福寺，今廢。至石室而歸云。予嘗考載籍，天下山水名勝，不可勝紀。今觀諸山之勝，有載籍所不及紀者。蓋石洞平豁，樓臺入雲，一奇也。飛泉灑落，霧雨溟濛，二奇也。危橋鑿空，烟霞入袖，三奇也。中峰忽開，人境迥隔，四奇也。至于嶙峋突兀，幽窈嚴邃，天之所造，地之所設，又奇之奇也。特以道僻境幽，騷人逸士，足迹罕及，則茲山之不名于天下，豈亦有數歟！茲遊也，以庚辰暮春之念有六。二客爲邑博士徐君朝陽、夏君景星，主人爲邑大夫程翁養知、徐翁師皋，而予長洲吳安國也。

重立戒石碑記　　　　　　　　　　　　　　　徐同倫

蒞永之明年，重葺戒碑亭于堂廡之間，揭官箴也。凡物之廢興有數,恒視乎人與地。人與地失其宜,則廢易而興難。丁未夏,余受永令。八月望後,晨抵蘭江,宿婺郡旅次,詰朝疾馳至茭道,夜闌至永,黎明履任。四顧荒頹,黯然削色。門內有亭,攲如就傾者,戒石碑也。碑則半卧半竪,劃爲中斷。余因力舉諸廢,自兹石始。鳩工運斤,礱錯交下。余問曰:"攻于石有法乎?"工曰:"唯唯。小人服習于斯,知有繩墨矩度而已,法則未之前聞。凡夫違繩墨者,務盡去之,再則護惜之,惟恐其少損,更加以琢磨,合乎矩度,殫心援植,而屹然立焉。"余曰:"噫嘻!此立石之法,而非止立石之法也。夫永之未立者多矣,則政治其可弛乎!彼且違于繩墨也,余將以去之者立之。民生其可置乎!彼且護惜之未周也,余將殫心援植以立之。風教其可緩乎!彼且鮮合于矩度也,余將引繩切墨礱錯焉以立之。立吾永,要無異于立斯石之法而已矣。況乎碑之立也,所以觸于目、惕于心也,欲厚于持己、薄于責人、嚴于御役而寬于育衆也。更藉以砥礪躬行,顧畏民嵒者,胥視此矣。雖然,永之未立者,余知之,余將以立之。余之難以自立者,又誰知之,而誰立之?凛凛乎其敢即于安也?惟恪守斯銘,以無負素心,不負吾君與吾民而已!"是爲記。

章氏貞烈傳　　　　　　　　　　陳調元 工部主事,海虞人

貞烈,章姓,韞名。永康青龍人。生而莊靜。年十二,許字馬氏。越七載,結褵有期。而馬生害疹,險惡不救。韞聞之,放聲而哭,欲往省。父母憐之,恐不測,乃聽往。至則拜舅嬸,逕入室,時馬生已不省,韞擗頓啼呼。馬生覺,曰"吁",張睛言:"負汝負汝!"指贈二釵訣。女曰:"家,余家也,何釵爲!"馬生吁吁而絶。韞哀慟,脱珥笄筮麻,親爪櫛飯含視襲歛,囑卜兆者虛右,憑棺約:"爾前遲我,我爲爾圖後事。"逾年,抱叔氏初孕之子從海嗣。孝敬雍睦,性不耐逸,孤檠夜雨,絡緯蕭蕭,四壁凉風,剪尺鏦鏦,凛如也。郡縣歲交旌。今週甲子,臺憲上其事于部,禮臣議:女子從一,不亦貞乎!未醮而決,不亦烈乎!命之貞烈,以彰厥里。遂下所司,旌曰:"故童馬。"世稱"未婚妻章韞

奴貞烈之門"。馬生故名家子。貞烈父名龍，母金氏。初母娠，族博士員璠夢幢蓋鼓吹送狀元來，是夕貞烈誕焉。

龜潭莊記　　　　　　　　　　　　　　　　　　　葉　通

龜潭莊者，致政侍郎林公之別墅也。古麗近治之山水，皆土岡小阜。龜潭山特橫亙一里許，石壁峭出，一石蜿蜒入潭，浮水面而上如龜，因以名其潭。潭源出酥溪，自北東而西南，滙爲潭。又西而小花溪。圖志：溪旁有碧桃洞，時浮出花瓣者，此溪也。東面酥溪，西背山，右枕潭，爲莊娛老堂。正東面，群峰環列，而可名者華釜、翁媼、方山、黃崗、東岩、馬轡、石馬、巾山、白氈、白雲尖凡十，而不可名者大抵簇簇如芙蓉。四方相距三十里，皆平地。大溪盤貫其間。天水相照，衍迤明秀，景物歷歷可數。古麗絕勝之觀，蓋在是矣！娛老堂左，爲海棠之亭，曰數紅。右爲雜花之亭，曰秀野。堂陰相比，有軒。軒前有荷池，軒曰龜巢。秀野少南有桃，曰霞隱。少西有橘，曰霜餘。霜餘少北而西，有月池。循月池而北，有竹，曰細香。南爲藏書精舍。循月池而西北，夾徑惟松毿毿。行百餘步，爲射圃，曰吾不爲。鞦韆滑臺，是足爲戲耳。西爲望邑，屋數千家，朝暮煙靄葱蒨，樓觀翬翼，江山城郭之勝，實兼有之。此山間之大凡也。自霞隱而下石壁，倚壁瞰流，爲鷗渚，可以俯石龜。有古桃、石竹，懸崖而橫出檐間。亭去水不數尺，夏潦蕩突，亭不爲動。客至則偃臥其下，仰玩桃竹，睥觀波流之浩渺，竟日忘去。自秀野而下，連壁木芙蓉百數株，爲芙蓉城。過芙蓉城，而登舟泛潭。潭袤可二里，深綠多魚，時與客把釣，課得魚多少爲酒罰相笑樂。自數紅而下，爲安坻，壁跟有小池。安坻之左，伊渠經焉。舟行自潭北小浦入渠，過安坻，抵伊渠橋，望見湖石灘而止，則泊舟柳下，飲詠徜徉，無不得所欲。此又山麓溪干之勝也。莊占山百畝，其可著亭榭處甚夥，公獨曰："吾得退而享是，亦過矣，又何以多爲？"凡所名亭之花，往往散漫無倫次，菜甲草花，叢出其旁。公方有夸色，而富人貴公子來觀之，輒掩議竊笑。要之龜潭之勝，不以人力。

天地之所劃、仙靈之所繪，與公之胸次犁然而當、超然而相得者，豈待土木花卉而後爲工哉！遊龜潭者，水陸有三道：其一從邑之泉井巷逾澗北上，步至東南三里，至龜潭莊之門；其一自澗東南沿溪而上，至霞隱後重門而入；其一自公所居第步至下小花溪，而上至龜潭。凡三道，皆三里云。

徵德堂記　　　　　　　　　　　　　王崇

應氏徵德堂者，大宗祠。歲祀禮成，合宗人以餕享也。堂初名餘餕。尚書久菴黃公易今名，仍手題其榜顏之。宗人蕃，堂深廣能受，然自天成公特建，費甚大。人情斗粟尺布不忍，予公能特建堂，久菴公乃爾其嘉樂公也。徵德者何？祖宗積洽百餘年，而應氏始大，宗始蕃，實惟德是祚；乃應氏能以其大且蕃也，益祇遹世祿，爲邑巨室，以昭受祖宗之成，亦惟德是祚。善作善述，其爲德也，信矣。應氏自台遷縉雲，再遷永康，居芝英。其上世長者，以忠信孝悌起家，率子弟，誦法孔孟，修服先王，一時奇傑，相項背興，若鶴丘、方塘、芝田、石門、伯宣、天純、克之諸公，今又若古麓、晉菴二老，其間應歲辟、歌鹿鳴、舉進士，或振鐸宮墻，或握符郡縣，或持憲外臺，或列卿尚寶，聞道媿賢者有之，篤學名世者有之。他如挾策待問，操觚飛芬，學士經生，戶不勝踵。若庶人也，則家千金、夫千畝者，豈少也哉！此堂所以開而鬼神爲之歆饗者也。然則登斯堂也，其有不仰止前修而追思上世者乎！仰止者不曰盛哉其風澤乎！盛，難乎其繼也。追思者不曰盈哉其庇祿乎！盈，不可爲久也。昔我先公既以德世其澤、世其祿矣，德盛則澤從而盛，德隆則祿從而隆。吾後人也，容有不順乎親、不敬其長者耶？自欺其心、自詭其行者耶？不畏孔孟之言、不率先王之訓者耶？有一於此，是謂背德。要必去其非而從其是，監諸昔而戒諸今。無念爾祖聿修厥德，則履盛持盈之道得，而風澤庇祿之慶可衍於無窮。徵於前者，不將有徵於後耶！是堂也，祼於斯，脤于斯，少長疏戚之揖且讓于斯，不可以觀且興乎！矧有神焉聳其上也，夫是知天成公建堂者之功爲烈也，夫是知久菴公之名堂者之所爲旨也。

山羊記　　　　　　　　　　　　　　　　　　　仇兆鰲

沈侯爲永康令，鄉民有以山羊來獻者。問所從來，則曰："羊與虎鬥，不勝，匿于隘巷。民獲之，獻于公所。"沈侯曰："縱之。"以木牌繫諸項下，書曰"放生"，驅之郊外。翼日，羊突至縣署，馴擾於庭。侯異之，復縱于郊。越三日，羊復至。縱之如初，自是不復見矣。羊有大力，牛身，犀蹄，頭則羊也，皮可用，血能療創，肉亦肥雋，獵者爭欲得之。羊幸免虎攫，難免人攫。嘻！人更猛于虎耶！侯縱之，匪示羊以恩，乃示民以仁也。昔者程明道爲上元主簿，見有粘鳥者，取其竿折之，戒勿復爲。仁者之用心如是。沈侯之縱羊也，明道先生之心也。仁政可知矣。永邑之民，忍於殺物，極之至於淹女、錮婢、鬥狠、傷命，今亦漸革矣。夫上之化下，民之相率爲善，總自不忍之心始。觀夫侯之縱羊，羊之一再迴顧，有不爲之惻然動心者乎！予爲此言，不特爲沈侯頌，而併爲永民告也。告之維何？曰：仁人在上，遵而行之，民之福也。

報功祠碑記　　　　　　　　　　　　　　　　　陳見智

永康，山邑也。去縣東六十里，曰銅山，舊產銅。宋元祐、紹興中置場輸課，後以地力微薄，所產不及所輸而止。山之麓爲普利寺，又曰銅山寺，屢興屢廢。明初，邑博士應子仕濂精形家術，捐私橐，徙大雄殿于翠微環繞之中，而又捐贖其寺產，由是緇流彙集。浮屠氏德其力，於正剎後建專祠，尸而祝之，額曰"報功"，志勿忘也。鄉大夫黃公惺吾備記其事，勒諸石。國朝戊子、乙未年間，兩爲土寇所摧殘、蘭若鞠爲茂草，祠亦頹敗。應氏後裔不忍先德泯沒，謀所以復之。舉族議出祠帑，建殿修祠，煥然一新。昌黎云："莫爲之前，雖美勿彰；莫爲之後，雖盛勿傳。"應氏可謂善作善述矣！其重修後裔及寺山墓兆，詳勒祠碑。

重建永康縣治廳堂記　　　　　　　　　　　　　沈　藻

皇帝御極之三十年歲辛未十月，臣藻奉命出宰永康。邑在萬山中。方視事，公宇頹敗，上雨傍風，靡所遮覆。諸父老目擊公宇之不可以安處也，肀來聚謀，請撤而更築之。予慮勞民，因循未果。未幾，烈風震撼，棟撓榱折，因遷案以避。諸父老子弟復申前請。予乃上其狀于各憲，咸報可。遂支俸發值，助者疊至，於是諏日興作，凡出納錢帛、採辦材木，邑人任之，胥吏勿與。物酬平價，工計備值，因是物料不期而集，工役不召而至。首建廳事，翼以挾廡，繚以周埔，其餘若穿堂、儀門、賓館，以次新飭。於壬申九月立址，明年春二月工竣，計費四伯四十餘緡。落成之日，士民載酒稱慶，請予立石記之，予不獲辭。昔人之言曰：凡民不可與慮始，而可與樂成。然不有始之，何以成之？蓋成之者匪難，由於始之者得其道也。夫上下之所以感通者，情也；事之所以易成者，法也。情洽則一倡而百和，法立則綱舉而目張。情與法并，仁智出焉矣。仁以厚民，智以御事，施設在上，率由在下，于成事何有！今予初蒞茲土，情未孚于民，法未施于事，而民之響應若是，是則民之期望乎我者深也，予何以加于民哉！予惟日夜孜孜以求不負我君我民，併不負於斯堂已耳。予不敢謂己仁，惟以寬牧民。不敢謂己智，惟以逸使民。予之用情用法如是，亦期民之不負乎我之寬且逸之也！予之坐斯堂也，自今伊始，與民期約，亦自今伊始，積日而月，積月而歲，我寬之逸之也終不改。設或有因我之寬之也而不知懼，因我之逸之也而不知勞，而我之所以寬之逸之者終自若也。然而今日之民情亦大可見矣！我與斯民，自可預卜其相與有成也。今既不難于慮始矣，又豈難于他日之樂成也哉！用抒我衷，以爲斯堂記。

築城辨　　　　　　　　　　　　　　　　　　　　沈　藻

永康城起於孫吳，拓於宋，墮於元末。有明以來，不復建。嘉靖間，應僉憲廷育修邑志，有云：城以設險，兵以徹巡，場以閱武，均之不可廢也，而廢焉者多矣。備書其故，用訊于識微慮遠之君子。僉憲此說，亦既昌言城之不可廢矣。顧其志成于嘉靖間，而未刊布。至萬曆辛巳，邑令吳安國始授之梓。中有附錄僉憲築城利害一書，其言曰：

縣舊有城，而卒不復者，以地形之必不可城也。夫城之不復，人事之缺。若云地形不可，則自赤烏以來非即此地形乎？邑之有城，如人身之有裳服。今有人焉，以布帛之不充，裸露其體，輒曰非無服也，以我之形體必不宜於服也。他人聞之，豈不囅然失笑乎！又云：若欲築城，必先拆去兩傍民居以爲城址、馬路。防禦外患，其憂遠在數百年之内；而蕩拆民居，其患近在旦夕之間。是以寧略遠憂而忘近患也。信斯言也，則凡古之君臣深謀遠慮，爲國家慮長久，如盤庚之遷殷、召公之營洛，舉凡建功立業之爲，皆是舍近圖遠者也。其他舛謬之説甚多，不足辨也。予初閲之大疑，以爲僉憲永之僑朌也，豈宜有是説！既而察之，始知永人憚于大役，故僞爲是書，以竄入應志。初不審僉憲正論炳炳于前，而乃綴此矛盾之説，以相欺誣。觀者不察，尤信以爲不刊之語，故不得已而辨之。

上谷中虛書　　　　　　　　　　　　　　王崇

永康民間疾苦，惟錢糧、盜賊二者最大。錢糧不在見年常賦之追征，而在積逋諸通之併急。蓋一歲所入，止有此數，頻年節欠，何堪取盈一時！吏卒之所追呼，桁楊之所筭楚，甚至質子於官，挈妻于路，根連蔓及，瓶罄罍空。官府利其易完，明知鹿馬親戚，責之代賠，何擇牛羊！冤泣籲天，怨聲載道。以上皆積逋併急致然爲康人患者若此。盜賊不在於親被其敓斁，而在于他方之追捕。譽口誣扳，詭名妄報，上司信爲真情，吏書視之奇貨，捕隸遣而之先，失主隨尾其後，池魚殃及，以假爲真。或卷户潛逃，或闔門被逮，窮凶拷掠，贖命行求，田無服鎛之農，野有夜嘯之鬼。以上皆他方追捕致然爲康人患者若此。雖有藩臬大夫，分路之名賢，當郡長貳，親民之碩彦，顧一時議論，争尚嚴急，深刻之分數多，寬大之分數少。在積逋則曰非不知百姓艱難，各處之支用缺乏；在追捕則曰重犯不得不拿，公差不得不遣。一則上修潔者避嫌疑，自不覺流于殘忍；一則慮違忤者事完報，自不敢爲之調停。未聞有破格出套、冒忌諱、明目張膽爲蒸黎作砥柱者，即有之，又皆制於衆論之所未然，而持閣於群情之所不樂，始終鬱不能施已矣！非有寬仁長者臨于其上，方內何以得有更生之日耶！夫錢糧以一條鞭之法追徵，既無耗費之漁，又絕侵欺之弊，亦甚善矣，誠恐衣食於官者，巧名色以中其奸，訛議論以變其法，則非所以惠民矣。然必分限而不厭其數，零收而不責其全。蓋少則易辦，不取必於速完；有則收受，不那奪於他用。里遞若見年之先倡，則貧不贍者破其家；逃移若甲長之代賠，則存未逃者效其避。至若積逋一節，只宜相時擇急立法帶徵，必從用一緩二之謨，以爲積寸成尺之漸。寬期而不嫌夫歲月之多，自限而不至於差遣之擾。譬諸昨日之饑已過，明日之餓宜思，故不可盡其所有，而尤當亮其所無；不可責於救死不贍之時，而尤當伺其飽自棄餘之日。當使不足在官，而有餘在民，所謂什一在內，而什九在外者也。夫是事則集而官不勞，逋則完而民不病矣！地方之有盜賊，猶目中之有刺，恨去之不速而捕之不早也。乃委之於上官差人。夫差人豈能獲賊？只放賊耳。蓋賊在則獲之已矣，無所肆其橫索。惟賊走，則既得賊之重賄，又可以指賊而逗其溪壑。聲勢威於巨寇，賄賂多於強劫。打網之風大興，追捕之文益盛。其害民反有甚於強賊，又何以差人差官爲哉！繼自今，只一檄下本縣，而責之掌印正官，奉文之後，一面如檄追捕，一面多方查訪。苟真賊也，則親屬懼其連累，團保懼其干害，里遞懼其勾擾，官府因以責之訪拿，合謀併力，豈有不獲者哉！苟非賊也，家長必保之，團保長必保之，糧里老十遞年必保之，官府便須白於上司住提止解。若以團保長、糧里老爲不足信，則亦別無可信之人矣。夫張官置吏，無非爲民。民之利病，死生以之，是先民而後己也。世乃有攘民食以應上征求，奪民力以供上役，使殘民命，以干任怨之譽，入人死以矯執法之能，慊身高舉以博美官，畢竟惟己私而已，其於民也何哉！

永康二義士序 義烏知縣胡　檟長洲人

我朝立法，綱舉目張，無微弗悉，而于賦稅尤嚴。蓋自祖宗混一以來，畫野分州，各因封域之洪纖、土壤之肥瘠，以定征輸之上下，毫髮不容增損于其間者，而況容之相假借乎！久假不歸，終相侵奪，而當路莫之裁也，亂由階矣。浙之嘉、湖，正德間藉口歲凶，分厥賦若干，告貸于吾婺、衢、嚴三郡，移粟就民。三郡不辭，是吾仁也，暫也。而輒派爲常額，不可矣！至吾三郡亦荒，乞歸原貸，而竟不獲償。是猶晉饑而秦輸之粟，秦饑而晉閉之糴也。用是浙東疲敝，民不勝籲天。此吾郡生靈，均之赤子，而乳或攘之，彼何幸，此何乖！牧此五郡，如牧牛羊者也，以吾芻牧給彼牛羊笑，彼牛羊之主則逸，而我獨勞也。余婺屬邑永康有應崇正者，奮不顧身，自願上其事。厥弟廷彰，挺然任翼之。於是歸謀諸父。父命之曰："汝舉爲公，志大矣。毋以我爲慮而且計費也。"遂力請於郡伯兩山張公，公許之。迭奏數年，家四壁立。後繼張公知府事，則虛谷姚公也。公謂國之有賦，固以爲國，尤以爲民。民病矣而不以聞，是予之辜。時因入覲，崇正偕行，聽其再奏，命下監司，爲直之。屬有讒人交鬥妒其成而利其敗者，日覷覦焉而媒孽之。應志益堅，不以賄通，不以威挫，克承父命，卒歸所負，而賦賴以均，民叨以息。二郡公惠愛于焉溥矣！夫均賦息民，本我有司之事。今一布衣，能代行之，而余司牧者反重席其庇焉，崇正其義士歟！崇正其義士歟！今之貪婪者，以身殉貨；自愛者，以身殉名。若而人者，果爲貨耶？爲名耶？抑無所所爲而爲善耶？臧文仲曰："見有禮于其君者，事之如孝子之養其父母也；見無禮於其君者，誅之如鷹鸇之逐鳥雀也。"余承乏烏傷，乃于鄰封得此義士，豈惟三郡之民有攸利，更喜江湖俊彥而肯爲廊廟豎勛若此，故書以俟觀風者採焉。

左氏兵法纂序 　　　　　　　　　　　　王世德

余幼治《尚書》，十七始讀《春秋》，若《左氏傳》則手錄一過，然特取便於舉業者耳，於大義則茫如也。通籍後，役役閩楚間二十載，必備是書於行李中，蓋未敢忘筌蹄意耳。歲甲子，有召募浙兵援黔之役,因嘆安酉吾故屬,甚崛强,不能敵一大郡,乃全黔不足以禦。試思國家平日屯養於衛所、廩食於州縣者幾千萬,而盡歸無用,何哉!蓋今天下之病,全在狃於治平無事,祖宗所爲防禦良法,率蕩焉若掃。即以武世官,以武取士,徒供文具,故一旦患生而失措。然余謂小醜竊發,乃天所以眷顧我國家,而與以修政立事之時。此時一失,弗可追冀。左氏不云乎:"勇夫重閉,況國乎!"又曰:"春蒐,夏苗,秋獮,冬狩,皆於農隙以講事也。三年治兵,入而振旅,歸而飲至,以數軍實。"古者四時講武,猶三年大習,故管氏作内政寄軍令,而齊桓以霸;子犯蒐被廬一民聽,而晉文以興。莒恃陋而三都傾,楚易吳而藩籬撤。一展卷間,而善敗燦如,其陣法、軍志,雖乏全篇,而可以錯綜互見。至出奇料敵,挫鋭乘衰,雖後之知兵者,舉莫越其範圍。故古之爲將者,多好《左氏春秋》。杜元凱有《集解》,世稱武庫,卒成平吳之功。范希文以《左氏春秋》授狄青,曰:"將不知古今,匹夫勇耳。"青自是折節讀書。其討儂智高也,交趾願出兵助陣,青上奏曰:"以一智高,橫噪二廣,力不能討,乃假兵交趾,倘彼貪得忘義,因而起亂,何以禦之?"事平,人服其遠略。若公者,真能讀《春秋》者也。余暇因取其有合兵法者手自錄之,凡一百十則,題曰《左氏兵法纂》,將以公之同志,使得有如狄武襄者出,吾知其必有以辨賊而無事求助於外,庶不負經學取士之意,不徒爲取功名之筌蹄也。尚有志取秦漢以來諸將帥用兵有與左氏合者,以類相收,使有經有緯,尤稱明備。而才愧行秘書,姑以俟之異日。

應仕濂傳 朱謹

君諱曇,字仕濂。永康芝英里人也。應氏自有宋時居芝英,以敦本尚義世其家。君生於洪武辛未,少補弟子員,以舉子業無與實學,遂棄去,與四方賢士討論實義。其所學綽有餘裕,郡邑事每從之咨詢以行,輒有實效。父歿,喪葬盡禮。兄仕清,與之析産,君悉以沃産讓兄。亡何,仕清卒,君乃專志撫孤,代理婚嫁云。君性好義,所在輒有恩，及激人心腑。常於温州市上見一少年，倚棗筐而泣，泣甚悲。君詢之，則曰："予自東陽來者，父喪，母子苦守。貸於人貿易，於此日久，貨不行，母望於家而身不得歸，是以悲耳。"君惻然，就其值償之，其人大悦，悉君姓氏而去。又嘗徵租庄上，忽聞旅店中哭聲甚厲，往視之，則一襤縷婦人也。有兇徒怒杖之，君亟勸而止。杖之者曰："我以重價得此婦。兩售於人，兩不肯就而反。今安所得值乎？彼實累我。是以恨而擊之。"君愴然曰："擊之奚忍！我償爾值。"其人大喜。遂以金贖之，挈至家。忽洗容易服，姗姗而前。詢之，則宫人也，發遣而出，落於販奴之手。具以告君，復從絮裏中出一囊授君。君以此益廣利濟。僕人有拾遺金百兩於杭州廨舍者，歸而入舟，始白於君。君大駭，亟返于杭，訪失金者，還之。歸途，遇一羽士，相之曰："君陰德溢面，福未可量也。"先是君所遇東陽少年不復省憶矣。後數年，君以事過東陽，聞人言，某所胡姓者家供一牌位，書君姓氏於其上。君迹至其地，訪之，牌固在，亟命撤去之。胡姓者母子感泣不已，其後兩家子姓結婚媾成世戚云。君於邑中義舉，罔不勇赴，捐金以葺學校，置田以助里役，築橋賑饑，修復佛寺。計其生平，所費不貲，而卒莫之竭也。迄今芝英一區丁胤數千人，其賢裔猶能守禮好義，宛如仕濂公存日云。

宋林樞密墓碑　　　　　　　　　　　　　　　　　樓　鑰

公諱大中，字和叔。贈少保禄之玄孫、少傅邦之孫、少師茂臣之子也。公少篤志問學，文章自出機杼。登紹興三十年進士，調左迪公郎。乾道六年，丞貴池縣，改宣教郎。淳熙三年，知撫州金谿縣。郡督賦太急，公堅請寬限。民感公之深，競輸于郡，視歲額反加焉。七年，知湖州長興縣。時歲旱河涸，米價騰貴，已有攘奪之患。公方憂之，忽水自荻浦灌河，聲振數里，來舟輻輳，闔境以爲神。詹侍郎義之，力薦於朝。十年，幹辦行在。十二年冬，求補外。同擬者四人，孝宗皇帝指公與計衡姓名曰："此二人佳，可除職事官。"遂除太常寺主簿。十六年夏，除諸王宮大小教授。光宗即位，葉尚書翥等俱以公薦，擢監察御史，論事無所迴避。紹熙改元，三月，御批賜公等曰："臺閣正則，委寄匪輕。言事覺察，各有舊制。茲示朕意，各務遵承。"公答奏有曰："職有常守，期各務于遵循；言所當言，庶不辜于委寄。"自是風采益振。五月，遷殿中侍御史。三年三月，兼侍講。在臺省首尾四年，荐趙汝愚，救鄧司諫，保安宰臣，留正身，居言路，而申諫省之氣，誦宰相之賢，他人不敢為也。出知贛州，德化大洽。五年七月，皇上登極，趣召公還。贛石至險，公欲行，不雨而水高數尺，怪石盡沒，俗謂之清漲，殆出神助，趙清獻公以後，惟此得之。九月，除中書舍人。十二月，遷給事中，兼侍講。公言得制誥之體，而檄詞批敕，風裁如臺中時。侂冑來見。公接之無他語。使人通問，因願納交，又笑却之。會彭侍郎龜年抗論侂冑甚切，公連名上疏，直聲益著。初，趙丞相登政府，汪義端為御史，力攻之，不得，遂罷去。至是侂冑引為右史，公又駁之。故朱晦菴與朝士書曰："林和叔入臺無一事不中節，當于古人中求之。"除公吏部侍郎，不拜。除煥章閣待制，知慶元府。時郡齋有盜，若鬼神之狀，公以為此黠賊也，必欲捕治，已而果然，由是姦人屏息。城門有河，而水湧堤決。公撙節浮費，得二萬緡，置局命富而能者董之，易之以石，河患遂息。二年，求祠，得請未行。五年四月，提舉武夷山冲祐觀致仕。去邑居二里，得龜潭之勝，作莊園。談笑自若，若獨樂之風。既而有召，命令州軍以禮津遣，又促其行。始至闕，而吏部尚書之命已五日矣。內引奏，得玉音嘉獎。公首論：無求更化之名，必務更化之實。力陳朱熹、彭龜年、呂祖儉以論擊侂冑，皆已故矣，量輕重旌表之，以伸其冤，且以為直言之勸。是日，除端明殿學士、簽書樞密院書。嘉定改元，閏四月，公兼太子賓客。謂所親曰："年登八十，豈堪勞勩！獨念和議尚湏審度。"未幾，而公薨矣！公孝于親，友愛兄弟，悉將先疇分與之，又官其從子二人。悼己之後，自言子雖早殁，三孫足以承家。冒暑得疾，猶自力以趨朝謁。六月壬申，薨于位。上爲震悼，賜水銀、龍腦及銀、絹各五百，東宮亦致賻焉。享年七十有八。積官至朝議大夫，爵東陽郡，食邑一千一百户，食實封百户。贈資政殿學士、正奉大夫。以二年十一月己未葬于南塘山之原。謚曰正惠。特添差從子簡爲婺之司户參軍護其葬，朝旨轉運司應辦，可謂始終哀榮矣。娶趙氏，先卒，贈永嘉郡夫人，至是合祔焉。子簡，以公樞密恩例，特贈登仕郎。曾孫四人，子熙、子點並將仕郎。楷等求銘石，義不容辭。發揮幽光，愧勿克稱云爾。

應君生壙碑銘　　　　　　　　　　　　　沈　藻

余始讀邑乘，知應氏爲永著姓，代有聞人。既而入其鄉，見諸應雲集，門成鄒魯，其族之長元生翁，名德鉅，望有古人風，與之語文章、經濟，悉有根底。余愛之重之，詢厥生平，知其自少見崖異，敦孝友，倜儻多大節，與人交重然諾，肝膽如雪，排難濟困，不減劇孟。早歲螢聲黌序，數入棘闈，不售。乃鍵户著書，教子若孫，皆成良士，融融燕喜，其樂未央。且曾玄接武，繞膝盈庭，非所謂積厚流光、積善餘慶者與！翁年八十矣，矍鑠如五十許人，朱顔鶴髮，儼然烟火神仙。乃卜吉兆，營壽域於華封之原，子若孫稱慶一堂，魚魚雅雅，詢可慕也！乃爲之銘曰：天曜長庚，地紀蓬瀛，人瑞耆英。三才合德，爰築佳城。山迴水抱，協氣滋生。祚爾子孫，永錫光榮！